꿈의 공장

꿈의 공장

할리우드 영화산업 선구자들의 시련과 야망

일리아 에렌부르크 지음

김혜련 옮김

Art & Artists / 예술과 예술가들 2

눈빛

저자 일리아 에렌부르크(Ilya Ehrenbourg)는 러시아 태생으로 1908년에서 1917년까지 파리에서 생활하면서 서구적 작풍에 영향을 받은 작가였다. 그는 사회주의 노선을 지지하는 작품을 썼으며, 1935년 이후에는 스페인과 프랑스에서 해외 주재기자로 활동했다. 제2차 세계대전이 일어나자 『파리의 함락』을 발표했고, 전쟁 후에는 『폭풍』을 세상에 내놓았다. 그의 작품세계는 타인의 고통에 연민을 느끼는 인간성 수호와 전쟁을 혐오하는 평화주의를 보여준다. 1952년에는 소련의 평화상에 해당하는 레닌상을 수상했으며, 1954년에서 1960년까지 스탈린주의를 비판하는 회고록 연작을 발표했다.

옮긴이 김혜련은 이화여대 불이불문학과 및 동 대학원을 졸업하고 파리 4대학에서 박사학위(언어학–의미론 전공)를 취득했다. 현재 이화여대 기호학연구소 상임연구원으로 있다. 번역서 및 주요논문으로는 『영상기호학』(기 고티에 지음, 유지나 공역, 민음사), 『영화의 역사 : 이론과 실제』(로버트 앨런, 더글러스 고메리 지음, 유지나 공역, 까치), 『현대사회와 기호』(문학과지성사), 『자동차광고의 기호학적 분석』 등이 있다.

꿈의 공장
— 할리우드 영화산업 선구자들의 시련과 야망

일리아 에렌부르크 / 김혜련 옮김

초판 1쇄 발행일 —— 2000년 10월 5일
발행인 —— 이규상
발행처 —— 눈빛
　　　　　　서울시 마포구 동교동 177-9호
　　　　　　전화 336-2167 팩스 324-8273
등록번호 —— 제1-839호
등록일 —— 1988년 11월 16일
편집 —— 오제웅, 최윤정
제작 —— 최돈환
출력 —— DTP 하우스
인쇄 —— 홍진프로세스
제책 —— 일광제책
값 12,000원

ISBN 89-7409-702-8

편집자 노트

할리우드의 태동기, 1932년에 씌어진 이 책에서 우리는 '영화'라는 구경거리보다 더 홍미진진하게 '영화산업'을 둘러싸고 은막 뒤의 진짜 승부사들이 펼치는 한 판의 '스펙터클'을 구경하게 된다. 따라서 이 책이 지닌 역사적인 의미를 감안해 볼 때 2000년, 한국어로 그것을 출간하는 것이 홍미로울 것이라 생각했다.

이 책은 영화예술의 변천사에서 우리에게 잘 알려져 있지 않은 가장 중요하고 결정적이면서도 은밀한 시기를 폭로하고 있기 때문이다.

차례

일러두기

1
이 영화는 파라마운트에서 제작했습니다

토마스 에디슨과 아돌프 주커, 1926

I

브로드웨이의 땅 한 평은 시골의 큰 땅덩어리보다 훨씬 비싸다. 세계에서 가장 땅값이 비싼 브로드웨이에 정확히 1천6백만 달러라는 어마어마한 비용을 들여 지은 비싼 신전(神殿)이 들어서 있었다. 옛날 사람들이 하늘에 있는 신과 별을 보려고 고개를 뒤로 젖혀야 했다면 지금 사람들은 1백39미터 높이의 이 으리으리한 신전을 보려고 고개를 뒤로 젖혀야 한다. 유리로 된 거대한 원형의 신전 지붕은 밤에는 비행기 관제탑으로 쓰였고 낮이면 그곳을 지나다니는 사람들에게 뿌듯한 자부심을 심어 주었다. 36층으로 된 신전의 곳곳에서는 12대의 승강기가 쉴새없이 오르내리고 있으며, 동서남북 네 군데 배치된 웅장한 시계판은 뉴욕의 시간을 말해 주고 있었다. 파리의 노트르담 성당이나 로마의 베드로 대성당의 입구보다 높은 이 신전의 입구는 아마도 세계에서 가장 높을 것이었다. 대리석, 청동과 오래된 미술품으로 장식되어 있는 신전에서는 유별난 유니폼을 입은 직원들이 분주히 움직이고 있으며 마치 천사가 연주하는 듯한 하프의 감미로운 선율이 흐르고 있었다. 이곳을 증권시장이나 은행쯤으로 상상하는 유럽인들에게 '당신은 바로 신성한 신전에 있소'라고 말해 주면 의아하게 생각할 것이다. 그러나 이곳은 분명히 신문화의 축성소인 신전이었다. 이곳은 지칠 줄 모르는 한 사도, 주커 (Adolph Zukor)가 이끄는 거대한 '파라마운트'에 봉헌된 곳이기 때문이다.

대단한 규모를 자랑하는 이 신전에서는 수많은 의식들이 동시에 진행되고 있었다. 아래층 영화관에서 젊은 여자들이 영화 속 연인들의 불행을 보며 손수건을 적시고 있는 동안 위층의 회계원들은 7자리 숫자를 합산하느라 숨가쁘게 일하고 있었다. 또 다른 한쪽, 어둠이 가볍게 드리워져 있는 여러 개의 휴게실에서는 피곤에 지친 종업원들이 휴식을 취하고 있었다. 웅장한 문 뒤 가장 조용한 방에서는 전에 없이 긴장한 아돌프 주커가 일하고 있었다.

유태인인 주커는 유태교의 율법에 따라 토요일을 안식일로 쉬었고, 미국 시민으로서 일요일에는 일하지 않았다. 그는 금요일부터 휴식을 취했으므로 일주일 중 나흘만 일하는 셈이었다.

오늘은 화요일. 사무실에 나온 주커는 산더미같이 쌓여 있는 서류들을 검토했다. 아무도 없는 사무실에서 일하는 그의 얼굴은 굳어져 있었고 꽉 다문 입술은 일그러져 있었다. 수만 장 배포된 홍보사진에 나온 미소짓는 얼굴과는 전혀 다른 모습이었다. 주커가 대중 앞에서 미소를 짓는 것은 상업적인 연대감의 표시일 뿐이었다. 그는 수심에 가득 차 있었다. '워너 브러더즈'가 주커보다도 훨씬 재빠르게 행동을 취했기 때문이었다. 주커가 유성영화에 무관심했던 동안 '웨스턴 일렉트릭'의 특허권의 가치를 인정한 워너 브러더즈는 「재즈 싱어」[1]를 제작했다. 이 영화를 제작하기 전 워너 브러더즈는 도산 위기에 처해 있었으므로[2] 그때 주커는 그 회사를 매입할 수도 있었

---

1) 워너가 동시녹음 디스크 위에 재생 시스템을 적용한 바이타폰이라는 새로운 음향기술에 투자해서 제작한 최초의 유성영화. 1927년 10월에 개봉된 후 1927-28 영화 시즌 최고의 흥행작이 되었다. 유태인 음악가의 아들이 아버지의 기대와는 달리 흑인으로 분장하고 뮤직홀의 재즈 가수가 되지만 결국 아버지와 화해한다는 내용이다.
2) 자세한 내용은 '3장 유성영화의 시대'를 보라.

다. 그러나 지금 워너 브러더즈는 파라마운트와 어깨를 나란히 하기 시작했다. 워너 형제는 단 한 편의 '형편없는' 영화로 '퍼스트 내셔널'을 매입하고 영화관들을 휩쓸고 있었다. 사람들은 작은 키의 유태인 주커를 랍비(유태교 율법교사)라 불렀고, 예술가임을 자처하는 주커는 시련을 견디고 있는 중이었다.

아돌프 주커는 잠시 그 주변을 잊고 있었다. 그는 워너 브러더즈의 개가를 보여주는 통계 숫자가 있는 서류에서 눈을 뗀 채 노란색 양초, 탈무드의 정교한 글자와 자신의 주름진 손을 물끄러미 바라보며 추억 속으로 빠져들었다. 주커처럼 끊임없이 일 속에 파묻혀 있을지라도 인간이라면 어린 시절을 회상할 권리가 있으니까.

주커는 유리로 된 파라마운트 신전이 세워진 브로드웨이와는 아주 멀리 떨어진 헝가리의 작은 마을, 릿세라는 곳에서 태어났다. 그곳에는 꺼억꺼억 울어대는 기러기들이 날아다니는 척박한 밭과 하늘이 내려준 지혜를 가진 유태인들이 살고 있었다. 이 세상에 희망과 돈을 가져다주는 셀룰로이드로 된 마술 필름을 알지 못했던 그 시절, 릿세의 유태인들은 오래 전부터 내려오는 좋은 관습을 지키고 있었다. 어린 아돌프 주커의 삼촌 리베르만은 고위 공직자이며 교단의 회장이었다. 조카가 사람들에게 희망을 불어넣어 주는 랍비가 되기를 원했던 삼촌의 바람에 따라 아돌프는 탈무드를 익히고 유태인의 율법을 배우면서 이교도인들은 죄인이고 여호와는 그들을 응징할 것이라고 생각했다. 릿세에는 유태교 율법을 따르지 않는 헝가리인들도 살고 있었는데 그들은 자두로 빚은 독한 술을 마시며 우수에 찬 노래를 부르고 돼지를 도살했다. 깜박거리는 양초 불빛 아래에서 아돌프는 탈무드에 씌어 있는 글귀를 암송하곤 했다.

"바람은 남쪽으로 불기도 하고 북쪽으로 불기도 하면서 끊임없이 돌고

13

돌지만 그가 이미 그어 놓은 원으로 다시 되돌아온다."

창문 너머로 기러기가 꺼억꺼억거리는 소리가 들리는 릿세에 사는 유태인들은 시간과 허무에서 벗어나 있었다.

벌써 40년이 지난 오래 전 일이었다. 지금 아돌프 주커는 그때보다 살이 붙었고 꿈을 만드는 셀룰로이드를 갖고 있었다. 그러나 주커는 과거를 되돌아보는 게 부질없음을 깨닫고 현실을 직시했다. 워너 브러더즈의 성공은 일시적이었다. 그들은 결코 파라마운트를 따라잡지 못할 것이었다. 그러므로 일하자! 우리의 영화관은 세계 도처에 있지 않은가. 런던에는 플라자와 칼튼이, 맨체스터에는 로열이, 버밍검에는 픽처리스트와 스칼라가 있지 않은가. 스스로 다짐하며 유리로 된 원형지붕 아래의 신전에서 주커는 끊임없이 일했다.

Ⅱ

아돌프 주커의 이력은 「재즈 싱어」의 시나리오보다 훨씬 교훈적이었다. 키 작은 이 남자가 새소리를 들으며 탈무드를 읽으면서 보낸 릿세의 어린 시절은 그리 길지 않았다. 어음 할인이 무엇인지 전혀 알지 못했던 랍비는 지구가 제자리에 멈춰 서 있다고 믿고 있었으나 학교 선생님인 로젠베르크는 아돌프에게 지구가 돌고 있다는 것을 설명해 주었다. 주커는 탈무드에 나오는 바람의 헛됨보다는 계산된 이익과 세속적인 것들에 더 큰 흥미를 느끼고 있었다. 그는 망설임 없이 탈무드의 교훈을 더 이상 공부하지 않고 소설을 읽기 시작했다. 그는 아칸소에서 황금을 찾는 사람들의 이야기와 파리 빈민굴의 이야기를 읽었다.

어느 날 로젠베르크가 어린 아돌프에게 조심스럽게 물었다.

"나중에 변호사가 될 거지?"

이 영화는 파라마운트에서 제작했습니다

"시골 변호사가 얼마나 벌 수 있다고요! 저는 돈을 많이 벌고 싶어요."

아이는 경멸하듯이 얼굴을 찌푸리며 대답했다. 아돌프의 이러한 대답을 전해 듣고 낙담한 삼촌은 그가 장사하는 법을 배우도록 상점에 취직시켰다.

유럽에서는 건장한 체격과 상상력이 풍부한 사람이 책을 읽으면서 할 수 있는 일이라곤 아무것도 없다는 것을 깨달은 아돌프가 미국행을 결심한 것은 열여섯 살 되던 해였다. 25달러와 부푼 꿈을 안고 그는 뉴욕으로 향했다. 처음에는 양탄자 상인의 조수로, 그 다음에는 모피 제조장에서, 그리고는 모피상점에서 일했다. 뛰어난 창의력과 근면함을 가진 아돌프는 미국에 도착한 지 10년이 채 못 되어 시카고의 모피상점 주인이 될 수 있었다.

이 세상에는 어떤 것을 자신이 먼저 생각해 냈다고 우기는 사람들이 많다. 예컨대 프랑스인과 미국인들은 자기들이 영화를 먼저 발명했다고 다투고 있지 않은가. 파라마운트를 설립한 사람은 분명 아돌프 주커지만 그 역시 선구자가 있었다는 것을 인정해야 한다. 주커가 시카고에서 모피를 팔고 있던 시절, 사촌 막스 골드스타인은 그에게 돈을 빌려 달라고 부탁했다. 그는 뉴욕에서 어린아이들에게 움직이는 사진을 보여주는 아케이드를 열 계획이었다. 가족적인 정서와 뛰어난 상업 감각을 지닌 주커는 사촌에게 3천 달러를 빌려 주었으나 그의 사업은 곧 망하고 말았다. 빌려 준 돈을 받는 대신에 주커는 사촌으로부터 아케이드와 별 볼 일 없는 몇 가지 오락기구들을 인수하기로 했다. 모피 장사를 그만두고 움직이는 사진 사업을 시작한 주커는 실패를 모르는 사람이었다. 사업은 날로 번창해서 얼마 지나지 않아 몇몇 다른 아케이드와 폭포를 보러 오는 관광객을 상대하는 할즈 투어링 카를 매입하기에 이르렀다.

새벽 5시. 밤새 일한 주커가 집으로 돌아오는 길이었다. 그가 탄 전철에는 검은 물체들이 슬프게 움직이고 있었다. 그들 대부분은 대도시의 철야 식당

종업원이나 노동자 아니면 손님을 찾지 못한 창녀들로 죽을 때까지 근근히 살아갈 수밖에 없는 하층민들이었다.

전철이 움직이자 그들과 함께 주커도 슬프게 흔들렸다. 그때 갑자기 주커의 얼굴에 미소가 번지며 눈이 이상스러울 정도로 점점 커졌다. 옆자리에 앉은 승객이 겁이 나 자리를 옮겼지만 주커는 주변의 시선을 조금도 개의치 않았다. 그는 내려야 할 역을 지나치면서도 아무것도 보지 않고 아무것도 기억하지 않았다. 아돌프 주커가 가슴속 깊이 '나는 장사꾼이 아니라 예술가다'라고 되뇌는 이유가 있었다. 기발한 생각이 떠오른 것이었다.

"가장 유명한 배우들이 출연하는 '영화'를 만들어야지…."

"빨리! 가장 유명한 배우가 누구지?"

검은 물체들은 조용히 있었고 전철의 바퀴는 규칙적으로 덜컹거리고 있었다.

"그런데, 프랑스 여자… 그 여자 이름이 뭐였지?"

그는 기억을 더듬어,

"그래, 사라 베른하르트[3] 그 이름을 모르는 사람이 있나? 미래는 확실해. 중요한 것은 돈을 찾는 일이야!"

먼 옛날 여자들은 몸을 조이는 불편한 코르셋을 입고 사회주의자들은 고상한 꿈을 꾸고 있었던 시대가 있었다. 19세기엔 재담으로 치장한 무대극이 오랫동안 인기를 끌었었다. 어느 날 복잡한 기계들이 무섭게 으르렁거리고 자동차 경적소리가 거리에 울려 퍼지자 무대극은 슬그머니 사라져 버렸고, 새롭게 시작된 삶은 점점 더 천박스러워지는 듯했다. 포드 공장에서 그 유명한 생산라인이 돌아가기 시작했고, 나이아가라 폭포에서 전기가 생산되고

---

3) 프랑스의 유명한 연극배우. 아돌프 주커는 1912년 그녀가 주연한 프랑스 영화 「엘리자베스 여왕」과 「카미유」를 미국에 수입했다.

이 영화는 파라마운트에서 제작했습니다

노예들이 생기기 시작했다. 필라델피아에서는 캐나다와 호주에 팔 고성능의 기관차를 만들고 있었다. 필라델피아뿐만 아니라 세계 도처에 있는 대도시의 사람들은 조급증을 내며 살고 있었다. 그들은 때때로 비행기들이 날아다니는 하늘을 쳐다보곤 했지만 땅을 쳐다보는 일이 더 잦았으며 밥벌이는 점점 더 힘들어졌다. 버스가 등장하고, 자살하는 사람들이 증가하고… 당황한 교수들은 학생들에게 트러스트[4]가 무엇인지를 설명했다. 자유국가에서는 석유왕, 철강왕, 청동왕, 면의 왕… 온갖 종류의 왕이 생겨나 그 수가 무려 100여 명을 넘었다. 진정한 민주주의 시대가 도래하고 기계 사용이 증가함에 따라 기술자였던 선반공들은 노동자인 잡역부와 같이 취급되었다. 극단적인 몽상가들이 부르주아, 경찰, 심지어는 지나가는 행인들에게 폭탄을 던지는 일도 생겼다. 워싱턴 하우스 사(社)의 파산을 원했던 에디슨 사(社)는 사형수 처형을 위해 고압 전선을 제안했으며, 천박한 교수형 밧줄은 사라지고 그 대신 전기의자가 등장했다. 공채 등록대장의 수는 급속도로 증가했으며 절망에 빠진 사람들의 수는 그보다 더 빠른 속도로 증가했다.

　저녁마다 푸르스름한 안개에 싸이던 옛날의 생활은 공공연한 위험에 직면하고 있었다. 둥근 탁자 위에 매달려 있는 램프는 여전히 부드럽고 은밀한 불빛을 발하고 있었고, 여인네들은 감상적인 소설을 읽는 데 몰두했으며, 아이들은 도미노나 가는 막대기를 가지고 놀았다. 웅장한 오페라, 어린이를 위한 연극, 재미있는 코미디가 공연되는 극장이 있었지만 그곳에 가는 사람들은 많지 않았다. 간혹 극장에 갈 때면 마치 저녁 파티에 가는 것처럼 여자들은 가벼운 화장을 했고, 남자들은 특별히 높은 깃을 달고 성장을 했다. 관객들은 서로 호감을 표하며 극장을 한 바퀴 돌면서 유심히 살피곤 했는데 이

---

4) 원래 운영을 담당하는 수탁회사에 주권을 위임하는 회사의 연합체를 일컫는 것이었으나 점차적으로 경쟁을 배제하기 위해 일단의 회사들이 독점과 같은 불공정한 제약을 행사하는 것을 의미하게 되었다.

꿈의 공장

모든 행위는 마치 저녁 공연의 한 부분인 것처럼 보였다. 막간에는 초콜릿 사탕을 먹으면서 서로 의견을 주고받았다. 사람들은 오로지 무도회에서만 꿈꾸는 듯한 왈츠와 종교의식적인 카드릴 무도곡을 추었다. 난봉꾼들은 창녀들이 교태를 부리며 추는 케이크워크[5]를 보러 술집으로 몰려갔다. 그런데 보통사람들은 저녁마다 어떻게 여가를 보내야 할지 고심했다. 하루종일 바삐 일하는 데 익숙한 그들은 집에 들어가 안락의자에 파묻혀 꿈만 꿀 수는 없었다. 기계가 돌아가는 소리와 함께 있은 이후, 소음이 가득한 버스에 지친 몸을 실은 이후, 계산을 하고 작업장의 호루라기 소리를 들은 이후, 그들은 책을 읽고 토론할 기력도 잃었다.

"오늘 스미스 집에 갈까?"

"아냐, 피곤해."

"오늘 오데옹 극장에서 입센의 연극 공연이 있는데…."

"그 장광설…, 그리고 옷을 챙겨 입어야 하고…, 너무 피곤해."

"무슨 말이든 해봐"

"피곤하단 말야. 알아? 피곤해."

제니와 잭, 안나와 칼, 진과 루이즈는 서로 마주보고 앉아 있으면서 아무 말이 없었다. 그들 머리 위에는 여전히 램프가 타오르고 있었고, 이 노란빛을 발하는 램프 아래에는 즐거움도 휴식도 없었다. 그들이 원하는 것은 오직 한 가지 — 숫자, 지출명세서, 타자기, 분주하게 움직이지만 견딜 수 없이 고독한 생활에서 벗어나는 것이었다. 그들은 책을 읽지 않았다. 책 속에는 너무나 많은 페이지가 있었고, 책을 읽는다는 것은 어려운 일이었다. 책을 읽을 때는 누가 주인공이었지? 여주인공은 어떻게 미소를 지었지? 어디서 살지? 어느 도시? 어떤 램프 아래에서? 추측하고, 기억하고, 새로운 것을 생각해야 했기 때문이었다. 기나긴 저녁시간을 어떻게 보낼까? 고심하며 그들은

---

5) Cake-Walk. 19세기말 유럽에서 유행한 미국 흑인풍의 춤.

말 없이 앉아 있었다. 옛 도시에서나 신세계에서나 보통사람들은 불행하게 도 저녁마다 세 시간 정도의 자유시간을 갖고 있었다.

오래 전의 일이었다. 우리 시대 이전, 영화가 나오기 전의 일이었다.

아돌프 주커는 알 리츠먼에게 말했다.

"5천 달러를 투자하면 상당한 이익을 얻게 될 겁니다. 그것은 확실한 사업입니다. 현재 사람들이 즐길 만한 적당히 값싸고 좋은 오락거리가 없잖아요? 극장은 수공업이나 말(馬)과 같은 겁니다. 우리는 오늘날 생활양식에 걸맞는 사업을 해야 되요. 사탕이나 실크를 팔면서 돈을 벌 수 있다고 생각하나요? 사람들은 맛있는 것을 먹고 좋은 옷을 입기를 원해요. 그런데 인간은 동물과 다릅니다. 헝가리인이자 유태인이며 예술가와 철학자로서 당신에게 말하는 것인데 인간은 꿈을 원하며 인간에겐 아름다운 꿈이 필요해요. 우리는 재미있으면서 비싸지 않은 꿈을 연작으로 만들 겁니다. 나에게 5천 달러를 투자하면 몇 년 안에 당신은 5십만 달러를 갖게 될 겁니다. 사람들을 잘 살펴보면, 그들이 환상을 원한다는 것을 알게 될 겁니다. 우리는 여기서 환상적인 이윤을 얻을 수 있어요."

리츠먼은 철학이니, 극장이니, 환상이니 하는 말은 이해하지 못했지만 주커의 통찰력을 굳게 믿었다. 그는 5천 달러를 투자했다.

그후 6년의 세월이 흘렀고, 5천 달러를 투자한 리츠먼은 주커가 만든 첫번째 회사―파라마운트의 주식을 소유했다. 파라마운트라는 회사명보다 '주커 사(社)' 라 말하는 습관이 있던 리츠먼은 그 '주커 사'의 주식시세에 대한 정보를 듣는 순간 얼굴이 환해졌다. 그의 손에는 8십만 달러가 쥐어져 있었다. 5십만 달러라는 주커의 약속은 수치에서 약간의 오차가 났을 뿐 리츠먼의 투자를 대성공으로 이끌었다. 주커가 옳았던 것이다! 주커가 만드는 '꿈'은 석유, 금이나 마아가린보다 훨씬 더 많은 이익을 가져다주었다.

꿈의 공장

신문팔이 소년들은 '미국 병사를 실은 첫 수송선이 프랑스에 도착했다'
라는 제목의 기사가 실린 신문을 격렬하게 흔들며 거리를 뛰어다녔다. 전쟁
중 대서양 해변에는 흉물스러운 탱크가 나타나 시체와 철조망을 깔아뭉갰
다. 시체 썩는 냄새가 진동했고, 앰뷸런스 안에서는 화상을 입거나 가스에
질식된 채 손발이 잘려 나간 병사들이 신음하고 있었다. 그곳에서 병사들은
인간이 아니라 가죽이 벗겨진 채 무게로 팔리는 동물들이었다.

" '유럽의 광란'이 지나간 후 미국인들은 유럽에 있을 것이다. 우리가
할 수 있는 일은 우리의 위대한 사상을 수호하는 일일 것이다!"

윌슨 대통령[6]은 약소국들의 자유와 야만인들에 의해 익사당한 무고한 여
자들에 대해 연설했다. 시카고나 필라델피아, 어디서든지 전쟁터로 떠나는
남편을 배웅하는 여인네들이 눈물을 감추는 장면을 볼 수 있었다. 그러나 중
권거래소는 예나 다름없이 평온하게 상품의 주문, 이익, 승리, 문명화를 확
신하고 있었다.

지금 침울한 기분에 사로잡힌 아돌프 주커는 승리를 생각하지 않았다. 1
백 퍼센트 양키인 주커에게는 약속된 땅 말고 두 개의 조국이 더 있기 때문
이었다. 며칠 전 그는 부모님과 유태교인들을 위해 릿세에 있는 삼촌에게 달
러를 보냈다. 지금 그의 가족은 둘로 나뉘어져 있었다. 한 가족은 헝가리에
서 군주제를 위해 싸우고, 또 다른 가족은 미국에서 윌슨이 주창하는 14조항
[7]을 지키기 위해 싸우고 있었다. 주커는 주커 회사, 코프만 회사, 콘 회사의

---

6) 미국 대통령(1913-1921). 제1차 세계대전이 발발하자 미국이 공해상에서 무역을 할
   수 있는 권리를 포기하지 않겠다는 중립국 견해를 표명했다. 그러나 1915년 5월 영국
   의 대서양 정기여객선 루시태니아 호가 경고 없이 발사된 독일 어뢰에 격침되어 미국
   인 124명을 비롯한 승객 1,153명이 희생되는 사건과 영국의 애러빅 호, 프랑스의 서섹
   스 호가 독일의 무차별 잠수함 작전에 의해 침몰하는 사건이 일어나 미국의 참전이
   불가피해지자 마침내 1917년 4월 평화주의자 윌슨은 독일에 대하여 선전포고를 했다.

20

이 영화는 파라마운트에서 제작했습니다

이사회를 주도하는 우두머리였고, 건축가인 코프만 삼촌은 영화관을 지었으며, 콘 삼촌은 영화배급을 담당했다. 이 모든 사업은 혈연과 파라마운트의 주식으로 주커와 연결되어 있었다.

승리? 주커가 미국을 사랑하는 애국자라는 것은 명백한 사실이었다. 미국에 도착했을 때 매우 가난했던 그가 지금은 백만장자가 되었으며 그 사실에 늘 감사하고 있었다.

그런데 무슨 까닭으로 사람들을 죽이나? 누가 이 승리를 필요로 하나? 승리를 생각하지 않는다면 사람들은 손해 보는 일은 하지 않을 것이었다. 주커는 진력이 날 정도로 읽은 '바람은 그가 그어 놓은 원으로 다시 돌아온다'는 탈무드의 글귀를 생각했다.

누구나 전쟁은 큰 불행이라는 것을 익히 알고 있었다. 그러나 전쟁은 군수품을 생산하는 사업가들뿐만 아니라 사리에 밝은 사람 누구에게나 좋은 사업이 될 수 있었다. 재미있는 영화가 없다면 4백만 명이나 되는 병사들의 무료함을 어떻게 달랠 수 있겠는가? 영화는 더 이상 새로운 발명품도 아니며 하녀나 어린아이들을 위해 장터에 세운 가건물의 공연도 아니었다. 영화는 우체국이나 담배처럼 사회에서 꼭 필요한 존재로 유럽을 향하는 선박에는 대포와 통조림뿐만 아니라 손상되기 쉬운 셀룰로이드 필름들이 실려 있었다. 병사들은 주커가 가장 좋아하는 여배우, 아름다운 매리의 순박한 미소를 보면서 편한 마음으로 죽을 수 있었다. 물론 그들은 위대한 사상을 수호하기 위해 전쟁터에서 몸을 바치는 것이었다.

전쟁터에서 멀리 떨어져 있는 사람들은 승리를 기다린다. 그러나 기다림

---

7) 초기에 전쟁을 원하지 않았던 윌슨은 전쟁을 선포하면서 미국의 전쟁 목적은 물질적 이익을 위한 것이 아니라 어디까지나 정의와 공정한 평화를 위한 것이라고 강조했다. 따라서 1918년 1월 그는 공정한 평화를 위한 기초로서 민족자결주의, 군비축소와 통상의 평등 등이 포함된 14개 항목의 조항을 제안했다.

과 불편한 마음으로 여가를 보낸다는 것은 고통스러운 일이었다. 불안한 사람들의 상상력은 신문지에서 잉크 냄새뿐만 아니라 피 냄새, 시체 썩는 냄새, 배설물의 악취 등과 같은 전쟁의 냄새도 함께 맡고 있었다. 그들은 낮에는 돈을 벌기 위해 일하지만 저녁에는 밀려오는 공포를 가눌 길 없어 참호처럼 어두컴컴한 영화관으로 향했다. 그곳에서는 귀를 기울여야 하는 공식성명이나 신문 뒤적이는 소리를 피할 수 있었고, 스크린에서는 즐겁고 매혹적인 삶이 펼쳐졌기 때문이었다.

주커는 전쟁영화를 만드는 것을 원하지 않았다. 인간에게 환상은 필요하다. 전쟁이 가까이에서 벌어지고 있는데 왜 일부러 전쟁을 보러 가겠는가? 메트로 골드윈이 전쟁영화를 만든 것은 골드윈의 감각을 의심해 볼 만큼 어리석은 짓임에 분명했다. 언젠가 주커도 전쟁영화를 만들 것이지만 지금은 때가 아니다. 전쟁이 끝난 후 전쟁영화를 만들 것이다.[8]

미국이 독일과 전쟁중일 때 주커는 퍼스트 내셔널[9] 그리고 배우들과 전쟁중이었다. 이성을 잃은 배우들이 상당한 출연료를 받으면서도 불만을 가지고 윌슨의 친척뻘 되는 교활한 윌리엄 맥아두[10]의 후원을 받으면서 그들 스스로가 영화를 만들고 싶어했다. 배우들이 영화를 제작한다면 아돌프 주커가 할 일이 없어진다. 그러므로 주커는 한 치의 양보도 하지 않을 것이었다. 그는 유나이티드 아티스트[11]에 있는 그리피스[12]를 이미 구슬렸다. 중요한 것은 영화관을 가능한 한 많이 확보하여 영화관을 소유한 소자본가들을 없애 버리는 것이었다. 영화제작에 만족하지 말고 그것을 상영하도록 해야 한

8) 자세한 내용은 '12장 국기사용'을 보라.
9) 국제 영화배급 조직망.
10) McAdoo, William G. 윌슨 대통령 시대의 재무부장관.
11) 1919년 가장 인기 있었던 세 명의 스타인 매리 픽포드, 더글러스 페어뱅크스, 찰리 채플린과 가장 주도적인 감독이었던 그리피스가 함께 세운 회사. 초기에는 이들 네 명이 제작한 영화들만을 다뤘던 유명한 배급사.

다. 마커스 로우가 영화제작에 자부심을 가졌다면 아돌프 주커는 그가 소유한 극장들의 좌석 수를 자랑스럽게 여겼다.[13] 로우, 배우, 관객, 이 모든 것은 언젠가 주커의 손아귀에 들어올 것이었다.

전쟁중에는 전쟁을 한다! 주커의 외모는 구약성서에 나오는 족장처럼 백발노인이지만 마음만은 젊은 다윗처럼 의기충천했다. 창문 너머로 죽음을 향해 가는 병사들의 행진을 알리는 북소리가 들리자 그는 입술을 지그시 깨물었다. 더 이상 망설이지 말고 승리를 향해 나아가자.

III

록펠러[14]는 미국 정부가 그에 대하여 강력한 조치를 취했다는 소식을 접하고는 경멸의 미소를 지었다. 석유 재벌인 그가 두려워 할 법이란 없었다. 본보기가 되는 사람은 그에 걸맞게 처신해야 한다. 미국의 백만장자란 현대판 플루타르코스[15]가 아닌가. 주커가 처한 상황은 록펠러보다 나쁘지 않았다. 모터를 돌리기 위해 석유가 필요하다면 정서 생활을 위해서는 영화가 절

---

12) Griffith, D. W. (1875-1948). '현대영화예술의 발명가'로 불릴 만큼 초기 무성영화의 형식을 세우는 데 기여한 미국 감독이며 제작자. 미국 영화 초기의 중요한 대작 「국가의 탄생」과 「인톨러런스」를 만들었으며 이미지의 표현성, 편집기법 그리고 절제된 연기를 도입해 영화의 표현영역을 확장시키는 데 공헌했다.

13) 주커는 영화제작보다는 흥행망을 확장하는 데 주력했다. 1919년 남부 11개 주의 영화관을 보유하고 있는 린치 엔터프라이즈를 매입하고 뉴욕의개봉관 리알토, 리볼리를 인수하여 1920년대 중반에는 모두 3백68개의 영화관을 보유했다. 주커의 영화관 인수는 그후에도 계속되어 1930년초에는 1천2백여 개의 영화관을 보유하기에 이르렀다.

14) Rockefeller, John Davison (1839-1937). 미국 석유 재벌인 그는 1870년 거대한 석유 트러스트 '스탠더드 오일'을 설립했다. 생산업자와 은행가의 개인주의 세력이 위험한 정도에 이르렀기 때문에 그들을 통제하기 위해 미국 정부는 1890년 셔먼 반트러스트법을 제정했다.

15) 그리스의 역사가. 다방면에 걸친 재주를 가졌던 것으로 전해진다.

대적으로 필요하므로 파라마운트는 궤변자들이 늘어놓는 반론을 겁낼 필요
가 없었다.

주커는 타인의 약점에 비교적 관대한 편이었다. 소심한 사람들은 마음의
평정을 찾기 위해 반(反)트러스트법을 필요로 하고 그러한 반트러스트법을
공포하는 것이 불가피할지 모르지만 그것을 적용할 수는 없을 것이라고 생
각했다. 숨쉬는 것을 막을 수 없듯이 트러스트가 확대되는 것을 막을 수는
없을 테니까.

파라마운트의 적들은 주커가 위법행위를 했다고 고소하며 공세를 취했
다. 영화제작과 배급에 관한 모든 산업을 합병하기를 원하는 파라마운트는
미국에만도 3백68개의 영화관을 가지고 있었고, 필라델피아, 댈러스, 잭슨
과 같은 주요 도시에서 예외 없이 영화관을 독점한 파라마운트는 영화관들
에게 영화를 선택할 권리를 주지 않고 자사에서 제작한 영화만을 상영하도
록 종용했기 때문이었다. 주커는 외국에 진출한 미국 영화사들과도 경쟁할
정도로 자존심이 강했다. 그러나 그에 비해 그의 애국심은 형편없었다.

불안해진 미국 정부는 파라마운트가 영화관을 독점한 채 자사 영화만 배
급하고 미국 영화의 수출을 제한하려는 시도를 포기할 것을 요구하는 서한
[16]을 보냈다. 미국 정부는 반트러스트법을 지키려고 노력하고 있었다.

서한을 받은 아돌프 주커는 부드럽게 미소를 지으며 망설임 없이 '아돌
프 주커'라고 서명했다. 그는 사소한 공식적 의례에는 기꺼이 복종해야 한
다며 서명했지만, 그리고 나서 보다 더 중요한 일들을 진행했다. 반트러스트
법에 서명한 후 그는 펜실베이니아의 영화관 4개를 인수했고 파라마운트 대
리점 직원들에게 '우리는 극장주들이 매주 프로그램 중 40퍼센트를 우리에
게 할당한다는 조건으로 영화를 배급한다. 계약기간은 5년이다. 그 조건을

---

16) 윌슨 대통령은 트러스트 해체를 지시했다.

이 영화는 파라마운트에서 제작했습니다

준수하지 않으면 우리는 수입의 50퍼센트를 가질 권리가 있고 극장주들은 6개월 동안 우리가 선택한 영화 12편을 상영해야 한다'는 지침서를 보냈다. 그리고 주커는 유럽의 UFA[17]와 이미 계약을 맺었고, 파루파멧[18]과 계약을 맺을 준비를 하고 있었다. 그는 파리의 무대극을 샀고 오스트리아, 인도, 중국 등 도처에서 파라마운트의 영화만 상영할 계획을 갖고 있었다. 따라서 유사물과 구별하기 위해 영화마다 '이 영화는 파라마운트에서 제작했습니다'라는 자랑스러운 문구를 넣어야 했다.

내년에는 시사물, 코미디가 아닌 대작을 만들기 위해 주커는 3천2백만 달러를 지출할 계획이며, 세계적인 명성을 가진 스타들을 이미 75퍼센트 확보한 상태였다. 전세계적으로 이름을 떨치고 있는 이 스타들에 대한 영화팬들의 극성은 대단했다. 스타들에게 위대한 예술에 대하여 얘기하고, 외로움을 호소하며, 사랑을 갈구하고, 친필 서한을 부탁하는 상상력이 풍부한 팬들의 편지가 연일 쇄도했다. 주커 회사에는 스타들을 연모하는 팬들에게 답장을 보내며 그들에게 활기를 주고 감동하게 하는 특별 부서가 있었다.

파라마운트의 작업장은 10헥타르나 되며 인종과 직업을 초월하여 파라마운트가 제작한 영화를 보는 관객의 수는 매주 1억2천만 명을 넘어섰다.

주커는 고용계약에 서명은 하지만 그 내용을 기억하지는 못했다. 그는 입가에 미소를 띠면서,

---

17) Universum Film Aktiengesellschaft. 독일의 영화제작사. 1925-26년에 무르나우의 「파우스트」와 랑의 「메트로폴리스」를 제작하기로 했으나 두 감독 모두 원래의 예산과 촬영 일정을 초과했다. 그 결과 빚더미에 앉게 된 UFA는 1925년 12월 말 파라마운트와 MGM으로부터 400만 달러를 빌리게 되었다. 그 대가로 UFA는 두 회사를 위해 큰 극장 체인의 상영일자 중 3분의 1을 떼어 준다는 협정을 맺었다.

18) 앞 주에서 말한 파라마운트와 MGM 그리고 UFA와의 협정에 의해 세워진 독일의 새로운 배급사로 파라마운트와 MGM이 각자 지분의 4분의 1을 가졌고 UFA는 그것의 반을 소유했다. 파루파멧 협정은 독일 시장에 대한 미국의 통제력이 커지는 것을 알리는 신호탄이라고 할 수 있었다.

"나는 상업주의 원칙에 따라 일합니다. 내가 항상 성공한다는 사실이 놀랍나요? 나 스스로도 놀라움을 금치 못할 지경입니다. 그러나 무엇을 원하세요? 행운…"이라고 말한다.

멋지게 웃으며 포즈를 취하는 주커는 카메라의 셔터 소리에 둘러싸여 있었다.

IV

국가는 생각을 해야 하는 사람들과 일을 해야 하는 사람들로 이루어져 있었다. 무슨 까닭으로 디트로이트 노동자가 감히 생각을 하는가? 디트로이트 노동자를 위해 생각하는 사람들은 따로 있었다. 노동자는 일하고 만족감을 느끼면 그만이었다. 일요일마다 시골에 갈 때 타고 가는 자동차는 일하는 노동자가 아니라 생각하는 사람들이 발명한 것이었다. 그는 자동차 뼈대에 금속판을 씌우는 일만 했고 다른 사람들은 곧게 뻗은 도로에다 선을 그렸다. 그에게 나뭇잎의 살랑거리는 소리가 기도문처럼 아름답다, 맑은 공기는 건강에 좋다, 미국은 세계에서 제일 큰 나라이기 때문에 휘발유값이 엄청나게 싸다는 것을 말해 준 사람들도 그와는 다른 사람들이었다. 그는 나뭇잎이 살랑거리는 소리를 듣고 휘발유를 사용하며 아무것도 생각하지 않는 노동자일 뿐이었다.

저녁마다 그는 영화를 보러 갔다. 필름은 활기차게 돌아가고, 사람들은 마천루의 지붕 위에서 총을 쏘며 뛰어다니고, 부둥켜안기도 하고 죽기도 한다. 사랑하는 연인들이 신부를 만나면 그것은 좋은 일이고, 도둑놈이 다이아몬드를 훔치면 나쁜 것이라고 주커나 래스키는 생각하나 보다. 노동자는 생각 없이 껌을 질겅거리며 스크린을 보고, 빛을 발하는 입술, 집, 권총, 가슴 장식을 보고 있었다. 그는 다른 사람들의 삶과 주커나 래스키의 삶이 빛나는 것을 바라보고 "해리, 널 따를게" "짐, 빨리 쏴" 하는 알 수 없는 목소리가 메아리치는 것을 듣는다. 그가 알고 있는 사람들 중 잘생긴 해리나 건방진 짐과 같은 사람은 없었다. 그의 주변 친구들은 주커나 래스키와 같은 류의 사람들로 넓은 영화관의 어둠 속에서 복화술사처럼 낮은 소리를 내거나 가성을 질렀다. 그는 쳐다보고 들을 뿐 생각하지 않았다. 그야말로 정직한 노동자로 1백 퍼센트 미국인이었다.

그러나 할 일이 없는 노동자는 생각하기 시작하며 그것은 그 자신과 국가의 입장에서 볼 때 위험천만한 일이었다. 영[19]이 생각하면 그것은 옳고 유익한 일을 위해서였다. 그는 전기산업을 독점해서는 안 된다고 생각한 사람이었다. 이스트만은 독일인을 이길 방법을 생각하며 세계에서 가장 큰 '코닥 필름'을 만들었다. 주커는 세계 도처에 있는 6만2천 개의 영화관에서 파라마운트의 영화만 상영되어야 한다고 생각했다. 주커 밑에서 일하는 멘드는 "짐, 빨리 쏴"라고 소리지르는 배우에 대하여 생각했다. 그들은 모두 미국의 위대함과 이익배당금과 같은 중요한 것을 생각했다.

그러나 파란 눈, 넓은 어깨와 바보스러운 웃음을 가진 존 필드 같은 실업자는 무엇을 생각할 수 있을까?

공화당 대통령 후보 후버[20]가 선거유세에서 번영을 약속했을 때 존 필드는 그야말로 자신이 원했던 사람이라 생각하고 그를 위해 표를 던졌다. 그러나 후버가 당선된 후 존 필드의 손에 쥐어진 것은 번영이 아니라 실업 카드였다. 직장을 잃고 굶주린 배를 움켜쥔 그가 할 수 있는 일이라고는 오직 생각하는 것뿐이었다. 동료들과 함께 그는 "타도하자!"고 외치면서도 누구

---

19) '영의 계획'을 만든 미국의 경제전문가(1874-1962).

20) Hoover, Herbert Clark (1874-1964). 미국 공화당 정치가로 1928년 미국 31대 대통령으로 당선되었다. 경제, 사회적 발전을 위해 거대한 계획을 세웠지만 1929년 10월 경제불황을 맞았다. 그것은 과거에 있었던 어떤 경제불황보다도 심각하고 장기적이었고 1933년에 이르러 실업자는 1천3백만 내지 1천4백만이라는 파국적인 숫자에 달했다.

를 공격해야 할지 아직 모르고 있었다. 생각하는 데에 익숙하지 않은 푸른 눈의 존은 적어도 사람들이 그를 조롱한다는 것쯤은 이미 짐작하고 있었다. 그래서 그는 "타도하자!"라고 소리쳤다.

길모퉁이에서 쏟아져 나온 경찰들이 민첩하게 군중 속에서 한 명을 끌어 내거나 고함을 지르는 사람들을 재빨리 고무 곤봉으로 내리쳤다. 골격이 단단한 경찰관들은 생각하지 않았고 말없이 그들의 임무를 수행할 뿐이었다. 존은 영화 속의 경찰을 보면서 경찰에 호감을 가지고 있었다. 그런데 그 경찰들 중 한 명이 그를 움켜잡았다. 창문 틈 사이로 비죽이 카메라가 보이며 "빨리 찍어"라는 소리가 들렸다.

그 장면은 파라마운트가 제작한 20초짜리 시사물로 선박 진수식과 스케이트 경기를 보여주기 전 상영되었다.

경찰관의 과도한 진압으로 존 필드는 병원으로 수송되었다. 나지막하게 신음하던 존 필드가 신음소리를 멈추고 숨을 헐떡거렸다. 음감이 다양해 녹음하기에 좋았지만 그 소리에 주의를 기울이거나 녹음하는 사람은 없었다. 존 필드는 영화 속의 용감한 짐도 행복한 해리도 아니기 때문이었다.

파라마운트의 영화제작은 엄청나게 빨랐다. 3시간 만에 시사물은 준비되었고 그것은 저녁마다 영화관에서 상영되었다. 선박 진수식을 물리도록 보아 왔던 관객들에게 경찰관들이 즐거워하며 내리치는 몽둥이야말로 색다른 볼거리였다. 경찰들이 겁에 질려 있는 데모 군중들을 별난 방식으로 구타하고 있었다. 부유한 거물들도, 가난한 성직자들도, 푸른 눈과 넓은 어깨를 가진 노동자들도 함께 웃었다. 영화관에서는 그 누구도 생각하는 법이 없이 그저 스크린을 보며 휴식을 취할 뿐이었다.

아돌프 주커의 사무실. 산더미처럼 쌓여 있는 신문에는 '실업자들의 데모…. 경찰 2명 가벼운 부상…. 시위자 한 명이 병원에서 숨졌다. 실업자들에게 외상으로 사과를 나누어 주었다'라는 기사들이 가득 차 있었다.

아돌프 주커는 창문을 통해 아메리카의 대들보인 위대한 브로드웨이와 그곳에 있는 많은 사람들을 내다보았다. 한쪽에는 요즘 주목을 받고 있는 영화「사랑의 행진」[21]을 파라마운트 극장에서 보려는 사람들이, 다른 쪽에서는 외상으로 받은 사과를 파는 사람들이 보였다. 이러한 풍경은 유럽 사회 주의자들의 우스꽝스러운 짓거리보다 더 분별 있는 것처럼 보였다. 상품 진열대를 갖춘 상가들, 이것이야말로 천재들의 대학이 아닌가! 아마 이 모퉁이에는 또 다른 주커가 있을지도 모른다. 누가 평등이란 말을 만들어냈을까? 그것을 만들어낸 사람들은 아마 바보거나 게으른 사람들이었을 것이다. 불평을 터뜨리는 실업자들이지만 그들은 사과와 희망을 갖고 있었다. 그들 중 아홉 명은 그럭저럭 살다 죽을 것이고 한 명은 록펠러처럼 될 것이었다. 파라마운트에서 만든 영화 속에서는 부지런한 사무실 서기가 백만장자가 되고, 재봉사가 귀족과 결혼하고, 뜨내기가 금광을 발견하기도 하지 않는가.

코시세(체코의 도시)나 키에네프(러시아의 도시)에서 가난하게 사는 이도 몇 푼의 돈이 저축되면 영화관으로 향했다. 영화 속 다른 이들의 행운을 바라보며 그의 마음은 후련해졌지만 눈빛은 우울해졌다. 그가 잃은 것은 아직도 없다. 그는 미국인 부자를 만나거나 불이 항상 켜져 있는 성냥을 발명할 수 있었고 악명 높은 범죄자를 잡아 장군이 될 수도 있었다. 영화는 폭탄과 교수형으로부터 그를 보호할 것이었다. 절망을 막는 백신을 발견한 아돌프 주커가 '노력하시오. 그러면 나처럼 될 것입니다! 아침부터 저녁까지, 나는 악취를 풍기는 가죽 위에서 기진맥진할 정도로 일했습니다. 지금 나는 부자이며 유명합니다. 지금 아돌프 주커보다 더 위대한 것은 파라마운트입

---

21) 독일 감독 에른스트 루비치가 미국에 이주해서 1929년에 만든 영화. 권력을 잡기 위한 암투를 서로 숨기고 사는 경박한 상류사회를 유럽풍 분위기로 영화화했으며, 프랑스 배우 모리스 쉬발리에가 주연했다.

니다'라고 말하지 않는가.

주커의 경쟁자들을 보면 그들 역시 인생에서 단시간에 부를 축적하지는 않았다는 것을 알 수 있었다. 마커스 로우[22]의 초년기는 보잘것없었다. 그는 길에서 신문을 팔았고 검둥이에게서까지 멸시를 당했다. 20년이 지난 후 그는 4백 개나 되는 영화관과 양탄자 공장을 소유했고, 은행가, 상원의원, 각료들이 그의 도움을 받으려고 아첨했다. 4백 개의 영화관들은 모두 그의 공장에서 생산된 양탄자로 꾸며져 있었고, 양탄자마다 마커스 로우의 이름 첫 글자가 새겨져 있었다. 그는 해변가, 골프장, 항구가 있는 섬, 선박을 가지고 있었으며 개인 소유의 화원에서 귀한 품종의 꽃향기를 맡으며 매달 차감잔액이 제로임을 확인했다. 그가 두려워한 것은 단 한 가지 죽음, 갑작스럽게 찾아 온 죽음뿐이었다. 세상을 떠나면서 그는 자신의 이름 첫 글자가 새겨진 양탄자와 2천5백만 달러의 유산을 남겼다.

유니버설 회장인 칼 램믈[23]은 과거에 멜빵을 파는 사람이었다. 절대적인 힘을 가진 윌리엄 폭스[24]도 뉴욕의 빈민가에서 뒤꿈치가 닳아빠진 신발을

---

22) Loew, Marcus. 모피업에 종사하다가 1904년 보드빌 쇼에 뛰어들었던 그는 1910년말 대규모 극장 체인 '로우스'를 설립했다. 관객들이 점차 영화관으로 몰리자 영화의 중요성을 인식한 그는 1920년에 독립제작사인 '메트로'를 인수하면서 영화제작에 참여했다. 로우는 1924년 '골드윈'을 매입하여 '메트로-골드윈-메이어(MGM)'로 통합함으로써 할리우드에서 파라마운트 다음으로 큰 영화사를 갖게 되었다.
23) Laemmle, Carl. 독일에서 이민 온 뒤 몇 년간 의류사업을 하다가 1906년에 시카고에 5센트 극장을 연 뒤 안정적인 작품 공급을 위해 배급업을 시작했다. 1912년 독립영화사들을 통합해 '유니버설'을 발족시켰고, 1915년에는 최신 장비와 시설을 갖춘 스튜디오 '유니버설 시티'를 개설했다.
24) Fox, William. 헝가리에서 이민 온 그는 1904년 뉴욕에서 영화관을 연 후 영업이 호조를 보이자 뉴욕 내에서만 영화관 인수를 계속해 1920년에는 모두 25개의 영화관을 소유하게 되었다. 1917년 할리우드에 스튜디오를 짓고 전국적인 개봉관 체인을 매입, 건립을 추진하면서 1935년 당시 경영난을 겪고 있던 '20세기 영화사'를 인수해 본격적인 '20세기 폭스'의 시대를 열었다.

끌고 다녔다. 주커의 사업 동반자인 제스 래스키 역시 신문을 팔았고, 『샌프란시스코 포스트』의 수습기자 시절엔 기사거리가 될 만한 사건을 찾기 위해 경찰서를 쫓아다녔으며, 서커스단과 뮤직 홀에서도 일한 후에 심지어는 금을 찾으러 다니기도 했다. 금을 찾지는 못했지만 그는 작은 구멍이 나 있고 재미있는 영상을 담아 내는 투명한 필름을 생산하기 시작했다. 알래스카에서 금덩어리를 찾아다니는 것보다 훨씬 나았다! 제스 래스키는 지금 파라마운트에서 서열 두번째의 왕좌에 올라 있다. 아돌프 주커는 실패한 사람들을 경멸했다. 스무 살에 가난한 이라면 초라한 영화관에 가야 하고 그의 미래를 믿어야 하지만, 마흔 살이 되도록 가난하게 산다면 그에 대해서는 말할 가치도 없다. 그는 인생의 찌꺼기며, 인구통계자료를 위한 단위일 뿐이라고 생각하는 주커는 "인생에서 꾸물거리지 말고 서둘러요. 그러다 보면 초년에는 사장의 딸이나 이득을 가져다주는 특허를 우연히 만날 수도 있으며, 말년에는 평화로운 입맞춤을 주고받을 수 있습니다"라고 말했다.

무슨 까닭으로 실업자들은 데모를 하는가? 삶에 반대하여? 죽음에 반대하여? 사과를 팔고 영화관에 가야 하는 그들이 가두시위를 하고 있었다. 주커는 정치를 경멸했고, 돈을 벌 수만 있다면 연설할 필요가 없다고 생각하는 사람이었다. 정치적 술책 말고도 주커가 해야 할 일은 많았다. 반면에 정치적 술책에 능한 윌 헤이즈는 고상하게 자신의 의견을 표현할 줄 아는 사람이었다. 주커는 선거 때 공화당을 위해 투표하면서 물론 자신의 이익을 생각했다. 금주법을 내세우는 공화당[25]이 승리하지 않았다면 "오늘 저녁은 어디

25) 공화당 집권 후 금주법이 제정(1919)되어 1920년대는 금주법 시대가 된다. 그러나 금주령은 미국의 풍습에 나쁜 영향을 미치게 되어 젊은 남녀들은 물통에다 질 낮은 진이나 위스키를 넣어 가지고 다녔다. 준법정신을 중시하던 미국에서 정부가 금주령 위반자들을 방임하자 사회기강이 문란해졌고, 이로 인하여 경찰의 일부가 부패하는 현상까지 생기게 되자 이 법은 1933년에 폐지되었다.

서 보낼까?"라고 묻는 미국인들에게 술집을 열어 주면 족했을 것이었다. 그러나 금주령이 내린 미국에서 대중들은 선택의 여지 없이 영화를 보러 갔다. 주커가 공화당에 투표하고 정치에 관심을 갖게 된 이유는 그의 이익과 무관하지 않았다. 그런데 실업자들이 어리석은 정치에 정신이 홀려 있었다. 그들은 정치의 위험을 느끼지 못한 채 목이 쉴 때까지 그들의 생각을 외쳐대고 있었다. 그렇다면 그들은 돈은 없지만 시간이 넘쳐나는 유럽으로 가는 것이 좋을 뻔했다. 주커가 살고 있는 미국에서는 어떤 미친놈들이 혁명을 상상했는지 어리석게도 권력은 가난한 사람들 것이라고 떠들고 있었다. 그렇다면 범죄자가 경찰을 잡아야 하고 부자들이 파산하게 되어 아름다움도 영화도 더 이상 찾을 수 없을 텐데….

마음씨 착한 주커는 실업자들에게 사과를 담을 수레를 사 줄 용의도 있었다. 그러나 그를 박애주의자라고 말해서는 안 된다. 그는 급진적인 구제책으로 실업자들에게 희망을 불러일으킨 사람이었다. 작년 한 해 이익이 1천7백만 달러로 증가된 파라마운트를 보더라도 주커는 무엇이든 이루어내는 전능의 신이라는 것을 알 수 있었다.

주커는 '잦은 영화 관람은 춤을 유행시키거나, 종교사회의 활동을 위축시키며 실업자의 재발에 심각한 영향을 끼친다'는 내용의 보고서를 검토했다. 그렇다면 춤을 금지시키고 비도덕적인 오락을 반대해야 한다. 종교계와는 쉽게 합의에 도달할 수 있을 것이다. 교회에다 영화관을 만들어 불경한 사람들이 어떻게 죄를 짓는지를 보여주면 침례교도나 감리교도들을 죄로부터 보호할 수 있을 것이다. 윌 헤이즈[26]가 이런 것을 이해해야 할 텐데…. 실업은 곧 없어질 것이다. 브로드웨이에서 사과를 파는 사람들 중에서 어떤 이

---

26) Hays, Will. 하딩 정부의 체신부장관으로 있던 윌 헤이즈는 영화사 대표들의 추대로 '영화 제작자 및 배급자 협회'의 회장이 되었다. 이에 대한 자세한 내용은 '2장 영화계의 황제 윌 헤이즈'를 보라.

들은 지쳐 죽을 것이고 어떤 이들은 돈을 벌 것이다. 다른 사람들은 공장에서 다시 일할 것이다. 낮에는 생산 라인에서, 저녁에는 영화관에서 시간을 보낼 것이다. 그것이 바로 창조의 법이었다.

V

순진한 할미새들이 깡총깡총 뛰어놀고 짙은 향을 발하는 나무 주변으로 꿀벌이 붕붕 날아다니는 오솔길에서는 여름이 물씬 느껴졌다.

이 조용한 오솔길에서 '브로드웨이' '36층짜리 사원' '유성영화' '주식'은 먼 나라 이야기인 것 같았다. 주커는 목가적인 풍경 속의 할미새들을 조심스럽게 살피며 오솔길을 산책했다. 헝가리인들은 정서적으로 농사꾼이다. 헝가리인이었으므로 시골풍경을 좋아했던 그는 뉴욕에서 40분 떨어진 곳에 집을 가지고 있었다. 꽃을 가꾸고 투명한 물이 있는 수영장에서 수영을 하면서 저녁이면 음악을 들었다. 그것이 그에게는 가장 큰 즐거움이었다. 절대로 멈추지 않고 바람처럼 맴돌고 맴도는 음악 소리는 전도서의 우울한 설교와는 달랐다. 소리, 그것은 삶이었다. 소리는 대부분 운(運)과 같거나 워너 브러더즈의 기계처럼, 혹은 불쌍한 폭스의 운명처럼, 어김없이 찾아오는 노화처럼 슬펐다. 음악을 듣고 카드놀이를 하고 잠자리에 든 주커는 꿈을 꾸었다. 그가 꾸는 꿈은 그의 공장에서 만들어내는 꿈이 아니라 그 누구나의 꿈처럼 들판, 기러기, 어린시절을 그리는 꿈이었다.

협정에도 불구하고 워너 브러더즈는 파라마운트 소속인 배우들을 빼내고 파라마운트를 무너뜨렸다. 오늘도 주커는 스타인 루티 샤터톤과 윌리엄 포웰이 워너와 계약을 맺었다는 소식을 들었다. 그러나 그들이 없어도 문제는 없다. 지구상에는 원하는 만큼의 스타들이 있으니 그들을 발굴하면 되는 것이다. 내일 파라마운트는 열두 명의 새로운 스타를 발굴할 것이다. 좋은 스타보다는 극장을 사는 것이 더 어려운 일이었다. 영화관을 많이 확보하지 못한 워너 브러더즈는 곧 망할 것이다. 내가 그들을 짓밟아 버릴 것이다. 이 풀처럼….

주커는 풀잎을 발로 짓이겼다. 이 순간 그의 무시무시한 표정은 할미새는 물론 그 어떤 것들도 겁에 질리게 할 수 있었을 것이다. 운동선수와 같이 단단한 몸매라고 내세울 수는 없었지만 그는 공격적인 성격인 순수혈통의 사냥개처럼 난투극에 몸을 던질 준비가 되어 있었다. 젊은 시절에는 권투를 하다가 귀가 찢어진 경험도 갖고 있었으나 지금은 점잖은 신사로 좀더 고상한 흥미거리를 찾아야 했다. 그는 스포츠맨으로서 골프에 미쳐 있었으며, 사업가로서 버릇없는 워너 브러더즈를 넉아웃시킬 준비가 되어 있었다. 주커는 말싸움을 좋아하지 않았다. 마커스 로우가 주커를 떠났을 때도 "지구상에는 자리가 많지요" 하면서 그를 욕하지 않았다. 그는 마커스와 함께 했던 즐거운 저녁식사를 잊지 않았다. 마커스는 모자를 새로 샀을 때 그것을 새것처럼 보이지 않게 하기 위해 그 위에 앉았다. 그는 매우 독특한 사람으로 아주 멋진 수염을 기르고 있었고 외교관의 정신을 갖고 있었다. 마커스 로우는 주커와 같은 길을 걸었고 주커 역시 마커스와 함께 일할 것을 결심했다. 이탈리아 왕이 그의 아들과 벨기에 공주를 결혼시킨다면, 아돌프 주커도 그의 아들과 마커스 로우의 딸을 결혼시키지 말라는 법이 있던가? 결혼식장에서 사람들은 예술의 번영과 주커와 로우의 영향력을 위해 축배를 들었다.

산책이 끝나자 주커는 그의 집으로 돌아왔다. 옛날 왕들은 개인 예배당을 소유했지만 주커는 개인 영화관을 소유했다. 그는 몇몇 친구들을 초대해 새로 출시된 영화를 보여주었다. 그것은 더 이상 붕붕거리는 말벌이 아니라 어둠 속에서 들리는 스타의 목소리였다. "해리, 널 따를게…"라는 말과 함께 스타는 화장을 바꾸고 미소를 지으면서 잠시 무릎을 꿇는다. 초대객들은 공

34

감하는 듯 중얼거렸다. 그들 중 한 명이 찬사의 말을 늘어놓으면서 말했다.

"내 생각에는 대중들이 이와 같은 영화를 에이젠슈타인[27]의 영화에 나오는 하찮은 볼셰비키 당원보다 더 좋아할 걸…."

에이젠슈타인이 파라마운트와 계약을 맺은 상태라 주커는 알쏭달쏭한 미소를 지어 보였다.

"영화는 다양해야 해. 영화에 육감적인 것이 약간 있다면 좋지. 그러나 없다면 그건 더 좋지. 누구든지 아름다운 여인을 보는 것은 기분 좋은 일이거든. 그것은 삶의 한 부분이며 가장 중요한 부분이야. 우리는 그것을 보여주려 하는 거야. 우리가 만든 영화를 보았지…. 그러나 아직 다 보여준 것은 아니야. 「국가의 탄생」[28]과 「빅 퍼레이드」[29]가 얼마나 큰 성공을 거두었는지 생각해 봐. 램믈이 제작한 영화가 괜히 실패한 줄 아나? 물론 우리는 에이젠슈타인의 머리에 할리우드는 모스크바가 아니라는 생각을 집어넣어

---

27) Eisenstein, Sergei (1989-1948). 소비에트 몽타주를 완성하고 그것을 가장 적극적으로 자신의 영화에서 증명해 낸 영화 이론가이자 감독. 초기에 소비에트 정부의 지지를 얻어 「파업」「전함 포템킨」 등을 만들어냈지만 마지막 연작영화 「폭군 이반 II」(1946)가 스탈린을 풍자했다는 이유로 박해를 당했다. 결국 그 여파로 「폭군 이반 III」을 미완성으로 남겨 두고 세상을 떠났다.

28) 1914년 그리피스가 독립 제작한 12릴짜리 영화. 친구였지만 서로 반대편이 되어 갈등하는 두 가족을 중심으로 미국의 남북전쟁을 다룬 서사시적 내용이었다. 남부 역사에서 아프리카계 미국인의 역할을 편협하게 해석했기 때문에 개봉되자마자 커다란 논쟁을 불러일으켰지만 역동적이고 독창적인 양식 때문에 흥행에 성공했으며 영화사에 상당한 영향을 미쳤다.

29) MGM이 제작하고 킹 비더가 감독한 1925년 영화. 그 시기 로맨틱한 연기로 팬들의 우상이었던 길버트가 제1차 세계대전에 지원병으로 참전한 부유한 청년 역을 맡았다. 이야기의 초반부는 그가 프랑스 농촌 여성과 사랑에 빠졌던 전쟁전 시기를 할리우드식의 장난과 웃음이 넘쳐나는 분위기로 그리고 있는데 영화가 전개되면서 장엄한 전쟁 삽화들이 담긴다. 특히 야간전투 장면에서, 죽어가는 독일 소년과 참호 속에 홀로 외롭게 남겨진 주인공은 자신이 그를 죽일 수 없음을 깨닫고 그를 죽이는 대신에 담배불을 붙여준다. 전쟁을 무자비하고 불명예스러운 것으로 묘사한 이 영화는 브로드웨이에서 1년 이상 상영된 최초의 영화가 되었고 해외에서도 크게 성공했다.

줘야 해. 나는 악의 섞인 행위를 절대로 용서하지 않을 거야. 우리끼리 이야
기지만, 별 효과가 없지 않을까 걱정이야. 에이젠슈타인은 대단한 고집쟁이
거든. 그렇지만 이건 게임이야. 우리는 그의 고집에 몇 번은 양보할 거야….
그러나 원칙적으로 우리의 체제는 엄격해. 육감에 몇 퍼센트, 다른 정서적
감정에 몇 퍼센트…. 중요한 점은 대중의 성격에 걸맞는 것을 찾는 거야. 전
쟁 후 미국은 해피엔딩을 원했지만 패전한 독일인들은 마조히즘으로 울고
있어. 스크린에서 보이는 행복조차 견디지 못하고 있어. 독일이 2등급의 고
객임은 사실이지만 우리는 하찮은 고객이라도 놓치지 않기 위해 결말이 슬
픈 영화 몇 편을 상영했었지. 뉴욕에 있는 우리 극장의 벽에 옛날 그림을 몇
점 걸어 두었어. 마천루를 구경한 후 거드름을 피우는 후작부인이 그려진 그
림을 보는 것은 유쾌한 일이거든. 그러나 파리에서 우리는 관객들에게 초콜
릿 아이스크림을 나누어 주고 있어. 파라마운트를 잘 운영하기 위해서는 섬
세한 심리학자가 되어야 해."

　주커의 말에 귀 기울이며 초대객들은 비굴하게 한숨을 쉬었다. 그들은 테라
스로 가서 싱싱 형무소와 아돌프 주커의 목가적인 영토를 감싸고 흐르는 넓
고 장엄한 허드슨 강을 한참 동안 응시했다.

　파라마운트 직원들은 주커를 '파파 주커'라 불렀다. 그는 주커, 코프만,
콘 회사원들의 우두머리일 뿐만 아니라 직원들의 파파로 포상을 하고 벌을
주었는데, 선하면서도 엄격했다. 약속한 광고료를 받지 못한 신문이 파라마
운트가 돈벌이에 급급하다는 비난 기사를 쓰면, 다른 신문들은 즉시 측은한
마음을 불러일으키는 '어린 급사에서 나이 든 회계원까지 모두 주커를 '파
파'라 부르듯이 그는 돈벌이에 급급한 사람이 아니며 돈 때문에 일하는 기
자들이 묘사하는 것처럼 나쁜 독수리가 아니다. 그는 비둘기이며 감동시키
는 말벌이다!'라는 기사로 맞대응했다.

이 영화는 파라마운트에서 제작했습니다

주커는 유럽으로 떠났다. 그곳에서 영화배급을 정리하고 중심인물들을 만나고 훌륭한 감독들을 발굴하고 대중들의 취향을 조사해야 하는 등 그가 해야 할 일이 많았다. 게다가 아무리 부와 명예를 움켜쥔 주커일지라도 유태 교회당과 끼륵끼륵 울고 있는 릿세의 기러기를 잊을 수 있었겠는가. 릿세를 방문하고 교회에서 기도를 하고 선을 행했으므로 그곳의 유태인들은 주커를 우상시했다. 그는 로칠드보다 더 부자였고 매모니드보다 더 영리했으며 아낌없이 주는 솔로몬 왕보다 더 관대했다. 주커의 인생에는 많은 변화들이 있었지만 조그만 촌락의 삶은 예전 그대로였다. 항상 기러기가 울어대고, 헝가리인들은 변함없이 우수에 젖은 노래를 불러대고, 허약한 아이들은 탈무드의 케케묵은 문장들을 반복하면서 책장을 손가락으로 말고 있었다. 이곳에는 시간이 존재하지 않았기에 주커는 분주한 그의 삶을 돌아보며 헛되다는 것을 깨달았다. 바람처럼 그는 돌고 돌았다. 동분서주하며 그가 이미 그려 놓았던 원으로 다시 돌아와 있었다. 속절없는 한숨을 내쉬며 릿세에 달러 몇 푼을 남겨 두고 주커는 달러의 나라 미국으로 되돌아왔다.

기러기와 탈무드가 있는 평온한 마을 릿세에 갑자기 이변이 생겼다. 릿세 사람들은 곧 아름다운 여자들과 의적이 나오는 영화를 볼 수 있으리라. 나이든 유태인들은 잡색의 포스터를 보면서 분개한 나머지 고개를 돌렸다. 포스터에는 아름다운 여자가 어깨를 드러내고 긴 수염이 달린 장교를 껴안고 있는 그림과 '이 영화는 파라마운트에서 제작했습니다'라는 글귀가 적혀 있었다.

탈무드 경전을 배운 어린 모세는 아빠에게 말했다.

"영화시사회에 가고 싶어요."

모세의 아버지가 대답했다.

"정신 나갔군. 그것은 유태인을 위한 게 아니라 추잡한 이교도를 위한 거야. 유태인은 그런 추잡한 것을 봐서는 안 돼. 그런 뻔뻔스러운 걸 만든 사람 얼굴에다 침을 뱉고 싶다."

야릇한 웃음을 띠며 모세는 대꾸했다.

"피쉬맨이 그러는데 영화를 만든 사람은 주커래요."

여기서 모세의 아버지는 통제력을 잃었다. 그는 이치에 맞지 않는 말을 했다. 그는 피쉬맨을 돼지로 취급하고 돼지의 생식기를 나타내는 표현도 했다.

"주커가 그렇게 뻔뻔스러운 이미지를 만들었다는 것은 말도 안 돼. 그는 궁전에서 살며 돈을 버는데…."

잘못되고 있었다. 크게 잘못되고 있었다. 아돌프 주커는 한숨지었다. 직원들은 두려움 속에서 안절부절못하고 서로를 쳐다보았다. 오늘 파파의 기분이 좋지 않다. 무슨 일일까? 워너 브러더즈가 파라마운트를 이겼는가? 아니면 대형 화면을 가진 폭스가 일격을 가했나? 그것도 아니었다. 연초 3개월 동안의 파라마운트의 수입은 작년에 비해 87퍼센트 증가했던 것이었다.

초기 유성영화시대, 주커는 걱정이 많았다. 그는 무성영화시대의 스타들을 상당수 확보해 두었고 그것을 자랑스럽게 여겼는데 유성영화가 만들어지면서 목소리를 가진 스타들이 필요하다는 것을 깨달았다.[30] 스타들과 계약을 파기해야 하고 위약금을 물어야 할 상황에 이르자 폭스와 워너는 재빨리 무성영화 사업에서 손을 뗐다. 그러나 현재 파라마운트는 필요한 목소리를 가진 상당수의 배우들과 계약을 해 두었다. 기사가 나오는 「사랑의 행진」은 대단한 영화였다. 더 이상 잘못될 수는 없었다.

주커는 하루의 수입에 만족하지 않았다. 그가 생각하는 미래는 어두웠다. 유성영화는 대중들의 호기심을 자극하는 새로운 상품이었다. 어떻게 이 이

---

30) 영화에 소리가 도입되면서 무성영화 시절의 배우들은 기존의 스타 캐릭터의 이미지에 맞는 음성이나 목소리 연기를 해낼 수 없으면 도태될 수밖에 없었다.

이 영화는 파라마운트에서 제작했습니다

미지들이 화면에서 수다를 떨게 할 수 있을까? 우리는 1천만 달러를 벌었지만 2천1백만 달러까지 번 사람도 있었다. 그러나 미래는 어떻게 될까? 미국 국내시장에서 무성영화의 상영으로 그는 그럭저럭 지출을 만회했다. 영화를 수출하게 되면 순이익을 가져올 수 있었다. 지금 유성영화를 제작하는 비용은 증대되었으나 수출은 아직…. 바로 그것을 해결해야 했다.

현재 파라마운트의 자막은 36개국 언어로 번역되어 불가리아, 페루, 인도, 라포니 등 세계 각국으로 배급되고 있었다.[31]

예전에 어린 아돌프는 호기심으로 늙은 랍비의 이야기를 들었다. 랍비는 우제류 동물에 대한 이야기 말고도 정말 이상한 사건을 말해 주었다. 사람들이 파라마운트의 마천루처럼 높은 탑을 지었는데 여호와가 노하셨다. 그후로 사람들은 헝가리어로, 독일어로, 히브리어로 각기 다르게 말하기 시작했고, 그때부터 서로 의사소통을 할 수 없었다. 무슨 까닭으로 사람들은 영어로 말하려 하지 않았는가? 영어를 배우기는 쉬운데…. 뉴욕에 도착해 아돌프는 단번에 영어를 배웠다. 그런데 사람들은 37개 국어를 보존하려고 애를 쓰고 있었다. 영어를 알아듣는 사람이라고는 한 명도 없는 릿세에서도 파라마운트가 만든 대단한 영화 속의 배우들은 당연히 영어로 말했다. 그러나 그들이 말하는 영어는 아르헨티나, 독일이나 파리, 어느 곳에서도 알아들을 수 없었다. 어떻게 영화수출을 통한 순이익을 얻을 수 있겠는가?

고심에 찬 주커의 얼굴이 밝아졌다. 또 한 번 그에게 충직한 여신이 찾아와 방법을 가르쳐 주었다. 그는 똑같은 영화를 세계 각국의 언어, 즉 영어, 헝가

---

31) 1927년 할리우드 메이저가 해외에 진출한 규모는 1927년 파라마운트-페이머스-래스키 사장이었던 시드니 켄트가 보고한 바를 참고해 보면 쉽게 알 수 있다. "해외로 나가는 네가는 73개 국가의 1백15개의 필름 교환소를 통해 1백42개의 프린트가 배급된다. 자막은 영어에서 36개 언어로 옮겨진다." 자세한 내용은 '8장 유럽인을 위한 할리우드'를 보라.

리어, 스페인어, 덴마크어로 만들 것이다. 물론 회의론자들은 그것이 터무니없는 계획이며 지출 경비를 결코 만회할 수 없을 것이라고 말할 것이다. 그들이 무엇을 말하든 간에 주커에겐 방해물이 아니었다. 오직, 빨리! 워너나 폭스가 그의 생각을 훔치기 전에…. 조금도 지체해선 안 된다! 스웨덴어, 루마니아어, 포르투갈어로 촬영을 시작한다. 바벨탑은 곧 완성될 것이다. 남쪽으로, 북쪽으로 바람은 분다. 그리고는? 그리고 바람은 그가 이미 그어 놓은 원으로 다시 돌아온다. 그러나 그것을 생각할 필요가 없다. 그것은 영화가 아니라 죽음이니까….

2
영화계의 황제 윌 헤이즈

폭스의 1921년 작 「시바의 여왕」 포스터

I

1921년 가을, 미국의 기독교계는 '에디슨은 어쩌자고 움직이는 영상을 발명했는가?'라는 장로교, 침례교, 감리교 신자들의 분노로 들끓고 있었다. 영화가 로스엔젤레스의 주색, 방탕, 청소년들의 타락, 간음, 신성모독에 관한 스캔들을 만들어내면서 패륜을 조장하고 있었기 때문이다.

YMCA는 회원들에게 영화관에 가는 것은 위험하다고 경고했고, 격분한 '개혁협회'는 결의안을 채택했으며, '어머니회'에서도 정부에게 단호한 결정을 내리라고 촉구했다.

매일 아침 새로운 스캔들이 조간신문을 장식하고 있었다. 예컨대,

"윌리엄은 부인을 여럿 두었다."

"매리 픽포드의 첫 남편 오웬 무어는 더글러스를 부정(不貞)행위로 고소했다."

"패티는 버지니아 랩의 죽음과 관련되었다는 혐의를 받고 있다."

"배우들은 술독에 빠져 있었고 샴페인이 3백 병이나 발견되었다. 게다가 그들은 풍기문란에 해당하는 선정적인 춤을 추었다!"

"어제 X감독이 B양과 무엇을 했겠는가?"

등등.[32]

30년 전부터 미국에서 살아온 아돌프 주커는 이곳에서 진이라도 한 잔 마시려면 이중 커튼을 미리 쳐 두어야 한다는 것을 알고 있었다. 영화는 유리벽으로 된 스튜디오에서 신문기자들의 생계수단이 되는 기사거리로 노출되어 있었고, 예술가들을 경건한 퀘이커 교도로 변화시킨다는 것은 어려운 일이었다. 부다페스트에서는 옷차림이 조금만 튀어도 사람들은 '그가 누굴까? 외국인? 괴짜? 집시?'라는 의구심을 가지며 가까이하려 하지 않는다. 미국에서 젊은이들을 선동하려면 가을에 밀짚모자만 쓰면 된다. 그들은 "지금은 여름이 아니예요" 하며 밀짚모자를 벗겨 버릴 것이니 미국인들과 장난을 칠 생각은 아예 하지 말아야 한다.

어디서 영화를 위한 교회의 축복과 백악관의 호의적인 태도를 찾을 수 있을까? 박해를 당하며 고된 생활을 해야 했던 중세의 유태인들은 약삭빠르게 영향력 있는 보호자를 찾으면서 나름대로 살 길을 모색한 적이 있었다. 큰 세력을 쥐고 있던 어떤 영주가 '나의 유태인'이라 선포하자 그 누구도 '그의 유태인'에게 해를 입히지 못했다. 유태인들이 존경할 만한 그 영주에게

---

32) 1910년대 후반과 1920년대 초반까지 검열법을 강화하려는 압력이 있었다. 전후 영화들 중 상당수가 밀주, 재즈, 왈가닥 아가씨, 난장 파티 같은 '광란의 20년대'와 연관된 종류의 주제를 사용했다. 세실 드 밀의 섹스 희극영화는 불륜을 다소 경솔한, 심지어는 매혹적인 유희쯤으로 묘사했고, 에리히 폰 스트로하임의 「눈 먼 남편」(1919)에서는 유부녀의 불장난을 사회규범에 대한 매혹적인 위반 비슷하게 다루었다. 게다가 같은 시기에 금주법을 위반하는 유명 배우, 영화 제작자들의 생활방식과 섹스 스캔들이 대중의 관심을 끌었다. 당대의 스타 메리 픽포드는 더글러스 페어뱅크스와 결혼하기 위해 첫 남편과 이혼했고, 1921년 희극배우 아버클은 한 젊은 여배우가 취중 파티에서 죽었을 때 강간 및 살인죄로 기소되었다. 1922년에는 감독 윌리엄 데스몬드 테일러가 몇몇 유명 여배우들과의 관계가 밝혀진 상황에서 의문의 살해를 당했다. 1923년에는 잘생긴 운동스타 웰레스 레이드가 모르핀 중독으로 죽음을 맞자 대중들은 할리우드를 무절제와 타락을 조장하는 곳으로 여겼다.

44

상당한 금화를 바쳤음은 물론이다. 오늘날 영화도 주커의 조상들처럼 쫓겨다닌다. 이러한 도피생활에서 벗어나기 위해서는 그 시대처럼 관대한 기사(騎士)를 찾는 것 외에는 다른 해결책이 없었다!

주커는 2년 전, 글라리쉬에서…, B살롱이었던가…, 프티존이 모셔 온 귀가 불쑥 튀어나온 한 남자를 기억해 냈다. 그날 점심을 함께 한 자그마한 키의 신사는 윌 헤이즈라고 했다. 지금 그는 미국 대통령 하딩[33]의 장관으로 막대한 영향력을 가진 인물이었다. 소다수만 마셨던 헤이즈의 말 한 마디 한 마디에는 힘이 느껴져 첫눈에 외교관임을 짐작할 수 있었다. 영화에도 관심을 보였던 그 남자는 정치에 관한 영화를 만들어 보라고 조언까지 하지 않았던가. '윌 헤이즈야말로 우리가 찾는 사람이야. 그를 영입하는 데 돈만으로는 안 되겠는 걸' 하는 생각이 주커의 머리 속을 스쳤다.

윌 헤이즈는 하딩의 충직한 심복이었다. 선거 참모였던 그는 선거유세 기간중 두 달이나 불편한 침대차에서 밤을 보냈으며, 교훈담이나 재치가 넘치는 일화는 물론 중요한 연설을 하루에도 여러 번 할 정도로 열의를 보였다. 마침내 하딩이 대통령으로 당선되자 윌 헤이즈는 체신부장관에 임명되었다. 선거기간 동안 어른들도 어린애들처럼 볼거리를 필요로 한다는 것을 간파한 헤이즈는 여러 번 영화의 도움을 받은 적이 있었다. 카메라맨을 소개하며 '스크린에 가능한 한 모습을 많이 보여야 합니다'라고 헤이즈는 제안했고 하딩은 그에 반대하지 않았다. 하딩은 카메라 앞에서 미소를 띠고 신뢰감을 주는 자세로 가상의 합중국을 바라보는 포즈를 취하곤 했다.

헤이즈는 영화가 오락이 아님을 알고 있었다. 자신이 원하는 후보자에게 표를 던진다고 생각하는 유권자들이 실제로는 정치가들의 의도대로 투표한

---

33) Harding, Warren Gamaliel (1865-1923). 29대 미국 대통령 (1921-1923).

다는 것을 정치가들은 알고 있었다. 정치가들의 의도란 민주주의의 성인들 중의 성인을 뽑는 것이었다. 만약 노동자들이 노동자를 뽑는다면 미국은 러시아처럼 야만 국가가 되었을 것이었다. 신문이 유일한 대중매체였던 예전과 달리 지금은 라디오와 영화가 있었다. 라디오를 통해 연설하고, 선언하고, 교훈을 주면서 유권자들을 설득하는 것은 쉬운 일이었다. 그러나 휴식을 즐기고 있는 유권자들이나 시, 허구의 이야기를 기대하는 유권자들을 스크린을 통해 장악하는 것은 쉬운 일이 아니었다. 정치가들은 그들이 만든 시(詩) — 돈과 이상에 대한 시 '성공하기 위해 투쟁해야 한다, 강한 자는 지휘하고 약한 자는 일한다, 노예제도는 도덕의 원칙에 어긋나며 그것은 사람을 복종시키기 위한 나쁜 방법이며 저주이다'라는 시를 어두운 영화관에서 아름다운 꿈을 꾸는 듯한 유권자들에게 주입시켜야 했다. 정치가들이 들려주는 시에 관객들은 감동의 눈물을 흘리거나 승리의 미소를 지었다. 관객에게 그의 하루 일과를 받아 적게 하는 것은 쉬운 일이었다. "타이프를 가져와, 타이프를 쳐, 나사를 죄어, 합산해 봐" 하면 되니까. 그러나 그것으로 족하지 않았다. 정치가들은 잠들어 있는 듯한 관객에게도 미합중국의 의식 있는 시민이 되도록 그의 꿈을 받아쓰게 해야 했다.

윌리엄 폭스는 헤이즈에게 7만5천 달러를 제안하며 함께 일하기를 권했지만 거절당했다. 폭스 필름 코퍼레이션은 탄탄한 영화사임에 분명하지만 통이 큰 윌 헤이즈에게 걸맞는 것은 파라마운트, 폭스, 메이어와 유나이티드 아티스트가 연합된 조직체였다.

신문들은 로스앤젤레스에서 일어나는 스캔들을 연이어 보도하고, 감리교도들과 침례교도들이 영화에 대한 격렬한 항의서를 워싱턴에 보내는 등 영화는 매우 심각한 상황에 처해 있었다. 난관을 벗어나기 위해 영화사 대표들이 어느 호사스러운 식당에서 모임을 가졌다. 그러나 그 누구도 음식에는 관심이 없었으며 늘상 하던 싸움조차 잊고 있었다. 혼란스러웠던 그들은 '구원자가 필요하다. 스크린의 스타가 아닌 우리를 이끌어 줄 스타가 필요하다. 베들레헴의 별이 아니라, 우리가 빠져 있는 죄와 치욕에서 구원해 줄 사람이 필요하다'라는 공통된 바람으로 애처로이 서로를 쳐다보고 있었다. 주커와 폭스, 골드윈과 셀즈닉, 콘과 에이브러험, 램믈과 앳킨슨과 같은 유명한 백만장자들이 마치 길 잃은 양떼처럼 우울하게 점심을 먹고 있었다.

"누구에게 도움을 청해야 하나?"

누군가 후버를 추천했다. 그러나,

"후버는 돈이 지나치게 많고 너무 독립적이라 적당하지 않다. 그와 거래를 하면 평탄하지 않을 것이다. 더 높은 곳을 꿈꾸는 야심가 후버는 대통령 자리를 노리고 있다"고 웅성거리는 소리가 들렸다. 그 자리에 모인 영화사 대표들은 누구에게 도움을 청해야 할지 잘 알고 있는 듯했지만 말을 아꼈다. 더구나 헤이즈와의 협상을 시도했다가 실패한 적이 있는 폭스는 자신의 경험담을 고백할 수 없었다. 이야기의 진전이 없자 주커가,

"후식을 든 후 다시 의논합시다"라고 제의했다.

마침내 신성한 이름 — 헤이즈라는 이름이 누군가의 입에서 나왔다.

"헤이즈? 그래 헤이즈! 바로 그 양반이야. 그는 하딩의 돛단배를 몰았던 사람으로 영화에서도 실력을 발휘할 거야. 그는 백악관에서 일하는 워싱턴의 마당발이 아니던가! 그의 말이라면 귀머거리라도 들을 정도지! 게다가 그는 장로교도잖아. 그래, 빨리 헤이즈를 추대하자. 헤이즈를!"

갑자기 영화사 대표들은 활기를 되찾았다. 잠시 후 영화사 대표들은 헤이즈에게 영화계의 왕좌에 오를 것을 간청하는 문안을 만들기 시작했다. 유럽 출신의 대표자들은 격식을 갖춘 문체에 익숙하지 않았으므로 그 종이에는 수정한 흔적이 가득했다. 드디어 문안이 완성되었고 주커가 소리내어 읽기

시작했다.

"제작자, 배급사의 대표들로 구성된 우리는 영화제작의 중요성을 강조하기 위한 가장 높은 수준의 제작이 필요하다고 생각하여…."

그곳에 참석한 사람들 중 누군가가 한숨을 크게 내쉬었다. 그는 함께 스캔들을 만들었던 영화배우 패티의 집에서의 즐거웠던 저녁식사를 생각했는지도 모른다.

"우리는 우리 산업에 건설적인 감시가 필요하다는 신념에 도달했습니다. "

브라보! 멋진 연출이었다! 영화를 비판했던 도덕주의자들의 주둥이를 처음으로 닥치게 할 수 있는 문장이었다.

"…당신이야말로 이러한 일을 할 수 있다고 생각되오니 우리의 제안을 받아들여 '영화 제작자 및 배급자 협회'[34]의 책임을 맡아 주시기 바랍니다 …."

잠시 숨을 멈춘 후 주커는 다시 장엄한 목소리로 읽어 내려갔다.

"이를 수락하신다면 우리는 3년 동안 매년 10만 달러의 배당금을 제안하는 바입니다."

짤막한 이 문장을 작성하는 데 공이 많이 들었다. 배당금을 의논할 때 모두 서로를 쳐다보며 나지막하게 한숨만 내쉬었던 것이었다. 그러나 오늘 조간 신문에 세 여성단체가 '우리는 도덕을 모독하는 영화 상영을 금지할 것을 촉구한다'라는 결의문을 내지 않았던가. 더 이상 선택의 여지는 없었다. 헤이즈에게 지불해야 하는 배당금은 쿼터제에 따라 각 영화사가 자신의 몫을

---

34) 검열을 피하고 할리우드의 이미지를 일소하려는 노력의 일환으로 주요 영화사들은 동업조직인 '영화 제작자 및 배급자 협회(Motion Picture Producers and Distributors Assocociation, MPPDA)'를 결성하기 위해 단결했다. 이 단체는 1922년초 막대한 정치적 영향력에다 건전한 도덕적 평판을 얻고 있었던 윌 헤이즈를 책임자로 추대했다.

영화계의 황제 윌 헤이즈

내야 하고…. 영화 2편이면 만회할 수 있는 경비였다.

점심식사가 끝나자 주커는 자리에서 일어섰다. 12월의 습기가 느껴지는 음울한 날씨였으나 주커에게는 태양이 빛나고 새가 노래하는 듯이 보였다. 뤼미에르, 에디슨, 누가 영화를 발명했든 그것은 게으름뱅이의 관심사일 뿐 우리와는 상관없는 일이었다. 영화를 제작하는 우리는 온갖 암초를 헤쳐 나가며 영화라는 배를 운항하고 있었다. 오늘 우리, 주커, 폭스, 골드윈의 사람들은 영화의 파멸을 막았다!

영화 혹은 정치? 영화 혹은 주식? 은행에는 엄숙한 분위기가 스튜디오에는 야릇한 흥분이 감돌고 있었다. 윌 헤이즈는 영화사 대표들의 제안에 망설였다. 사실 1백 퍼센트 미국인인 그가 돈만 생각하는 유럽 태생의 유태인과 친구가 되어야 한다는 것에 마음이 썩 내키지 않았다. 이상주의자며 장로교 신자로 일요일마다 교회에 가는 윌 헤이즈는 영혼을 생각하는 사람이었다. 그는 포도주는 천박한 상상력을 가진 사람들이 마시는 술이라 여기고 입에도 대지 않았다. 사실 삶의 즐거움, 사업의 성공, 창조자와 가까이 있다는 사실에 취해 있는 그는 포도주가 필요하지 않았다. 그는 부드러운 맛을 원할 때 위스키가 아닌 아이스크림을 핥았다. 그는 담배도 피우지 않았고 경박한 여자들에게 눈길을 준 적도 없는 그야말로 신과 인간 앞에서 완전무결한 사람이었다. 이러한 사람이 정계나 은행에서 일하지 않고 미래가 불투명한 영화를 위해 일한다는 것이 가능할까?

그러나 한편으로 윌 헤이즈는 그가 영화산업에 개입하지 않는다면 국가는 커다란 위험에 직면할 수 있다는 생각도 했다. 영혼이 타락하는 것을 막아야 하지 않을까? 그는 영화를 즐기지 않지만 자녀들은 불안한 놀이 — 영화를 즐기고 있었다. 그들에게 영화는 책이나 설교보다 훨씬 더 중요한데 나쁜 영화를 보게 된다면 그들의 부드러운 영혼이 망가질 수 있지 않겠는가?

꿈의 공장

최근에 나온 영화평을 보면 어떤 영화 속의 주인공은 부자들만 강탈하는 의적이었고, 또 다른 영화에서는 목사가 몰래 술을 마시고, 교구에 있는 예쁜 여자들과 잠자리를 같이했다는 내용으로 성직자를 우스꽝스럽게 묘사했다. 그뿐만 아니라 정직한 노동자들을 속인 한 사업가의 가장 어두운 면을 보여주는 영화도 있었다. 얼마나 부조리한 이야기들인가!

어떻게 하나? 금주령을 내렸듯이 영화를 금지시킨다면 주커와 폭스가 가만있지 않을 것이다. 금주령을 내려도 각자 집에서 문을 닫아 놓고 위스키를 마실 수 있지만 영화를 금지한다면 저녁에 사람들은 무엇을 할 것인가? 검열을 엄격하게 한다면? 영화사 대표들도 이러한 방향으로 교섭하고 있는 중이었다. 어쨌든 검열로 사건을 무마할 수 있을 것이다! 몇 장면을 잘라 내고, 자막을 바꿀 수 있지 않은가? 그러나 독은 항상 독일뿐이야. 주커, 폭스, 래스키, 로우 사에서 일하는 사람들은 유럽에서 이민 와 탄탄한 기반이 없는 불쌍한 사람들이었다. 기독교인이 아닌 그들은 처절한 가난 속에서 태어나 살기 위해 무엇이든 했다. 도덕적으로 문란한 생활을 했다고 코미디 배우 패티가 고발당했을 때 주커는 즉시 뚱뚱보 패티가 출연한 영화 모두를 폐기처분할 것을 명령했다. 그렇지만 스캔들이 신문에 보도되기 전 이미 영화사 사장들은 패티 집에서 열린 저녁 만찬에 여러 번 참석했고 거기서 유명 여배우들과 벌거벗은 채 춤을 추었다고 하지 않는가. 이 부자들에게 착한 행실을 기대할 수 없을 거야. 영화 검열을 하더라도 그들을 진정한 이상주의자들로 만들 수는 없을 것이다. 이상주의자, 윌 헤이즈는 진정한 이상주의자였다!

헤이즈가 영화계의 지배권을 갖게 되면 사회는 안도의 한숨을 쉴 것이다. 영화는 법을 유지시키고 도덕 학교가 되며 장로교도들과 퀘이커 교도들의 화합의 장이 되며 무정부주의, 사회주의, 공산주의를 막기 위해 그가 준비하는 거대한 백신 연구소가 될 것이다.

영화계의 황제 윌 헤이즈

영화는 무엇보다도 산업이었다. 포드가 자동차를 생산하듯이 주커는 영화를 제작했다. 재정에 해박한 헤이즈는 이익배당금에 관해서는 더 할 말이 없었다. 부를 축적하면서 인간은 절대자와 인류에게 더욱 상냥해지기 마련이지만 헤이즈는 더 멀리 내다보아야 했다. 미국에서 노동자들은 욕실을 갖춘 집에서 자동차도 굴리면서 비교적 여유 있는 삶을 누리고 있었다. 그러나 그들이 유럽인들의 병에 전염되지 않을 것이라는 확신이 있는가? 늙은 유럽에서 스캔들이 끊임없이 생기고 있었다. 독일과 이탈리아에서는 노동자들이 파업을 하고, 공장을 장악하고, 경찰에게 총을 겨누는 등 폭동이 멈추는 날이 하루도 없었다. 바바리아에서나 헝가리에서는 정부가 적절하게 혁명을 진압했다. 폐허 속에서 굶주림에 허덕이면서도 러시아는 잘 지탱하고 있지만 그래도 불안이 감돌고 있었다. 지금 미국 노동자들의 의식은 뚜렷하지만 안심할 수는 없었다. 경제공황이 시작되어 노동자들이 공장에서 쫓겨나 굶주림에 허덕이고 자동차가 고철값으로 팔리며 욕실에서 목욕할 수 없게 된다면 그들은 '러시아에서는…'[35] 하며 유럽의 고질병을 들먹일 것이었다. 그러므로 노동자들에게 법을 존중해야 한다고 주입시키고 무모한 생각을 근절시켜야 한다. 노동자들은 마지못해 교회에 다니며, 교훈적인 책을 전혀 읽지 않지만 영화를 좋아한다. 우리 자녀들의 행복을 위해 우리는 이 무기를 사용해야 한다!

자녀에 대한 사랑이 넘쳐흐르는 윌 헤이즈는 자녀의 행복을 위해서라면 어떤 고통이라도 감수할 용의가 있었다. 그는 부패한 상인들과 점심식사를 하거나 예술가들의 거친 말투를 받아들이거나 하면서 백악관에서 미국 시

---

35) 러시아는 1917년 두 번의 혁명을 겪었다. 2월에 일어난 첫번째 혁명은 차르의 귀족 정치를 종결시켰고 그 자리에 개혁주의 임시정부가 들어섰다. 두번째 것은 그해 10월 레닌이 주동이 된 사회주의 혁명으로 그 결과 러시아에는 소비에트 사회주의공화국 연방이 수립되었다.

민들에게 도움이 되겠다는 그만의 비밀스러운 꿈을 포기할 각오가 되어 있었다. 그는 자신이나 다른 이들의 자녀를 위해서, 그리고 위대한 미국의 장래를 위해서라면 무슨 일이라도 할 준비가 되어 있었다.

그래서 결정이 내려졌다. 윌 헤이즈는 체신부장관 자리를 사직하고 영화 제작자 및 배급자 협회라는 새로운 조직의 회장이 되었다. 헤이즈는 장관직보다 열 배나 많은 보수 10만 달러를 매년 흐뭇해하면서 받게 될 것이었다. 첫 출발치고는 그런대로 괜찮은 액수였다! 게다가 무엇보다도 중요한 것은 돈이 아니라 사명감, 축복, 쾌거였던 것이었다.

신문들은 앞을 다투어 헤이즈의 회장직 수락을 보도하며 그를 왕이 아닌 '영화계의 황제'라고 불렀다. 유럽에는 스페인 왕과 알바니아 왕이 있고, 석유나 면(綿)의 분야에 왕이 있다는 것은 알려진 사실이었다. 왕이란 호칭은 왠지 가볍게 들리지만 '황제'라는 단어에서는 용맹과 위엄이 느껴졌다. 무엇보다도 황제, 그것은 절대군주로 그 어디에도 존재하지 않았다. 러시아에 황제가 있었지만 지금은 폐위되었고 그 나라는 혼란에 빠져 있었다. '혼란의 시간'을 보낸 영화계는 황제를 즉위시키면서 "영화계의 황제 만세! 윌 헤이즈 만세!" 아니면, 그의 친구들이 부르는 것처럼 "빌! 빌 1세 만세!"라고 외치고 있었다.

모세가 시나이 산에서 내려왔을 때, 그의 이마는 눈부신 빛을 발했다. 윌 헤이즈가 영화사 주인들에게 법령을 가져왔을 때, 그의 얼굴은 늘 그렇듯이 양순한 미소로 환해져 있었다. 그는 걸을 때 토끼처럼 깡총거렸고, 긴 귀는 활기로 쫑긋거렸으며, 푸른 눈은 신의 세계를 접하는 기쁨에 차 있었다. 헤이즈는 모세와 달리 키가 작은 편이었으나 목소리는 우렁찼고 힘이 있었다. 그는 멍청하게 바라보고 있는 영화사 대표들에게 그가 만든 도덕법령[36]을 읽어 주었다.

"다음과 같이 약정한다."

"법을 조소하거나 위반하는 묘사를 해서는 안 된다."

"범죄를 조장하거나 법과 정의에 반하는 범법행위는 절대로 다루어서는 안 된다."

"결혼체제와 가정의 정결은 지켜져야 한다."

"간통은 절대로 용납되지 않는다."

"종교적인 믿음을 조롱해서는 안 된다."

"성직자들을 우스꽝스럽거나 간악하게 묘사해서는 안 된다."

"국기를 사용할 때는 가장 큰 경의를 표해야 한다."

"교수형, 전기의자와 같은 사형을 다루는 장면은 제한해서 조심스럽게 다루어야 한다."

주커, 폭스, 로우는 헤이즈의 도덕법령을 공손히 경청했다. 그가 말하는 항목 중 이치에 어긋나는 것은 없었으며 세심히 준비한 흔적이 역력했다. 모세의 십계명만큼이나 훌륭한 법령이었다. 아돌프 주커는 그가 공부했던 시절을 돌이켜보며 이 기독교인은 좋은 랍비가 될 자질이 있다고 생각했다. 그는 굉장히 힘든 일을 한다! 우리가 지불하는 10만 달러는 헛되게 쓰이지 않을 것이다. 릿세에서 믿음이 강한 유태인은 토요일에 일하지 않는 유태교 율법에 따라 '이교도 심부름꾼'을 데리고 있지 않은가. 토요일마다 '이교도 심부름꾼'은 물을 떠오고 불을 지피는 등 믿음이 강한 유태인 대신 일하면서 돈을 받는다. 물론 10만 달러는 큰 액수지만 헤이즈는 단순한 '이교도 심부름꾼'이 아니었다. 대통령처럼 말하는 그는 도덕법령을 만들었으며 모든

---

36) 윌 헤이즈는 1922년부터 1945년까지 영화 제작자 및 배급자 협회의 책임자로 일했다. 새로운 리얼리즘과 표현양식이 등장하여 폭력과 섹스 문제가 다시 여론화되고 비평가와 각종 사회단체로부터의 비난이 고조되자 그는 1930년 새로운 자체 검열안을 준비했다. 일명 '헤이즈 규범'으로 알려진 '영화제작규범'이 그것이었다.

것을 꿰뚫어 보는 통찰력과 모든 것을 할 수 있는 능력을 가진 인간이었다. 아니, 그는 인간이 아니라 보석 중의 보석이었다.

II

윌 헤이즈는 인디애나 주의 설리번 시에서 태어났다. 그가 영화계의 황제에 즉위하면서 정치판을 떠나자 인디애나 주 공화당은 쇠퇴했다. 대신 그곳에는 지금 영화관이 2백32개나 들어서 있다.

장난기라곤 전혀 없는 헤이즈는 자신이 맡은 일을 성실히 해내는 사람이었다. 학창시절에 그는 다른 사람보다 일찍 일어나 강의실에도 제일 먼저 도착했다. 은행에 근무할 때는 20센트의 오차를 찾아낼 정도로 증권거래소의 모든 움직임을 꿰뚫고 있었다. 공화당 총수 시절에는 매일 10여 명의 민주당원들이 공화당으로 이적했으며, 체신부장관 시절에는 우표에 대한 광고를 성공적으로 해냈다. 지금 그는 영화계의 황제로서 정당한 긍지를 갖고 "미합중국은 세계 석유 중 40퍼센트를 생산하고, 전체 전화기의 63퍼센트를 만들어내고 전체 자동차의 78퍼센트를 생산합니다. 그러나 제일 생산량이 많은 것은 영화로, 전세계에서 상영되는 영화의 85퍼센트를 미국에서 제작합니다"라고 말했다.

헤이즈의 하루는 꼭두새벽부터 시작되었다. 가로등이 켜져 있는 거리를 나설 때 그는 가슴을 스쳐가는 새벽의 찬 공기를 느꼈다. 여러가지 일을 동시에 하는 데 익숙한 헤이즈는 모든 일을 해낼 충분한 시간을 갖고 있었다. 욕실에서 목욕이나 면도를 할 때 고무로 된 받침대를 사용해 신문을 읽으면서 전화도 걸었다. 그는 집에서 뛰어나올 때 이미 위기일발의 세기적 혼란을 느끼고 있었다. 헤이즈는 목가적인 성향을 지닌 주커와는 달리 뉴욕 한복판의 37층 건물에서 살고 있었는데, 높은 곳에서 살고 있는 그는 밤이면 그 누구보다도 선량한 장로교의 하나님과 가장 가까운 곳에 있었다. 아침 일찍 그는 5번가로 달려가 정의를 실현하고, 설교하고, 사람들을 설득했으며 완벽을 추구하려는 영화에 교훈을 주었다. 한 해 동안 1만6천 건의 분규를 해결한 헤이즈는 오늘 하루에도 86건이나 해결했다. 표절시비에 관한 소송 서류 — 아직 소송이 있다는 것은 좋은 광고가 될 수 있다! 태이스는 헤이그가 파라마운트를 위해 한 여자를 둘러싼 형제들의 이야기를 다룬 시나리오를 가로챘다며 손해배상을 청구했다. 래스키는 탐욕스러운 사람임에 틀림없었다. 그 다음 사건은 폭스가 도움을 청한 것이었다. 보스턴 상영에서 폭스의 「남자들이 보는 세상」은 여성단체들이 '이 영화는 여성의 존엄성을 해친다'고 반발하자, 주중 상영에서는 23장면, 일요일 상연에서는 32장면이 검열에서 잘려 나갔을 만큼 운이 없었다. 그러나 여성단체들과 회합을 가진 후 몇몇 부분을 수정하고 편집을 뛰어나게 함으로써 영화는 성공리에 상영되었고 신문들도 긍정적인 기사를 실었다.

상냥하게 몸을 추스리면서 헤이즈는 기자들에게 공표했다.

"지금 영화는 여러분의 검열만 필요로 합니다. 우리는 우리가 제정한 도덕법령을 엄격히 준수할 겁니다. 제한이 필수불가결하다는 것을 잘 알고 있습니다."

최근 『월드 해럴드』의 발행인 마틴 퀴글리는 미국에 있는 영화 관련 출판사들과 트러스트를 맺었다. 신문에 5년 동안 3천만 달러에 상당하는 광고를 내겠다고 약속한 헤이즈 덕분이었다. 『뉴 무비』의 편집자 맥서테이가 "윌 헤이즈는 부드러운 종달새다. 그의 우정은 지브롤터의 암벽처럼 확실하다. 그를 싫어하는 사람은 한 명도 없다"라고 말할 정도로 헤이즈는 언론과 우호적인 관계를 도모하고 있었다.

말하는 영화, 즉 유성영화는 대단한 발견이었다. 헤이즈는 적절한 시기에 워너 브러더즈에 도움을 주는 연설을 했다. 그날 그로서는 만 번째 연설이었지만 처음으로 스크린에 대하여 언급했다. 떨리는 목소리로 헤이즈는 "새로운 기적에 제가 참여합니다!"라고 말했던 것이었다. 그것은 장로교회의 일요일 예배와 흡사했다.

갑자기 헤이즈가 화살처럼 뛰어나갔다. 37층 그의 집에서 하녀가 준비한 저녁식사에도 아랑곳하지 않고 그는 할리우드로 향하는 기차에 몸을 실었다. 대형 스크린 영화에 대한 문제, 워너 브러더즈의 어려움, 이데올로기 약화 — 몇몇 감독들이 지나치게 암울한 감옥제도를 보여주었고, 에이젠슈타인이 드레이저[37]의 수상쩍은 소설을 스크린에 옮겼다 — 의 문제를 해결하기 위해 할리우드로 향했다. 헤이즈는 정확히 기차 출발 1분 30초 전에 역에 도착했다. 기차가 출발하기 15초 전에 객차에 올라타고, 절대로 이치에 어긋난 말을 하지 않고, 편지는 받자마자 답장을 할 것, 중개인이 가능한 한 많이 말하도록 대화를 잘 이끌어 나갈 것. 그것들이 헤이즈의 원칙이었다. 이 원칙을 고수함으로써 그는 가장 높은 자리에 오를 수 있었던 것이었다.

기차 안에서도 헤이즈는 쉬지 않고 일했다.

우선 헝가리 정부에 해외전보를 치게 했다.

"…우리는 위에서 서술한 이유 때문에, 미국 영화 수입 할당제에 절대로 동의할 수 없습니다."

스톱.

"우리는 어쩔 수 없이…."

두번째 속기사에게,

"이달 23일 받은 당신의 편지에 답하여…."

---

37) Dreiser, Theodore(1871-1945). 미국 작가. 독일 태생으로 독실하지만 매우 가난한 가톨릭 가정에서 어린 시절을 보냈다. 그의 소설에 나오는 주인공들은 대부분 하층민 출신으로 자신의 욕망과 허영의 노예로 묘사된다.

영화계의 황제 윌 헤이즈

세번째 속기사에게,

"친애하는 아돌프…."

편지를 받아쓰게 하면서 동시에 잡지를 뒤적이고 있었다. 심오한 이상주의자인 그의 가슴을 설레게 하는 반가운 소식 — 재질이 있는 젊은 작가들을 격려하고 좋은 시나리오를 만들 수 있다는 기사를 읽었다. 그는 네번째 속기사에게 작가에게 보내는 편지를 쓰게 했다. 네 명의 속기사와 두 명의 비서, 객차, 창문, 삶…. 윌 헤이즈는 그렇게 삶에 취해 있었다. 종달새 중에서도 가장 감미롭게 노래하는 종달새였다.

헤이즈를 할리우드에서 만난다는 것은 하늘의 별따기처럼 어려웠다. 그는 분주했으며 예술가협회 배우들을 만나기 꺼려했다. 그들은 사기꾼들이고 헤이즈는 장로교 신자였기 때문이었다. 게다가 황제가 백성과 같이 일한다는 게 말이나 될 법한가? 백성과 지나치게 가까워지면 사업에 좋지 않은 영향을 미칠 수 있으므로 일정한 거리를 유지하면서 대해야 했다. 오로지 정의를 지켜야 했다! 가십을 좋아하는 영화사 사장들과 감독들이,

"잭은 헝가리 여자와 보통 사이가 아닌가 봐"라는 류의 대화를 시작하노라면 헤이즈는 자리에서 벌떡 일어났다.

"죄송하지만 전화를 걸 데가 있어서…."

이 남자의 숨겨진 정열을 드러낼 필요가 있었다. 왜 그는 '영화의 황제'인가? 오히려 전화의 왕이 되었어야 할 정도로 그는 전화통에 매달려 있었다. 작은 나팔 모양의 검은색 수화기를 볼 때면 그의 눈은 갈망으로 흔들렸고 손은 떨고 있었다. 즉시 누구에게라도 전화를 해야 했다. 뉴욕에 있으면서 6천 킬로미터 거리에 있는 할리우드와 끊임없이 연락을 취하고 있었다. 그는 할리우드와 "여보세요. 래스키 씨?"로 시작되는 일상적인 전화통화를 매일 여섯 통씩이나 했다.

그러나 그것으로도 충분하지 않았다. 마치 사랑에 빠진 연인처럼 그는 불안해하며 잠을 제대로 이루지 못했다. 한밤중에도 그는 사랑하는 여인을 위해 시를 짓거나 그녀의 모습을 꿈꾸는 대신에 따뜻한 열기가 있는 손으로 수화기를 들고 할리우드에 전화를 걸곤 했다. 전화통화에 빠져 있는 헤이즈는 살아 있는 보통사람들에게는 냉정하고 알 수 없는 사람이었다. 그는 스크린과 관계있는 사람들만 후원했는데 그들은 사람이 아니라 자신의 부하였기 때문이다. 그는 포커 판에서 허세를 부릴 줄 알았고 또한 평범한 미국인들과 과장된 몸짓을 하며 고상한 말을 반복하면서 대화를 잘 이끌어 갔다. 헤이즈는 "영화가 무엇인지 아세요? 영화가 주커나 워너의 수입원이라고 생각하십니까? 폭스를 교묘하게 앞지른 클라크의 조작[38]일까요? 광고에 불과하다고요? 궁전일까요? 주식이라고요? 아닙니다. 영화는 인류의 이상향을 위한 의식입니다. 이익과는 상관없는 의식이지요"라는 말을 전화에서, 마이크 앞에서, 그리고 법원에서, 극장에서 변함없는 미소를 지으면서 되풀이했다.

영화는 문명, 과학과 산업, 예술과 종교를 총망라한 종합체지만 과학은 웨스턴 일렉트릭의 특허[39]였다. 영화예술은 모든 스타들이 하는 투쟁이었지

---

38) 경제공황 기간 중 큰 타격을 받은 폭스는 1929년부터 심각한 재정난에 빠졌다. 퍼스트 내셔널 주식을 팔았지만 늘어나는 부채를 감당하지 못해 그가 소유한 주식을 핼리 클라크에게 매각하고 폭스에서 물러난다. 자세한 내용은 '3장 유성영화의 시대'를 보라.

39) 화면에 소리를 결합시키려는 노력은 이미 영화 태동기부터 시작되었다. 그 중 미국의 에디슨과 프랑스의 고몽이 주목할 만한 성과를 이뤄냈지만 음향증폭과 동시성의 문제 때문에 실용화하기에는 부족한 단계였다. 유성영화를 위해서는 소리를 필름에 직접 녹음할 수 있는 방법을 강구해야 했는데 영화와는 전혀 무관한 곳에서 그 방법이 개발되었다. AT&T의 자회사인 웨스턴 일렉트릭의 기술진이 영화와 상관없는 장거리 통신회선과 관련된 문제들을 연구하던 중, 1923년 '소리를 전기화'시키는 방법을 더욱 개선하자 AT&T에서는 이 발명품으로 수익을 올리기 위해 영화사들과 접촉을 시도했다. 이 새로운 계획에 먼저 관심을 보인 회사는 워너 브러더즈와 폭스였다.

만 영화산업은 주커와 클라크의 배당금이었고, 영화의 교리는 헤이즈가 직접 만든 신성한 법령이었다.

오래 전부터 헤이즈의 배당금을 1년에 15만 달러로 인상한 '영화 제작자 및 배급자 협회' 회원들은 불만을 터뜨리기 시작했다. 그렇지만 아돌프 주커는 한숨을 내쉬며 "점점 더, 나는 헤이즈의 생각에 찬동한다. 사실 그의 생각들은 정말 훌륭하다"라고 토로했다.

얼굴이 창백한 헤이즈는 당황하더라도 얼굴을 붉힐 수가 없었다. 그는 육체가 아닌 영혼으로만 부끄럼을 탈 뿐이었다. 주커의 찬사에도 헤이즈는 아랑곳하지 않았다. 작품을 만들게 하고, 수없이 전화를 하고, 장관에게 권유하고, 기차를 타고 이곳 저곳으로 바삐 움직이는 헤이즈에게 찬사란 아무 의미가 없는 것이었다. 그는 그가 할 수 있는 것을 했을 뿐이다. 누군가가 영화를 발명했지만 그는 진흙에 발이 빠진 우상이었을 뿐이다. 영화에 삶을 불어넣고 교리를 가르치며 요르단의 맑은 바다에 영화라는 배를 항해시킨 사람은 바로 헤이즈였다. 그가 없었다면 영화는 비도덕적인 불길로 남아 있을 수도 있었다.

'빌 1세'의 지도력으로 영화는 마침내 질서의 토대가 되었던 것이다.

III

세계 도처에 있는 영화관의 수는 5만5천 개에 이르렀고 고정적인 관객만도 2억5천만 명에 이르렀다. 그런데 대부분의 영화관에서는 미국 영화만 상영해야 했으므로 미국인들이 각국의 사람들에게 좋은 상품을 제공하고 오락을 즐기게 하고 교육도 시켰던 셈이다. 그리고 그 대가로 각 나라에서 프랑, 마르크, 루블, 엔, 파운드, 크라운, 리라, 페세타, 드라크마, 레, 플로린, 디나르[40]를 받아 갔다.

꿈의 공장

프랑스에는 고대 성당들과 귀한 포도주가 있었다. 그러나 일요일마다 평범한 장로교회에서 예배를 보는 헤이즈는 유명한 성당을 구경할 시간이 없었고 포도주는 입에 대지도 않은 채 오로지 소다수만 들이켰다. 프랑스 사람들이 역사적 유적과 포도주에 우쭐댄들 그것은 그들의 관심사일 뿐, 헤이즈는 오로지 한 가지 사실 — 다른 나라 사람들처럼 프랑스 사람들도 저녁마다 미국 영화를 보러 가야 한다는 사실에만 관심을 가질 뿐이었다. 그런데 미국 영화에 항거하던 프랑스인들이 전능한 헤이즈와 맞서기 위해 그 유명한 에리오[41]를 내세웠다.

화가 머리끝까지 난 헤이즈는 단숨에 37층에서 내려왔지만 에리오는 평온하게 파이프 담배를 들이마시고 있었다. 헤이즈와 달리 에리오는 문학의 무의식적 차용을 즐겨 했으며 영혼을 영감으로 가득 차게 만들어 주는 리용 지방 음식을 좋아했다. 낚시꾼이 될 수도 있을 정도로 서정적인 그는 아날 대학의 부인들 앞에서 기꺼이 미네르브 사원이나 노르망디 숲의 속삭임에 대해 이야기했다. 넓은 어깨와 곧게 뻗은 머리카락, 그러나 그의 영혼은 부드러웠다. 그는 레카미에 부인[42]이 진정한 사랑의 기쁨을 알고 있었는지를 연구했을 만큼 몽상적이며 낭만적인 사람이었다. 많은 시간을 들여 그는 미국 영화 건에 대하여 심사숙고했다. 파라마운트나 폭스의 훌륭한 작품들을 평가할 수는 없었지만 프랑스의 교육문화부장관으로서 그는 프랑스 영화의 운명에 깊은 관심을 가지고 있었다. 내각에서 물러날 준비를 하느라 분주한

---

40) 각국의 화폐단위. 프랑-프랑스, 마르크-독일, 루블-러시아, 엔-일본, 파운드, 크라운-영국, 리라-이탈리아, 페세타-스페인, 드라크마-그리스, 레-루마니아, 플로린-네덜란드, 디나르-유고슬로비아, 튀니지, 알제리.
41) Herriot, Edouard(1872-1957). 프랑스의 작가이자 정치가. 교육문화부장관(1916-1917)을 역임.
42) Recamier(1777-1849). 19세기 살롱 문화를 통해 여러 정치가, 문학가, 예술가와 친분이 있었던 프랑스의 귀부인.

의원들 앞에서 그는 엄숙하게 외쳤다.

"나는 절대로 프랑스를 미국 영화의 식민지가 되게 하지는 않을 것입니다."

헤이즈는 에리오의 수려한 말솜씨를 겁내지 않았지만 프랑스가 외국영화 할당제에 관한 법령을 제정하자 이성을 잃어버리고 말았다. 마이크 앞에 선 헤이즈는 모든 사람들에게 "나는 이 부당한 법령이 취소되도록 최선을 다 할 것입니다"라고 소리쳤다. 말만으로는 성이 차지 않았던 헤이즈는 프랑스로 달려가 에리오와 대면했다.

"프랑스가 법령을 취소하지 않는다면 미국은 보복조치를 감행할 것입니다. 그렇게 되면 미국 시장에서 프랑스 상품들을 팔 수 없을 것이오."

설득과 위협으로 에리오를 회유시키려고 노력했다. 신랄하며 예리한 작은 키의 남자, 헤이즈는 매우 온화한 성품을 지닌 에리오의 마음을 움직이기엔 역부족이었다. 화기애애한 분위기에서 맥도날드와 유럽의 미래에 대하여 이야기를 나눈 적이 있었던 고상한 에리오는 성급한 헤이즈와 협상할 수 없었다. 에리오는 논리적인 대화를 시도했다.

"영화는 평범한 상품이 아닙니다. 영화는 민족의 영혼에 영향을 미칠 수 있습니다."

미국에서라면 헤이즈는 이러한 논증에 쉽게 수긍할 것이었지만 현재로서는 문호를 개방시켜야 한다는 단 한 가지 사실에만 관심을 둘 뿐이었다. 무엇보다도 영화는 수출 상품이었다.

에리오와 협상하는 것이 어렵다는 것을 깨달은 헤이즈는 프랑스 영화협회 회원들을 설득하기 시작했다. 그들 역시 미네르브 사원과 레카미에 부인을 좋아하는 프랑스인들이지만 그래도 에리오보다는 대화가 통할 것이라는 생각을 하면서…. 그러나 그들 역시 국가와 프랑스 영화사들의 이익을 내세웠기 때문에 헤이즈는 일시적인 협정을 체결하자는 타협안을 제시할 수밖에

에 없었다.

승리자의 미소를 머금고 헤이즈는 미국으로 돌아왔다. 헤이즈의 제안은 비교적 예민한 성격의 프랑스인들이 원한다면 타협안이라 할 수 있겠지만, 그 속에는 다른 속셈이 숨겨져 있었다.

미국은 프랑스로부터 10여 편의 영화를 살 것이다. 그러나 가장 질이 떨어지는 영화를 수입하고 그것을 하급 영화관에서만 상영하도록 할 것이다. 그대신 프랑스는 우리 영화를 살 것이다. 올해 주커와 폭스의 프랑스에서의 영화판매 총액은 42만5천 달러로 증가했다. 미국시민들은 '헤이즈 조직'은 장관들보다 더 큰 영향력을 갖고 있다고 생각했다. 판로가 좋은 미국 영화는 다른 상품들의 판매에도 도움을 주면서 40만 명의 미국인을 먹여 살리고 있기 때문이었다.

"미국 영화가 들어가는 나라에서 미국산 자동차, 사진, 모자는 두 배나 더 많이 판매된다"[43]고 한 후버 대통령의 말은 타당하다. 머지않아 유럽은 미국식으로 생각하게 될 것이고, 에리오는 자신의 실패를 자인할 수밖에 없을 것이다. 그를 뽑아 준 유권자들의 자녀들은 영화관에 갈 것이고, 그들은 전화 통화야말로 레카미에 부인에 관한 이야기를 읽는 것보다 재미있으며, 초록색 달러의 바삭거리는 소리가 노르망디 숲에서 들리는 온갖 속삭임을 뒤덮어 버릴 수 있다는 것을 알게 될 테니까.

---

43) 파라마운트 사장이었던 시드니 켄트는 "영화는 무언의 선전물이다. 그것이 비록 특정한 사고를 가지고 만들어지지 않았다 하더라도 관객에게 미치는 영향은 지대하다. 관객은 미국적 생활양식, 의복, 여행 등에 매료된다. 미국 자동차업계의 해외진출에 있어서 가장 훌륭한 대리인은 바로 영화다. 미국 영화의 영향은 어떤 의도적인 내용이 없다 하더라도 부지불식간에 관객들에게 선망을 불러일으키기 때문에 미국 자동차의 판매의 직접적인 대리인 역할을 수행하게 되는 것이다"라고 말한 바 있다.

3
유성영화의 시대

형 해리 워너(왼쪽)와 동생 잭 워너 형제, 1926

I

윌리엄 폭스와 아돌프 주커는 서로 분위기가 달랐지만 그들의 삶에는 공통점이 있었다. 두 사람 모두 헝가리 태생의 유태인이었으며 가난이 무엇인지, 짐승처럼 힘들게 일한다는 것이 무엇인지를 알고 있었다. 또한 그들은 때맞춰 '움직이는 영상'에 관심을 갖기 시작했다. 아름다움과 영광을 좋아했고 인터뷰에 응하기를 즐겼던 주커는 스스로를 사업가가 아닌 예술가로 생각했다. 그러나 폭스는 제과업자가 과자의 달짝지근한 맛을 싫어하는 것처럼 영화를 좋아하지 않았으며 특히 멜로드라마를 혐오했다. 그가 영화관에 가는 것은 극히 드문 일로 할리우드에 있는 폭스 촬영소에는 10년에 한 번들를 정도였다. 그는 영화는 연출가, 배우, 무대장치 담당자와 같은 사람들이 만드는 것이라 생각하며 자신은 오로지 영화를 팔고 영화관을 매입하는 돈벌이에만 전념했다. 그는 아침부터 저녁까지 눈코 뜰 새 없이 바삐 움직였지만 여행을 하는 경우는 없었다. 에너지를 충전하기 위해 1년에 2번씩 요양소에 들르는 것이 고작이었다. 그는 기자들과의 인터뷰를 거부했는데 어떤 기자가 폭스의 사진을 가까스로 찍은 적이 딱 한 번 있었다. 그때 세상에 알려진 사진에서 폭스는 침울하게 눈을 껌벅거리고 있었고, 수염은 곤두서 있었다. 그 사진을 보고 매우 당황한 폭스는 즉시 수염을 깎아 버렸지만 껌벅이는 눈만은 어떻게 할 수 없었다.

아돌프 주커는 예민한 폭스에 대하여 항상 두려움을 느끼고 있었다. 그들의 전쟁은 오래 전 둘 다 신출내기 사업가였던 시절부터 시작되었다. 주커가 '카르멘'을 준비하고 있을 때 신문들은 연출이 훌륭하고 화려하며 엄청난 제작비가 들었다고 곧 나올 대작에 대하여 떠들어댔다. 그러자 폭스는 스태프들에게 열흘 만에 영화 한 편을 만들 것을 명령했으며, 장미꽃을 입에 물고 있는 스페인 여인의 모습을 담은 포스터도 제작하게 했다. 영화관들은 주커가 보장하는 카르멘이라고 생각하며 영화를 샀다. 이때부터 주커와 폭스의 전쟁은 심각한 양상을 띠기 시작했다. 그것은 소규모의 교전이 아니라 대포알이 날아다니는 전쟁이었다. 그들은 경쟁적으로 영화관을 매입하고 1백여 편의 영화를 시장에 내놓으면서 세계 시장의 5분의 1을 장악했다.

주커는 "뉴욕에 있는 내 극장은 가장 크지는 않지만 가장 화려한 곳이었다"[44]라고 즐겨 말하며 '스타'와 수입 면에서 진기록을 세웠고, 열광하는 관객들을 보면서 성공을 자랑스럽게 여겼다.

반면에 가장 큰 극장의 소유주였던 폭스는 묵묵부답으로 그 어느 것도 자랑스럽게 생각하지 않았다. 그는 달러를 벌기 위한 자신만의 방법을 갖고 있었다. 인기 있는 배우도 없었고, 센세이션을 일으킬 만한 영화도 없었으며, 다만 성실한 중간 수준의 제작사만 있었을 뿐이었으나 영화는 잘 팔렸다.

폭스 필름 코퍼레이션은 로우를 통제하고, 로우는 메트로-골드윈-메이어(MGM)를 되샀다. 사업 확충에도 불구하고 매우 검소한 생활을 하는 폭스는 돈을 쓸 시간이 없었고 사실 그 방법조차 모르고 있었다. 폭스 필름 코퍼레이션의 순수입은 증가하여 지난 회계연도에는 1천2백만 달러에 이르렀

---

44) 1920년대는 영화관에 수천 명의 관객을 수용할 수 있는 좌석과 화려한 로비, 유니폼을 입은 좌석 안내원, 그리고 영화를 위한 관현악단의 반주가 있던 '영화 궁전'의 시대였다.

으며, 로우의 순수입은 1천1백7십만 달러로, 모두 합쳐 2천3백7십만 달러의
수입을 올렸다.

아담한 시골집에서 윌리엄 폭스는 우울한 표정으로 하품을 하고 있었다.
저녁이 되면 보통사람들은 폭스 영화를 보러 영화관으로 향했지만 윌리엄
폭스는 싸늘하고 희미한 전등 불빛을 바라보고 있었다.

워너 브러더즈는 완전히 파산 직전에 있었다. 뭔가를 알고 있는 사람들은
마치 망자를 이야기하듯이 다정하지만 무심하게 그들에 대하여 말하곤 했
다. 그런데 워너 브러더즈가 다시 살아났다. 형제 중 한 명인 해리가 스크린
에서 한 남자가 움직이고 말하는 장면을 보았다. 특별한 게 없었던 그 익숙
한 장면을 보면서 해리는 음향이 이상하다는 것을 직감했다. 스크린에서 말
더듬이가 장광설을 늘어놓고 있었고, 해리 워너가 들은 것은 말더듬이의 목
소리였다. 그 불쌍한 말더듬이는 처참하게 울부짖고 있었으나 그의 말을 한
마디도 알아들을 수 없는 것은 당연했다. 그러나 어둠 속에서 해리 워너는
전형적인 말더듬이를 보며 미소를 지었다. 어떤 영감이 스쳐 지나갔던 것이
었다.

워너 브러더즈가 어떤 위험을 감수했을까? 어쨌든 파산을 코앞에 두고
있었던 그들은 망설임 없이 이 악마 같은 남자와 협정을 맺었다.[45] 그는 특허
권을 갖고 있었고 '웨스턴 일렉트릭의 대표자'가 되기로 계약을 맺었다.
그때부터 모든 사람들은 스크린에서 서툴지만 신비스럽게 말하는 말더듬이
로 변신하기 시작했다. 워너 브러더즈가 퍼스트 내셔널을 매입하고 강력한
트러스트가 되자 경쟁자들은 당황하기 시작했다.

배당금에 감격한 해리 워너는 "우리가 제작한 영화들은 건전하며 사회

---

45) 워너는 1920년대 중반까지 미국 각 지역의 극장주들에게 작품의 안정적 공급을 보장
하고 수익의 일부분을 분배하는 소위 프랜차이즈 방식을 제작에 활용했다. 이러한 불
안정한 운영은 1925년 '바이타그래프'를 인수함으로써 종식되었다.

에 유익합니다. 여러 나라에서 많은 학자들이 풍속을 다룬 미국 영화들로부터 파급된 효과의 심리적인 변화를 논했으며, 그 결과 유익하다고 발표했습니다. 나는 우리의 작업과 운명을 변화시킨 영화라는 무기를 사용해 인류를 위한 탁월한 서비스를 창출하고자 하며, 돈에만 관심을 가지는 사업가가 아닙니다"라고 외쳤다.

어눌한 말투였지만 위엄이 있었다. 게다가 워너 브러더즈는 더 이상 말할 필요가 없었다. 말더듬이들이 워너 브러더즈를 대신해 스크린에서 말하기 시작했기 때문이었다. 그들은 이익금을 계산하고 서비스를 제공하기만 하면 되었다.

스크린이 말하기 시작했고, 워너 브러더즈 또한 말하기 시작했다. 그와 반대로 윌리엄 폭스는 입을 다물고 있었다. 예전에도 말이 적은 사람이었으므로 측근에 있는 사람들조차 그가 무엇을 생각하고 있는지 알지 못했다. 그가 만든 영화처럼 여전히 벙어리였던 폭스에 반해, 해리 워너는 "운명의 변화는…" 하고 웅얼거렸다. 그는 매우 변덕스러운 사람이었고, 폭스는 그 사실을 잘 알고 있었다. 찢어지게 가난한 시절을 거쳐 백만장자가 된 폭스는 변덕스러운 해리 워너와 사이가 틀어져 있었다.

폭스는 워너 브러더즈의 추월을 그냥 보고만 있지 않았다. 유성영화의 성공을 감지하자 서둘러 워너 브러더즈와 계약을 맺었다. 워너 브러더즈와 격차는 크지 않았지만 그래도 격차는 있었다. 더 이상 무성영화를 보지 않는 관객들을 위해 스튜디오를 새로 세우고 팀을 만드는 데 많은 경비가 들면서 폭스 필름 코퍼레이션의 사업이 흔들리기 시작했다. 증권가에는 폭스가 파산할 수 있다는 소문이 떠돌기 시작했으며, 폭스 또한 그 사실을 부인하지 않았다. 늘 그렇듯이 폭스는 말을 아꼈다. 그는 워싱턴으로 가 상무부 서기관이었던 클레이를 폭스에서 일하도록 권유했지만 정중하게 거절당했다. 상무부 서기관으로서 클레이의 위험부담이 너무 컸던 것이다. 폭스는 스타도 멜로드라마도 없는 채 건실한 회사인 웨스턴 일렉트릭에게 1억2천만 달러를 원조해 줄 것을 넌지시 시사했지만 그것 또한 실패로 끝났다. 암담해진 폭스는 칩거 상태에 있었고 취재하러 온 기자들은 아랫사람들의 제지로 그를 만날 수 없었다. 그러나 폭스는 아직은 폭스 필름 코퍼레이션의 우두머리였다. 그런 심각한 상황에 헬리 클라크가 나타났다.

헬리 클라크는 미시간에서 태어나 유복한 어린 시절을 보냈다. 그의 아버지는 의사였고, 그는 시카고에 있는 대학을 졸업한 후 시카고 신문에 기사를 기고하다가 그 일을 그만두고 기계류를 팔기 시작했다. 8시가 되기 전 사무실 서류더미 앞에 앉아 있을 정도로 부지런했던 그는 '유틸리티 파워 앤드 라이트'의 사장이 되었다. 이 회사는 미국 전역의 8백30개의 도시에 퍼져 있었으며, 영국의 수요자만도 2백만 명에 이르렀다. 부드럽고 감수성이 예민한 헬리 클라크는 예술을 사랑했다. 한 기자가 클라크가 계획하고 있는 재정 사업에 대하여 인터뷰를 하고자 했을 때 명함에다 인터뷰의 주제를 '셰익스피어에 대하여 말하기 위해서'라고 쓴 적이 있었다. 셰익스피어에 대하여 담소하는 것을 제일 큰 즐거움으로 여기고 있던 클라크가 즉시 인터뷰에 응했음은 당연했다. 그는 『햄릿』을 모두 암송하고 있었다. 그러나 이러한 문학적 성향에도 불구하고 전기회사의 총결산이나 대량매입과 같은 사업에 관한 한 빈틈이 없었다. 클라크는 단호하고 엄격했다. 사업을 하고 있는 동안 그는 숫자에만 관심을 가졌으며, 사업이 비교적 한가할 때면 셰익스피어를 인용하면서 얘기하는 것을 즐겼다. 세심한 미학가이기도 한 그의 사무실은 1초도 틀리지 않고 정확하게 움직이는 18세기의 여러 벽시계들로 장식되어 있었다. 사업에 열중하고 있는 클라크에게 벽시계들은 "서둘러!"라고 말하는 듯했다. 휴식을 취하는 동안 클라크는 벽시계들을 바라보며 흐뭇해했다.

꿈의 공장

오래 전부터 클라크는 영화에 관심을 갖고 있었다. 그는 10여 년전 유틸리티 파워를 운영하고 있을 때 노동에 대한 홍보를 위해 교육영화를 만든 적이 있었다. 그는 기록영화를 제작하는 소규모 영화사도 차렸지만 이로 인해 50만 달러의 손해를 본 경험도 있었다. 적자가 눈덩이처럼 불어나자 그는 철학자처럼 "생각은 정확했지만, 때를 만나지 못했어…"라고 중얼거렸다.

전기 수요자들 덕분에 적자가 보전되자 드디어 핸리 클라크의 생각은 때를 만나게 되었다. 그는 폭스가 어려운 상황에 처해 있음을 알고 웨스턴 일렉트릭의 간부들과 장시간 회의를 했다. 클라크는 폭스와는 다른 사람으로 요술 램프를 가진 마법사가 아니었다. 유틸리티 파워의 사장이었던 클라크는 웨스턴 일렉트릭의 간부들과 신중히 대화를 나누었다. 마침내 셰익스피어의 열성 팬이 순정을 다룬 탐정극을 만들기로 결심했다. 다시 말해 전기회사 사장이 다른 사업 — 영화 사업에 참여하기로 결심한 것이었다.

준비 과정이 끝나자 수백만 달러를 준비한 핸리 클라크는 윌리엄 폭스를 만났다. 오랜 시간의 지루한 침묵이 흐른 후 윌리엄 폭스는 포기 증서에 서명했다.

그렇지만 영화사는 여전히 폭스라는 이름으로 1년에 1천2백 개의 영화관을 세우고 1백2편의 훌륭한 영화를 제작하면서 이익을 늘려 갔다. 1백2편의 유성영화에서 배우들은 워너 형제들을 매료시켰던 초창기의 유성영화에서 보다 훨씬 유창하게 말을 했다. 그렇지만 클라크는 걱정이 많았다. 스크린에서 영어로 말하는 배우들을 보면서 그는 아돌프 주커가 그랬던 것처럼 눈살을 찌푸렸다. 영어는 훌륭한 언어이며 셰익스피어가 썼던 언어지만 지구상에는 영어를 모르고 영어를 몰라도 불편을 느끼지 않는 사람들이 아직 많이 있었기 때문이다. 파리에서 폭스는 '물랭 루즈'를 샀고 그곳에서 유성영화를 상영하고 있었다. 그런데 파리의 지점장은 프랑스어로 말하는 영화를 원하는 프랑스 관객들 때문에 수입이 감소한다는 것을 알렸고, 독일인들은 웨스턴 일렉트릭의 특허권에 아랑곳하지 않고 1백 퍼센트 유성영화, 1백 퍼센트 독일어로 된 그들만의 영화를 제작했다.

폭스, 로우, 메이어는 이런 현상을 어떻게 생각했을까? '이러한 상황이라면 스페인어, 프랑스어, 독일어 등의 영어가 아닌 언어로 말하는 영화를 만들어야 한다'고 클라크는 생각했다. 좋은 섬유를 만들기 위해서 영국 사람들이 미국에서 목화를 수입했듯이 미국 영화사도 필요한 기본자재를 수입해야 한다. 유럽에서 생기 넘치는 배우들을 수입하고 그들이 출연한 작품을 유럽에 다시 수출하면 된다. 경비가 많이 들겠지만 할 수 없다. 새로운 일에는 항상 희생이 따르기 마련이니까. 그 대신 우리는 영화시장을 유지할 수 있을 게다. 우리는 무식한 유럽의 의식을 지배하는 우두머리가 될 것이며, 우리가 쓴 지출을 만회할 수 있을 것이고 동시에 돈을 벌 것이다.

II

미국인들은 유럽 태생의 영화사 사장들과 '쿼터제'를 수립했고, 유럽인들도 미국 영화의 쿼터제를 생각하고 있었다. 헤이즈는 영화에 확신을 갖지 못하고 두려워하는 유럽인들을 설득하고 위협하기도 했다. 그는 프랑스에서 교육문화부장관 에리오와 이 문제를 논의했으며, 독일인들에게는 '베를린은 정말로 아름다운 도시예요'라고 얘기하여 그들을 감동시켰다. 그런가 하면 헝가리 사람들에게는 '정말 그렇게 나온다면 미국 영화는 단 한 편도 볼 수 없을 거요'라며 으름장을 놓았다. 그들은 미국 영화가 없으면 영화관도 없을 것이고 영화관이 없으면 삶도 없을 것이라는 것을 잘 알고 있었다.

윌 헤이즈는 원하던 것을 얻었다. 그래서 동화 속의 이야기처럼 울창한 숲이 들어서자 큰 길은 정글로 변했다. 그곳에는 싸울 사람도 매수할 사람도 없었는데 이번에는 체코 사람들이 그들의 언어를 말하는 영화를 요구했다. '체코인들은 어떤 언어를 사용하는가? 지구상에 이 이상한 언어를 사용하

는 사람은 얼마나 될 것인가?' 헤이즈는 당황했다. 하나님의 의도에 화가
난 그가 교회에 갔을 때 장로교의 하나님은 그를 외면하지 않았다. 추앙받는
한 신부가 사도행전을 읽고 있었던 것이다.

"…그들 모두는 성령으로 충만해 있었고 다른 언어들로 말하기 시작했
다."

사도는 모두 열두 명이었으나 헤이즈 조직의 영화사는 모두 24개였다.

"우리는 다른 언어를 사용하는 영화를 만들 것이다! 각국의 고유한 언어
를 사용하지만 배우들과 감독 그리고 돈은 우리가 제공할 것이다"라는 생
각에 미치자 헤이즈의 얼굴은 은총으로 빛나고 있었다.

미국 선박이 마르세이유 항구에 도착할 때쯤 마르세이유는 몰라보게 변
해 있었다. 사람들의 눈은 희망에 차 반짝이고 있었다. 상점가는 양키들에게
기념품을 팔 수 있을 거라는 희망으로, 식당들은 그들에게 버섯 요리와 샴페
인을 팔 수 있으리라는 희망으로, 젊은 여자들은 남편을, 거지들은 적선자를
찾을 수 있으리라는 희망으로 부풀어 있었다. 특히 거리의 여자들은 흥분의
도가니에 빠져 있었다. 여자들은 깨끗한 옷을 입고, 화장기를 지우고, 주름
진 얼굴을 펴고 있었다. 미국 선박은 매일 들어오지 않았으나 성조기를 단 신
비스러운 행운은 바다를 건너오고 있는 중이었다.

배우들이 드나드는 카페에 모인 손님들의 화제는 온통 미국인이 오고 있
다는 것이었다. 이러한 현상은 베를린, 로마, 파리, 마드리드에서도 되풀이
되었다. 미국인들은 배우를 찾으러 왔다. 요즘에는 아름다운 미소와 사진을
잘 받는 눈썹만으로는 그들이 찾는 배우가 될 수 없었다. 매력적인 엉덩이도
대단한 것은 아니었다. 영화에서 연기를 해낼 수 있는 목소리가 필요했다.

먼지가 쌓인 식당에서 송아지 고기 한 점을 앞에 둔 한 비극배우는 쉴새없
이 되풀이하여 목소리를 가다듬고 있었다.

유성영화의 시대

"해리, 너를 따를게!"

연인 역을 맡은 배우들은 숨을 헐떡이며 전화박스에서 신음하고 있었다.

"제발, 누구에게 점심을 사야 하는지 좀 알아봐 주세요."

끼가 있는 요염한 여자들은 어둠침침한 하녀 방으로 달려가 "여기에 같이 자야 할 사람이 있나요?" 하며 도움을 줄 사람을 찾고 있었다.

연기가 자욱한 카페에는 환상적인 소문들이 나돌고 있었다.

"어제, 메트로는 베를린에서 여섯 명을 채용했고, 워너는 독일어판 영화 때문에…, 퍼스트 내셔널은 탐정 영화를 위해 배우를 여섯 명이나 찾는다더군."

파리의 가을. 아침부터 음울한 가스등이 가랑비가 내리는 거리를 비추고 있었다. 의원들은 의회에서 나른하게 졸고 있었으며, 시트로엥 자동차 공장의 압축기는 요란한 소리를 내며 돌고 있었다. 엷은 보라색의 아스팔트 위로 수천 대의 오토바이들이 영문도 모른 채 질주하고 있었다. 오늘이 바로 생사의 문제가 결정되는 날이라고는 아무도 상상할 수 없는 평범한 날이었다. 그러나 오늘은 미국의 영화사 사람들이 배우들의 목소리를 심사하는 오디션이 있는 날이었다. 박수갈채를 받으면서 교만하게 인사하는 데 익숙한 직업배우들조차도 모닝 커피 한 잔을 제대로 마실 수 없었다. 그들은 마신 것을 다 토해 낼 정도로 흥분되어 있었다. 각료들의 칭찬에 한껏 만족했던 여배우들, 코미디 프랑세즈에서 연극을 했던 일급 여배우들도 흥분되어 화장을 제대로 할 수 없을 지경이었다.

홀에는 심사위원들이 기다리고 있었다. 페드르, 타르튀프, 햄릿, 히퍼크리트, 탈마, 마르스, 라쉘, 무네 쉴리를 연기한 직업배우조차 시험을 앞둔 어린 학생들처럼 긴장하고 있었다. 둥근 테 안경을 쓰고 대포알처럼 큰 만년필을 든 미국인들은 타고난 우월성을 과시하는 미소를 짓고 있었다.

꿈의 공장

"신이여, 제발!"
"다음 사람…."

여객선 브르멘은 독일, 프랑스, 스페인에서 선발된 상당수의 배우들을 미국으로 실어 갔다. 그들은 큰 가방을 새로 구입하고 신이 나 있었다. 몇 푼 안 되는 유럽 지폐를 주머니 속에 잘 챙겨 넣고 유럽 해안을 경멸하듯이 바라보면서 그들은 미국으로 향했다.

캘리포니아의 우중충한 들판에 홀로 서 있는 십자가를 간혹 볼 수 있는데, 그것은 금을 찾으러 왔던 사람들의 무덤이었다. 앞날이 불투명한 야심가들과 순진한 몽상가들이 그곳에 왔었고 그곳에서 금을 찾았다. 이번에는 영화 배우가 되려는 사람들이 와 있었다. 할리우드의 묘지에서는 대리석과 청동으로 된 수많은 무덤들을 볼 수 있었다. 유명 배우들의 무덤은 희귀한 꽃으로 덮혀 있었으나 무명 배우들의 무덤 위에는 잔디가 깔려 있었다. 옛날에 그랬듯이 괴짜들과 모험가들이 캘리포니아로 몰려들었다. 그것이 캘리포니아의 전통이며 풍토였다.

수천 명의 배우들이 할리우드의 거리를 헤매면서 배역을 기다리고 있었다. 지구의 도처에서 온 배우들 중에는 러시아 황제의 근위병이었던 사람도 있었고, 멕클렘부르크에서 온 순진한 독일 아가씨도 있었으며, 망상에서 깨어난 스페인 투우사도 있었고, 프랑스 상원의원의 첩도 있었으며, 심지어는 일본 첩보원도 있었다. 여기에서 스타는 가을 하늘에서 볼 수 있는 별보다도 더 많았다. 여기에서 9만 명의 배우들이 일자리를 찾고 있었으며, 여기에서 모리스 쉬발리에[46]는 백만장자가 되었다. 이곳의 잔인할 정도로 따갑게 내

46) 프랑스의 가수이자 배우(1888-1972). 파리에서 가수로 데뷔한 그는 1914년 이전에 막스 랭더의 영화에 출연한 적이 있었으나 1928년부터 할리우드에서 제작한 「사랑의 행진」(1929) 「즐거운 과부」(1931) 「양치기의 광기」(1935)에 출연하면서 본격적으로 배우로서의 명성을 떨쳤다.

74

리쬐는 햇볕 아래에서 무명 배우들은 굶주림에 지쳐 죽어갔다.

배우들은 마치 성당에 들어가듯 경건한 마음으로 카페 앙리에 들어왔다. 그곳은 역에서 쉽게 볼 수 있는 간이음식점처럼 커피, 레모네이드, 아이스크림을 먹을 수 있는 평범한 카페였다. 그러나 여기서 인간의 운명이 결정되었다. 카페 주인은 모든 스타들의 친구였으므로 경우에 따라 도움이 되는 말을 할 수 있었다. 여기서 감독의 눈에 들 수 있었고, 여기서 사람들은 '한 배역이라도 맡았으면!' 하는 간절한 바람으로 아직도 노다지를 찾고 있었다.

유성영화 시대가 시작되자 카페 앙리는 더욱 더 소란스러워졌다. 그곳에서는 미국인들의 따발총 같은 소리, 이탈리아인들이 내뱉는 '즈, 스' 소리, 스페인 사람들이 헐떡거리는 소리와 파리 출신들의 정중한 코맹맹이 소리, 독일인들의 목이 컥컥거리는 소리들이 마구 뒤섞이고 있었다.

브라질 영화를 만들기 위해 포르투갈인 세 명이 필요했다.

포주에게 팔린 한 젊은 여자가 노래를 부른다. 어린 시절에 그 노래를 들은 적이 있는 경찰관이 그녀에게 관심을 갖게 되고 포주로부터 그녀를 구해 낸다는 내용이었다. 이 영화의 배역을 맡을 포르투갈 출신의 노래를 잘 부르는 여배우와 마음을 사로잡는 목소리를 가진 경찰관 역할을 할 남자를 급히 찾아야 했다.

독일어판의 훌륭한 시나리오가 있었다.

죄수 두 명이 반란을 일으킨다. 그런데 그들 중 한 명이 교도관의 딸을 사랑하게 되면서 결정적인 순간에 그는 음모를 폭로한다. 단역배우에게 독일어 몇 마디를 기계적으로 되풀이해 외우게 했다.

교도관은 "나야", 젊은 여자는 "당신에게 그것만을 말해요!"를 되풀이했다.

비극적인 사랑 이야기도 있었다.

남편을 떠나려는 한 여인을 아이가 붙잡는다. 물론 유모도 있다. 좀더 구체적으로 말하면 남편은 카페를 들락거리는 건달이고, 부인은 성녀처럼 착하며 그녀의 눈은 연민을 느끼게 한다! 유모는 매혹적이다! 프랑스 여자가 아니면 이 역할들을 해낼 수 없다. 단연코 프랑스어판으로 제작되어야 했다.

헤이즈는 할리우드와 하루에 여덟 번 통화를 하고 클라크는 셰익스피어를 읽으면서 유럽에 새로 제작한 영화를 보냈다. 비평가들은 신중히 고심하면서 비평을 썼고 젊은 여자들은 어두운 영화관에서 정숙하게 코를 훌쩍이고 있었다. 영화 사업은 잘되고 있었다.

브르멘의 이등석에서는 대담한 사람들도 겁에 질려 몸을 움츠렸다. 아무도 그들을 미국으로 초대하지 않았기 때문이었다. 그들은 행운을 잡고 싶어했다. 그들을 잘 보라. 그들의 눈이 인정 없는 미국인들에게 감동을 줄 수 있을까? 떨리는 목소리로 미국 감독들을 매료시킬 수 있을까?

할리우드와는 멀리 떨어진 곳에 도착한 그들은 거리를 헤매다 카페 앙리에 몰려들었다. 달러도, 유럽에서 가져온 돈도 없이 굶주림에 시달리는 그들은 촬영소 앞에서 애를 태우고 있었다. 그러나 할리우드에는 실업자가 9만 명이나 있었다. 그래서 어떤 몽상가는 그 누구도 평가해 주지 않는 눈을 껌벅이며 관자놀이에 총부리를 겨누었고, 젊고 아름다운 한 여자는 아무도 자신의 목소리에 관심을 가지지 않자 수면제를 먹고 자살했다. 할리우드 묘지에는 아직도 묻힐 자리가 많았으며 묘지 입구에는 '환영합니다'라고 씌어져 있었다.

클라크는 근심에 젖어 있었다. 지금 메트로는 헝가리인의 시나리오로 독일어판을 제작중이었다. 주제는 미국적이지만 감독은 프랑스인이며 중요한 배역은 독일인들이 맡았다. 용역 부분은 그럭저럭 자세히 지시했지만 독일어판을 제작하는 데 15만 달러가 들었다. 독일에서 지출된 비용의 10분의 1만이라도 벌어들일 수 있다면 그나마 다행이었다. 클라크는 수백만 달러의 수입을 기대했지만 솔직히 말해 그 영화는 잘못 만들어진 상품이었다. 놀랍게도 감독은 통역을 내세워 독일 배우들에게 영어 대사를 반복시켰으므로 독일인들이 좋아하지 않을 수 있었다. 독일 배우들의 성실한 참여에도 불구하고 그 결과는 실패에 가까웠다. 미국 영화사가 베를린에서 미국을 위해 영어판을 제작하는 어처구니없는 일이 일어나고 있었다.

묘안을 생각해 낸 클라크는 회심의 미소를 지었다. 지금 사람들이 기대하는 대형 스크린 영화를 제작하기 위해서는 최악의 경우 6개월이나 걸렸다. 경제공황을 감안할 때 기자재를 마련할 방도가 없었던 파라마운트는 대형 스크린 영화 제작을 반대하고 있었다. 그러나 적절한 기회에 '피르' 특허권을 샀던 클라크는 구(舊) 모델의 기자재로 대형 스크린 영화를 상영할 수 있었다.

일에 너무 몰두한 나머지 시간 보는 것을 잊어버린 클라크는 오래된 벽시계를 쳐다보았다. 늦었다! 그에게 일보다 즐거운 것은 없었다. 셰익스피어가 말했듯이 '돌고래처럼 그는 정열의 물결 속으로 잠긴다…'. 폭스에서 셰익스피어를 한 번도 상영하지 않은 까닭은 무엇일까? 셰익스피어 작품으로 탐정물 몇 편을 만들 수 있을 텐데… 박식한 독일인을 감독으로 하고, 여러 언어판으로…. 브라질을 위한 판도 있어야 할 것이다. 물론 그렇게 해서 금덩어리를 얻을 수 있는 것은 아니지만 열두 편의 영화를 동시에 출시함으로써 돈을 벌 수 있었다. 창시자 폭스의 계율에 따라 스타가 없을수록 더 많은 영화를 만들어야 한다!

주커도 나름대로 유럽에서 영화를 제작하겠다는 무모한 계획을 세우고 있었다. 영화는 포드 자동차가 아니니까 유럽에서도 미국에서처럼 열심히 영화를 만들 수 있을까? 미국의 영화사가 세계를 제패한 것은 오로지 유화 정책을 취했기 때문이었다. 유럽 사람들은 '주커는 질이 나쁜 유럽풍의 영화를 만들면서 손해를 볼 것이다!'라고 생각했다.

대중 앞에서 항상 미소를 짓는 주커는 홀로 있을 때면 표정이 굳어졌다. 사실 미소지을 시간조차 없이 그에게 시간은 촉박했다. 워너 브러더즈가 배우들에게 외국어를 가르치면서 교육자가 되기로 결심했다고 했다. 그러나 그것은 시간 낭비일 뿐! 앵무새도, 그렇다고 언어학자도 아닌 배우들이 외국어를 죽을 때까지 배울 수는 없을 것이다. 그들은 평범한 스타일 뿐이었다. 주커가 유럽에서 영화를 만든다는 계획을 포기하지 않고 있을 때 클라크는 헛되게 돈을 낭비한 셈이었다. 클라크의 시도에 대한 스캔들이 여기저기 떠돌아다녔다. 스페인 배우들이 '후, 후' 하며 아르헨티나 액센트를 흉내냈지만 아르헨티나 사람들은,

"돈을 돌려달라. 이 배우들은 스페인 사람처럼 말한다!"고 소리를 질렀다. 미국 땅에서 누가 정확한 액센트를 알아들을 수 있는가? 할리우드에서 어떤 영화가 독일어판에, 프랑스어판에 적합한지를 누가 판단할 것인가? 장벽을 넘어야 했다!

주커와 일하는 제스 래스키는 유럽을 순회하면서 제안했다.

"우리는 당신들에게 우리가 만든 영화를 보라고 강요하지 않습니다. 반대로 우리는 당신들이 만든 영화와 경쟁하기를 원합니다. 감독, 배우, 엑스트라, 스태프 모두 당신들에게 맡길 겁니다. 수천 명의 실업자들에게 일을 줄 수 있습니다. 다만 우리는 생각과 돈을 제공하겠습니다."

유럽은 동요했다. 어디에다 새로운 할리우드를 세울 것인가? 독일인들은 "베를린은 유럽의 심장이다"라고 제안했으며, 파리지앵들은 "파리가 세

계의 중심이라는 것은 누구나 다 아는 사실이다"라고 다소 경멸적인 어조로 편지를 보냈다. 영국인들은 그들 나름대로 런던이 적합하다고 주장했다. 유성영화처럼 확실하지 않은 것에 사람들이 관심을 보이며 모두 기다리고 있었다.

파라마운트는 유럽 어디에 닻을 내릴 것인가!

주커의 웨스턴 일렉트릭은 독일과 전쟁중이었고, 영국은 외따로 떨어진 섬나라이기 때문에 그곳으로 가는 것은 어리석은 일이었다. 주커는 선택할 여지없이 파리와 협상하도록 로버트 케인을 파리로 보냈다. 파리에 도착한 케인은 첫날에는 귀국할 날짜만 손꼽아 기다렸다. 두번째 날에는 파리에서 어느 정도 묵을 것이라고 생각을 바꾸었고, 세번째 날에는 생각을 굳혔다. 나흘째 케인은 드디어 파라마운트가 닻을 내릴 곳을 결정했다. 프랑스인들의 심장은 흥분으로 고동치고 있었다.

"파리가 또 한 번 이겼다. 파리는 세계의 중심지며, 자유의 횃불이며, 문명화의 등대다!"

곧이어 신문에는 '파리 근교 조웽빌에 파라마운트가 새로운 할리우드 ― 유럽인들을 위한 할리우드를 세운다!'라는 기사가 실렸다.

4
진정한 애국심

학생들에게 강의중인 세르게이 에이젠슈타인

I

혼란스러운 마음으로 크리츠는 아돌프 주커의 사무실에 들어섰다. 독일 후겐베르크[47] 비밀참사의 총애를 받는 그는 쉐를 출판사와 전보국과 1백 개가 넘는 신문사를 경영하면서 독일인의 감수성을 책임지고 있었다. 또한 영화 촬영소 UFA와 영화관 1백16개도 그의 손 안에 있었다. 그러한 경력에도 불구하고 순진한 구석이 있는 크리츠는 주커가 미소를 짓자 당황함을 감추지 못했다.

파리 특파원이 '물질주의의 덧없음을 주제로 하여 뛰어난 독일작가들이 쓴 시나리오로 독일 영화사 UFA의 감독이 메가폰을 잡았다'는 기사를 보내왔다. 독일은 크리츠가 전부터 꿈꾸어 왔던 독일 전성기 프러시아 시대의 프리드리히 2세를 영화로 재현하고 있었던 것이었다.

독일에서 크리츠라는 이름을 아는 사람은 그리 많지 않았다. 그는 겸허하고 착실한 한 가족의 가장으로 영예를 추구하는 사람이 아니었다. 그의 둥근 얼굴처럼 그의 생각 또한 원만했다. 그는 폭동을 일으킨 수병들과 질서의 승

---

47) Hugenberg, Alfred. 독일 우익 출판계의 거물.

리, 마르크화(貨)의 폭락과 상승, 스크린에서 볼 수 있는 가짜 눈물과 진짜 미소, 후겐베르크의 박력 있는 웃음 등 많은 것을 경험한 사람이었다. 그는 인생을 경험하긴 했지만 한편으로는 정직한 독일 처녀의 분홍빛 꿈처럼 순진했다. 거만한 미소를 짓고 있는 파라마운트의 사장을 보자 그는 무의식적으로 고개를 숙였다. 크리츠는 그의 집에서는 가장이지만 여기서는 어려운 부탁을 하기 위해 시골에서 상경한 가난한 시골뜨기일 뿐이었다. 1백16개의 영화관을 소유한 크리츠는 1천5백 개를 갖고 있는 주커와는 비교도 되지 않았다.

크리츠는 미국과 협상하러 왔다.

"우리는 당신 회사의 영화만 상영하겠습니다. 그 대신 우리의 친구가 되어 주십시오. 우리는 편협한 유럽인이 아니라 UFA 사람입니다. 우리가 제작한 영화들 중 몇 편을 당신의 영화관에서 가끔 상영해 줄 수 있을런지…."

주커의 사무실을 나올 때 크리츠는 거의 초죽음 상태였다. 사실 오래 전부터 그는 유태인들 때문에 지쳐 있었다. 모든 악의 근원은 유태인이며 그들은 위대한 생각과 아름다운 상징을 이해하지 못하는 종족이었다. 그러나 하나님의 가호로 독일 유태인의 분위기는 많이 정화되었다. 크리츠가 거대한 파도와 드높은 하늘을 보며 대서양을 건너 다른 대륙에 도착해서 본 미국의 과일들은 유럽의 것들과 달랐으며 사람들의 웃는 방식도 달랐다. 그러나 이곳에는 여전히 스크린에서 독일의 영광, 프리드리히 2세를 비웃는 유태인들이 있었다. 그러나 그는 유태인 주커에게 잘 보여야 했다. 내일은 메트로에서 센크와 잘 협상해야 한다. 달리 방법이 없었다. 이 유태인들은 돈을 가지고 있으니!

독일 정부가 미국 영화 수입에 할당금을 부과할 것을 교섭하는 동안 UFA는 교묘히 경쟁사들을 앞질러 미국과 협상하고 있었다. UFA가 동맹을 맺고

자 하는 것은 바로 적국, 미국이지만 동맹으로 독일은 강해질 수 있었으므로 그것은 합리적이고 애국적인 행위였다. 독일이 '테라'와 '에멜카'를 무너뜨린다면 그것은 국가원칙의 승리일 것이다. 지위가 있는 유태인들에게 경의를 표할 만한 가치가 있었다.

크리츠를 다시 접견한 주커는 '독일인과 협정을 맺음으로써 우리 사업은 분명 이득을 얻는다. 그러나 이 불쌍한 크리츠! 우리 헤이즈와는 비교도 안 돼!'라는 생각에 미소를 머금었다.

II

후겐베르크는 독일을 이끌어 나가기 위해 필요한 것이라면 무엇이든 가리지 않고 했다.

그는 황제의 정신을 가졌지만 모습은 마치 특무상사나 은행원과 흡사했다. 독일 국민들이 눈물을 흘리며 메마른 감자를 먹었던 몇 해 동안 그는 권좌에 올랐다. 공무원 생활에서 은퇴한 후겐베르크의 당원들이 털이불과 사탕과자를 파는 동안 후겐베르크는 주식을 샀다. 정직한 독일인인 그는 외국 사람들이 가져가지 못하도록 가치가 있는 것이라면 무엇이든 사서 부를 축적했다.[48]

---

48) 1919년 베르사이유 조약의 체결로 전쟁이 종결된 후 독일은 경제 혼란기를 맞았다. 배상조약에 따르면 독일은 연합군에게 정기적으로 금 등의 고가물과 그밖의 기본적인 물품을 보내야 했으나 독일은 요구받은 양을 채울 수 없었고 국내의 결핍은 더욱 심화되었으며 물가는 높아졌다. 정부는 엄청난 양의 가치 없는 지폐를 찍어 냈고 식품과 일용품은 품귀 현상을 보이며 지나치게 비싸졌다. 전쟁 전에 대략 달러당 4마르크 정도의 가치를 가졌던 마르크화가 1923년초에는 1달러당 약 5만 마르크로 하락했고, 그해 말에는 약 60억 마르크로 떨어졌다. 그런 심각한 경제문제는 연금 생활자나, 금융 투자자, 그리고 임금 노동자들에게는 고통을 주었으나 큰 사업을 경영하는 사람들에게는 오히려 혜택을 주었다. 인플레이션 동안 수출은 촉진되고 수입은 감소되어 독일 대기업들은 무역에서 이득을 얻을 수 있었던 것이었다.

꿈의 공장

얼마 전 경찰이 폭동을 진압하자[49] 마르크화의 가치가 바닥으로 추락했고 그러는 동안 후겐베르크는 독일의 최고 지위에 앉을 수 있었다. 그와 친밀한 관계에 있는 사람들 중에는 교수들이 많았다. 그 중 한 명인 베른카르트 교수는 서둘러 국민들에게 마르크화의 추락을 설명했고, 후겐베르크는 점점 더 부를 누리면서 더 높은 목표를 추구할 수 있었다.

스무 살 때 알프레트 후겐베르크는 서툰 솜씨지만 고상한 감성으로 가득 찬 시를 썼다.

사랑은 빛의 형제다
사랑은 세계의 주인이다.

그후 후겐베르크는 시보다 더 중요한 일에 전념하면서 크룹 공장의 책임자가 되었다. 젊은 시절의 서정적인 감성을 그대로 지닌 채 그는,
"황제가 우리를 보고 있습니다. 우리 국민이 지닌 덕망 중에서 지켜야 할 덕망은 호전적인 정신과 게르만 군대에 대한 사랑입니다"라고 연설했다.

크룹 공장에서 만들어진 기계들이 적에게 제공된다면 돈을 버는 사람은 독일인이었다. 그것은 천박한 행위가 아니라 오히려 심오하며 사려 깊은 애국심에서 비롯된 행위였다. 그것이 바로 후겐베르크의 애국심이었다. 돈과 명예에 만족할 수 없었던 후겐베르크는 국민의 교육에 관심을 보이면서 인내, 노동, 저축과 애국심에 대하여 설교했다. 후겐베르크의 애국심처럼 복잡미묘한 것이 아니라 국민들이 이해할 수 있는 평범한 애국심을 강조했다.

---

49) 1919년 독일에서는 민주 독일의 유일한 희망인 바이마르 공화국이 수립되었다. 그러나 이 공화국은 전쟁배상금의 여파로 심한 경제적, 재정적 혼란에 빠지게 되고 우익 민족주의와 극좌의 스파르타쿠스단과 공산주의 세력이 확장하기 시작했다. 1920년 군주정체주의자였던 볼프강 카프가 폭동을 일으켜 베를린 시를 수중에 넣는 사건이 일어났지만 곧 진압되었다.

진정한 애국심

하얀 스크린과 번쩍이며 스쳐 가는 이미지를 높이 평가했던 후겐베르크는 오래 전 전쟁중에도 활기가 넘치고 영웅주의로 가득 찬 애국 영화를 제작했다. 영화는 부족한 칼로리를 대신했다. 일단 자리가 잡히자 그는 독일 영화산업을 모두 장악하리라 결심했다. 그는 영화가 잘되면 짭짤한 이익을 가져다줄 것이라는 사실을 알고 있었으며, 역사적 사명 또한 잊지 않았기 때문이었다.

UFA는 적자 규모가 5천만 달러에 이르러 파산 직전이었다. 그는 통탄하면서 수염을 세차게 흔들었지만 그 속에는 만족의 미소가 숨어 있었다. 박애주의자가 아닌 사업가였던 후겐베르크는 가볍게 행동하지 않았다. 무거운 적자에 허덕이던 UFA를 인수하기에 앞서 후겐베르크는 우국지사들의 축원을 받기 위해 행사를 개최했는데 그것은 참으로 감격적인 구경거리였다. 중공업의 대부들이 에밀 키르도르프의 생일을 축하하기 위해 함께 모였다. 기욤 르 그랑의 수레국화의 푸른색이 두드러졌고, 공장의 굴뚝에는 연기가 솟고 있었으며, 주식은 최고치로 상승했고, 구리나 대리석, 혹은 천으로 만들어진 독일 육군 원수들은 감동의 눈물을 흘렸다. 80세의 생일을 맞은 에밀 키르도르프는 여전히 또렷한 의식을 갖고 활기가 넘쳐 있었다. 그날 초대객들은 진주로 수가 놓여진 실내화, 그의 이름이 적힌 지갑, 도자기로 된 파이프를 가져오는 대신에 열정을 보여주었고 상업적인 제안을 했다. 알프레트 후겐베르크는 매우 감격했으나 눈물을 흘리지는 않았다. 진짜 독일인이라면 절대로 눈물을 보이지 않기 때문이었다. 그는 하나님께 감사드리고 하나님의 길을 따라 좋은 작품으로 에밀 키르도르프에게 영광을 돌리자고 제안했다. 그것이야말로 불쌍한 고아, 독일을 구하고 독일 청년들을 마르크스라는 바이러스로부터 보호하는 길이었다. 그날 행사에 참여한 초대객들과 후겐베르크는 소리 높여 외쳤다.

꿈의 공장

"친애하는 우리 에밀 키르도르프 만세! 위대한 우리 조국 만세!"

날마다 후겐베르크는 신문에다 '후겐베르크 트러스트가 UFA를 인수했다는 소문은 근거가 없다'는 반박기사를 실었다. 그는 반박하면서도 뒤편에서 그것을 매입하고 축하의 샴페인을 터뜨렸다. 크리츠는 신문기자들에게 해명했다.

"후겐베르크 씨가 UFA를 사기로 결심한 중요한 이유는 영화산업이 볼셰비키 당원들에게 넘어가는 것을 막기 위해서입니다. 「전함(戰艦) 포템킨」[50]과 같은 러시아 영화가 흥행에 성공하자 후겐베르크 씨는 어떤 희생이든 감수하기로 했습니다. 지금 우리는 평온합니다. UFA는 질서를 지키는 성벽입니다."[51]

후겐베르크의 입장에서 볼 때 UFA의 매입은 그리 손해 보는 장사는 아니었다. 새로운 주식을 발행하고, 경비를 줄이고, 인사 이동을 실시했다.

후겐베르크 트러스트의 중심 인물은 모두 열두 명이었는데 열둘이라는 숫자는 전통에서 비롯된 것이었다. 후겐베르크는 '애국심을 가진 열두 명'이라고 말하며 그들을 '지붕'이라고 불렀다. 쉐를 출판사에 관심이 있는 시인들이 지하에서는 비굴하게 굽신거리고 지상에서는 짹짹거리고 있었다. 쉐를 출판사는 거대한 회사로 '지붕'을 만들어 완성되어야 했다. 그러기 위해 예술 입문서를 만들어야 했고, 그것은 이상적인 사회의 기반이 되었다. 12명

---

50) 1905년 혁명 당시 흑해에 있던 제정 러시아 함대에서 일어난 반란을 소재로 만든 영화. 소비에트의 중앙배급독점사 '고스키노'에서 만들었다. 몽타주 운동에서 가장 유명한 이 영화는 해외에서 커다란 성공을 거두었다.

51) 1925년 UFA는 재정위기를 겪으면서 파라마운트 MGM과 협정을 체결했지만 1927년 다시 빚 문제에 빠졌고 미국의 차관을 갚기 위해 본사 건물을 매각했다. 그리고 다음 달에 알프레트 후겐베르크가 UFA의 경영권을 인수했다. 그는 빚을 줄이고 UFA를 비교적 건강한 회사로 회복시켰고, UFA는 결국 나치의 영화산업 통제의 중심으로 탈바꿈하게 되었다.

의 지붕에는 철강노동조합의 회장인 알베르트 포글러, 석탄 공장 소유주인 에밀 키르도르프, 상원의원이며 프리바 뱅크의 책임자인 비트회프트, 경제 부장관인 벡커 박사를 비롯하여 이상주의자들도 여러 명 끼어 있었다. 학문을 높이 평가했던 후겐베르크는 사업가도 은행주도 아니지만 그의 도덕적 덕망에 관하여 연구서를 발표한 적이 있는 학자 루드비히 베른하르트를 '지붕'의 대열에 끼게 했다. 루드비히 베른하르트도 12사도들 중 한 명이 되었으며, 그들의 메시아는 바로 알프레트 후겐베르크였다.

처음으로 크리츠가 UFA가 운영하는 회사를 잠시 방문했을 때 그곳은 북새통이었다. 무거운 엘리베이터가 재빠르게 지나다녔고 직원들의 심장은 부서질 정도로 뛰고 있었다. 최근에 전쟁에 반대하는 영화를 만들자고 제안한 적이 있었던 한 직원은 두려움에 떨고 있었다. 또 다른 직원은 유태인의 특징인 매부리코 때문에 겁을 먹고 있었다. 크리츠는 그런 코를 가진 사람은 엉큼한 혈통을 가졌다는 것을 단번에 짐작했기 때문이었다. 질서를 바로 잡으려는 크리츠를 보면서 직원들의 심장이 뛰기 시작한 이유가 있었다. 그 당시 UFA는 바벨스베르크에서 소련 작가의 소설을 각색한 영화를 촬영하고 있었다. 크리츠는 침울해졌고 영화제작에 원칙이 없음을 탄식하면서 입을 다물었다. 그래서 독일인들은 조심스럽게 「전함 포템킨」에 필적하는 국가 영화를 만들기 시작했다.

부장들 중 한 명이 떨리는 목소리로 말을 더듬으며 신임 사장 크리츠에게 서류를 가져왔다. 시나리오는 말도 안 되는 내용으로 가득 차 있었다. 백인 장교들은 술에 취해 있었고, 볼셰비키 당원들은 천사처럼 묘사되어 있었다.

"안 돼, 내 말을 잘 들어요. 볼셰비키 당원들이 타락에 빠진 여주인공을 구하다니! 미국 경찰이 볼셰비키 당원보다 부족한 것이 뭐요? 이따위 영화를 독일인들에게 보여주려고 생각했단 말이오?"

크리츠는 화가 나 '이 작업을 즉시 중단해야 한다'고 생각했다.

그러나 이미 들어간 제작비 총액이 엄청나다는 것을 파악한 크리츠는 그것을 백지화하는 것은 불가능하다고 생각했다. 사업가인 그는 후겐베르크의 마르크가 쓸데없이 낭비되는 것을 바라지 않았다. 이미 제작의 절반이 진행된 상황에서는 삭제하고 편집을 바꾸는 등 다른 해결책을 찾아야 했다. 그 영화를 감독했던 사람은 고집이 세고 나름대로의 생각을 가진 유명 감독이었다. 그럼에도 불구하고 크리츠는 지시했다.

"이 영화는 후겐베르크가 원하는 것이 아니오. 부족한 것을 채우시오!"

감독은 "예술가에 대한 폭력이며 예술의 자유를 억압하면서 영화를 망치고 있다"며 반발했다. 크리츠는 감독의 객설을 들어 줄 시간도 논쟁할 필요도 느끼지 못했다. 1백여 개의 신문사를 운영하고 있는 그는 독립적이고 요지부동한 사람들과 해결책을 찾는 데 이력이 나 있었다. 노동자들은 처음에는 복종하지만 곧이어 반항하고 고등교육을 받은 사람들은 반항으로 시작하고 그 다음 복종한다는 사실을 그는 잘 알고 있었다.

"우리의 지시에 따르는 관대함을 보여주시오, 감독!"

크리츠는 굽히지 않았고 나름대로의 생각을 가진 감독이 마침내 굴복했다. 볼셰비키 당원이 천박한 물질주의를 청산하고 성모 마리아 상 앞에서 무릎을 꿇는 것으로 시나리오를 바꾸었다. 영화가 상영되자 크리츠는 경건하게 한숨을 내쉬었다. 그 자신도 죄악과 유혹이 없고 은총과 배당금이 있는 성인의 '지붕' 아래에서 무릎 꿇을 준비가 되어 있었다.

III

크리츠는 베를린을 방문한 헤이즈를 만찬에 초대했다. 독일인들이 샴페인을 마시고 위대한 사상에 대하여 말하는 동안 헤이즈는 미국의 규범을 지키면서 소다수를 들이켰다. 기분이 고조된 헤이즈는 말했다.

진정한 애국심

"영화는 무엇보다도 오락입니다. 그래서 영화에 프로파간다(정치선전)를 너무 삽입해서는 안 됩니다."

장로교도가 그렇게 말하는 것은 이교도적인 발언이었지만 그는 인간의 연약함에 대해 관대한 사람이었다.

크리츠는 헤이즈의 조언을 받아들였다. UFA는 용의주도하게 애국심에다 기분 좋은 수영복, 병풍이나 키스 장면을 가미하여 쓴 약을 캡슐에 잘 포장했다. 그러나 독일인들은 미국인들과는 달랐다. 독일인들은 철학자들이며 그들의 생각을 끝까지 밀고 나가는 국민이었던 것이었다.

영화관에서도 독일인들은 생각한다. 사무실 직원으로 일하는 빌리는 여자친구의 무릎을 쓰다듬고, 사탕을 빨고, 해럴드 로이드[52]에게 미소를 보내며 수영복을 보고 긴장을 했다. 그러면서도 그는 끊임없이 생각하고, 또 생각한다. 파리 영화관에서는 담배연기 때문에 기침을 하지만 베를린의 영화관에서는 정신적 긴장으로 숨이 막힐 지경이었다. 헤이즈는 생각의 비약이 심한 종달새지만 생각의 심지가 곧은 독일인들은 오직 시(詩)를 노래했다. 헤이즈는 독일인을 절대로 이해하지 못했다. 철학자 칸트는 헤이즈처럼 전화로 하는 대화에 절대로 만족하지 않았을 것이다.

후겐베르크는 독일 국민들의 영혼을 알고 있었다. 한 금발의 젊은이가 희극영화를 보러 영화관에 왔다. 그는 슈펭글러[53]의 최근에 출간된 책과 비싼 샌드위치를 동시에 생각하며 도취될 수 있는 비밀스러운 것을 연구했다. 10년 동안 그는 시체나 살인마, 목이 졸린 처녀들, 보드라운 살을 더듬는 주름

---

52) 무성영화 시대 가장 인기 있었던 코믹영화의 감독이자 배우 중 하나로 뿔테안경을 쓴 낙천적인 젊은 남자를 주인공으로 하는 코미디를 만들었다. 이 주인공은 개인마다 각자 자리를 차지할 수 있는 '새로운' 세상에 잘 적응하여 건강하게 살아가는 모습으로 그려진다.

53) Spengler, Oswald. 독일 철학자(1880-1936).

진 손이 나오는 영화를 봐 오면서 숨이 막힐 지경이었다. 스스로 자신의 목을 조르고 싶었다. 영화를 본 후 그는 무엇을 해야 할지 몰랐다. '슈펭글러를 다시 읽어? 아니면 창녀한테 가?'

진한 쾌감을 맛볼 수 있는 돈이 주머니에 없었던 그는 밤마다 미친 듯이 소리를 질러댔다.

후겐베르크는 진보를 위한 사람으로 노동의 합리화, 비행, 가스, 텔레비전을 위해 일했다. 그렇지만 비행기는 게르만족이 조종해야 한다고 생각했다. 파리에서는 완벽한 기계로 나폴레옹 시대의 안락의자를 만들지만 독일인들은 철로 만든 의자에 만족하고 있었다. 그러나 독일인이 옛 방식대로 생각하고 느끼기를 원했던 만큼 후겐베르크 역시 옛 정신을 재창조하려고 노력했다. 그는 새로운 방법으로 만든 옛 정신을 어두컴컴한 영화관에 앉아 있는 착실한 독일인들에게 나누어 주리라 생각했다.

UFA 촬영소는 베를린 근교, 시골의 조용함이 깃들어 있는 노이바벨스베르크에 위치하고 있었다. 전나무와 젊은 처녀들이 있는 촬영소에서는 쉴새없이 작업이 진행되었다. 크리츠의 직원들은 즐겁게 숫자를 보고했다.

"대지 45만2천m², 건물 42동, 주피터 1천 개, 이동 가능한 소도구가 1만 개, 의상 8천 벌, 가발이 1천8백…." 그 숫자는 대단했지만 안타깝게도 어떤 숫자는 '다양한 소도구 4천 개' 하는 식으로 지나치게 막연했다. 스튜디오, 복도, 뜰에 널려 있는 석고로 만든 거만한 독수리, 이곳 저곳으로 이동되는 왕국 상징의 독수리가 다양한 소도구 속에 얼마나 되는지 정확히 알 수 없었다. 독수리가 많은 것은 독일인들이 새를 좋아하기 때문이 아니라 교육에 의한 것이었다.

후겐베르크는 '예전에는 살기가 더 좋았는데… 독수리들이 군대 행렬을 지배했었지. 독수리들이 승리자들에게 훈장을 수여했어. 성(城) 꼭대기와

군기에는 독수리가 있었지. 예전의 삶은 평온하고 매력적이었어. 실업자도, 콩나물시루 같은 버스도, 기워 입은 바지도, 묽은 수프도 없었어. 북소리가 힘차게 울리며 개선을 알리면 소녀들이 병사들에게 장미꽃과 마음을 던졌지. 그래, 그것이 삶이었다! 그게 언제였던가? 그래 전쟁이 일어나기 전이었지…'라며 과거를 회상했다.

노이바벨스베르크의 뜰에는 장교복을 입은 무명 배우 백여 명이 서성이고 있었다. 하늘에는 독수리들이 날아다녔고 오페레타를 연주하는 음악 소리가 뜰 전체에 우렁차게 울려 퍼지고 있었다. 어깨를 드러낸 드레스를 입은 부인들이 등장하면서 키스 신이 촬영되었고, 순박한 가수들이 등장하면서 영광된 군인과 순진하고 매력적인 여자의 사랑 이야기가 전개되고 있었다. 그렇게 예전의 삶은 매우 아름다웠다.

영화는 UFA 소속 영화관에서 상영되었다. 관객들은 10만2천 개나 되는 좌석을 모두 메웠다. 훌륭한 책과 기계 문명 속에 살고 있는 관객들은 과거에 대한 견딜 수 없는 향수에 잠겼다. 예전에 삶은 얼마나 좋았던가?

무명 배우들의 가슴은 볼록 튀어나왔고, 오금은 긴장되어 있었으며, 눈에는 번민의 흔적이 보였다. 그들은 단순한 단역배우, 혹은 어중이떠중이나 베를린의 하층 계급에 속한 사람들이 아니었다. 그들은 후겐베르크의 당원들로 「철모」의 주인공들이었다. 여기서는 천박한 물질주의자를 찾을 수 없었다. 하얀 수염이 있는 장군에게 씩씩하게 절하는 것을 열번째 되풀이하는 다섯 살짜리 꼬마, 이 어린아이도 우국지사의 아들이며, 나중에는 훌륭한 군인이 될 것이다.

당원들의 보수는 형편없었으나 촬영은 무사히 끝났다. 우스꽝스러운 군복을 평상복으로 갈아입은 무명배우들은 콩나물시루 같은 전차에 몸을 신고 집으로 돌아와 묽은 수프를 먹었다.

영화관에 가자는 부인의 제안에 오늘 낮 촬영소에서 트럼펫을 연주했던 바로 그 남자는 피곤한 듯 힘없이 손을 내저었다. 그는 지나간 시절의 아름다움을 믿지 않았다. 그가 믿는 것이라곤 아무것도 없었다. 그는 오늘 촬영소에서 독일의 옛 정신을 어떻게 만드는지를 보았고 그의 정신은 옛 정신과 다르다는 것을 깨달았다. 게다가 무명 배우들의 저녁 모임에서는 독일의 영혼을 만들면서 이익을 챙긴 후겐베르크나 크리츠에 대하여 한마디도 거론되지 않았다. 그들은 미국인들을 위해 만든 「고도(古都) 하이델베르크」에서 향이 진한 보리수들, 폐허가 된 성, 즐거운 학생들, 대강의실, 술의 향연과 함께 독일 제국은 항상 평화롭다는 것을 보여주었으며, 독일 국민들을 위해서는 군대행진과 행렬을 보여주었다.

어제 노이쾰른에서 노동자들이 UFA 영화를 보면서 야유를 퍼부었다. 나팔수들이 나오자 그들은 "집어치워! 두 번 속지 않는다"라고 고함을 질러댔다. 전쟁터였던 베르됭[54]을 기억하는 몇몇 사람들은 전장에서 다리를 잃은 상이군인들이었다. 소리를 질러대는 관객들에게 경찰들은 고무곤봉을 휘두르면서 UFA 영화의 명예를 지켜 주었다.

그러나 후겐베르크는 기운을 잃지 않았다. 상이군인들은 물론 과거의 경험을 다시 떠올렸겠지만 그들은 더 이상 필요한 존재가 아니었다. 후겐베르크는 젊은 독일에 기대를 걸며 그들에게 베르됭을 보여주고자 했다. 시체 썩는 냄새가 풍기고, 죽어가는 사람들이 숨을 헐떡이고, 동상에 걸린 발이나 비천한 죽음이 떠도는 베르됭이 아니라, 젊은 상사들이 농담을 주고받으며

---

54) Verdun. 프랑스의 국경 도시. 1916년 2월 프랑스를 격파함으로써 전쟁을 끝내려 했던 독일군이 베르됭을 공격했다. 1916년과 1917년 사이에 이곳에서는 끝없는 격전이 벌어졌으나 결국 양측 모두 혹심한 손실만 입고 끝났다. 프랑스 3만6천, 독일 3만3천여 명의 희생자를 낸 이곳은 그후 '지옥의 베르됭'이라는 별명을 갖게 되었다.

우정으로 맺어지고, 여자들을 쫓아다니고, 국기가 펄럭이고, 독수리가 날아 다니는 눈부신 베르됭을 보여주고자 했던 것이었다. 전쟁중의 삶이 그렇게 비참하지만은 않았다며 후겐베르크는 좋았던 시절처럼 전쟁을 회상했다. 항상 애국자로서 국민들에게 거짓말을 하지 않았던 그는 독일 국민들도 그 처럼 애국자이기를 원했다. 후겐베르크는 1백여 개나 되는 신문사를 소유하 고 있었지만 그의 적들도 역시 신문사를 소유하고 있었다.

후겐베르크는 UFA의 뉴스를 보러 오는 독일인들에게 이 천박한 세상에서 사람들이 어떻게 사는가를 보여주었다. 스크린에 보이는 사람들은 정말 괴 상스럽게 살고 있었다. 절대로 노동을 하지 않는 그들은 노동보다 고귀한 작 품에 몰두하고 있었다. 그들은 행진을 하고, 기념관을 낙성하며, 국기를 축 원하고, 소형 구축함의 진수를 축하하며 샴페인을 마시고, 교수대의 밧줄을 웃으면서 쳐다보았다. 그들은 보통사람들이 아니라 각료들이고, 투사들이 며, 대사들이고, 아름다운 여왕이었다.

UFA의 주간에는 프랑스 비행, 미국을 향한 해군작전, 개선문의 행렬, 스 페인 장군의 장례식, 파시스트들이 무솔리니의 말을 경청하는 장면을 보여 주었다. 폴란드 기병대, 이탈리아 잠수부대, 영국 군함, 알바니아 군인들을 보면서 관객들은 '맞아, 그래. 알바니아도 군대가 있다! 군사작전, 군함, 전 투기가 없는 나라는 독일뿐이다'라는 생각을 하게 되었다. 후겐베르크는 독일 국민들에게 외치고 있었다.

"독일에는 가난과 치욕만 있다." [55]

그의 말에 귀기울이지 않고 숨어 있던 독일인들은 스크린에서 외국 기병 대의 말발굽 소리와 멀리 울려 퍼지는 적의 나팔소리를 들었다. 밀러, 베버,

---

55) 1919년 7월 28일 체결된 베르사이유 조약으로 독일은 본국 영토의 일부분을 상실하 게 되었고, 군이 무장해제되었으며 전쟁 책임국으로서 승전국에 막대한 배상금을 지 불하게 되었다. 또한 오스트리아와의 합병도 금지되었고, 연합국이 창설한 국제연맹 에 독일과 러시아의 가입을 허용하지 않았다.

슈미트 성(性)을 가진 독일인들은 말을 잃은 채 스크린을 슬프게 쳐다보고
있었다.

"우리가 독일을 팔아먹었어! 군인도 없고 빵도 없잖아."

회한이 그들의 가슴 한구석을 메웠다.

곧이어 독일인들의 불안을 진정시키는 다른 장면들이 1분 동안 스크린에
펼쳐졌다. 삭스에서 나무 꼭대기 위에 사는 한 남자, 사랑스럽게 입술을 내
미는 미스 포르투갈, 망쉬 해협을 횡단한 영국 수영선수, 최근 유행하는 모
자, 해파리의 사랑, 자동차 전시회, 애연가 대회, 아이티에서 파인애플을 수
확하는 광경…. 그 장면들은 짧은 휴식시간이었고 입장료를 낸 것에 대한 감
사의 표시였으며 인간의 연약함을 인정하는 것이었다. 다시 독일 초등학교
교정이 나오며 자유를 되찾은 라인 지방을 방문하는 후겐베르크의 출발과
참전용사들을 환영하는 힌덴부르크 시민들을 보여주었다. 힌덴부르크에 온
것을 환영하는 아이들의 모습, 국기가 펄럭이며 로렐라이 노래가 들리자 뮐
러, 베버, 슈미트 들은 단념한 듯 한숨을 내쉬었다.

"할 일이 없어…. 전쟁이 다시 일어나야 할 텐데…. 그게 인생이야…."

국가의 체면을 염려하는 UFA는 파업, 실업자, 가난을 절대로 보여주지 않
았다. 우렁찬 트럼펫의 팡파레는 후겐베르크가 개인적으로 10년 전 했던 말
들을 반복했다.

"우리 국민이 가진 덕망…. 게르만 군대에 대한 오래된 사랑…."

그로부터 시간이 많이 흘렀다. 운이 없는 사람들은 베르됭에 남아 있었고
다른 사람들은 그들의 마지막 솜이불을 팔아 치우고 UFA 공장에서 숨을 몰
아 쉬고 있었다. 오직 성공만 알고 살아왔던 후겐베르크는 "황제가 우리를
보고 있다"는 말을 되풀이할 수 있었다. 황제가 사업에서 물러나 네덜란드
의 생기 없는 하늘만 쳐다본 지도 오래 전 일이었으나 한 지도자의 눈이 관
객을 살피고 있었다. 그것은 새로운 황제, 알프레트 후겐베르크의 눈이었다.

IV

UFA의 사업이 흔들리고 있었지만 크리츠는 상황을 잘 간파하지 못했다. UFA가 2천만 달러를 투자한 영화 「달의 여인」은 실패작이었고, 그 외에도 유성영화를 만들기 위해 엄청난 경비를 투자했던 것이다. UFA를 여러 번 원조한 적이 있던 도이치 방크가 이번에는 결단을 내리지 못하고 있었다. UFA가 없어질지도 모른다는 어두운 소문이 떠돌아 다녔다. UFA 촬영소에서 만들어낸 옛 정신은 투표용지와 저녁마다 펼쳐지는 수많은 정치 토론을 통해 확인되었다. 그런 만큼 UFA의 파산은 민족주의의 패배를 의미했다. 옛 정신을 되살린 UFA는 흐뭇했지만 지금은 무엇보다도 돈이 필요한 상황이었다.

후겐베르크는 크리츠와 오랫동안 대화를 나누었다. 후겐베르크는 신중하지 못한 그의 대표자에게 화를 냈던가? 그가 이룬 성공을 치하했던가? 아니면 곤경에 빠져 있는 UFA를 구하기 위한 방법을 모색했던가? 그들이 무엇을 말했는지 아무도 알 수 없었다.

미국으로 떠나는 크리츠를 에워싼 기자들은 "미국 방문의 목적은 무엇이죠?"라는 질문을 던졌다.

모두들 크리츠가 UFA를 구할 것이라 기대했지만 그는 개인적으로 미국에서 공부하고 있는 아들을 보러 간다며 그의 미국행이 UFA와는 무관함을 밝혔다. 아버지로서 아들을 방문한다는 것은 타당한 이유였으므로 기사거리를 얻지 못한 기자들은 좋은 여행이 되기를 바란다고 말했을 뿐이었다.

미국에서 크리츠는 아들을 만났지만 또한 주커도 만나 특허권에 대하여 이야기를 나누었다.

"우리는 유성영화를 만들면서 걱정거리가 늘어났습니다. 독일이 미국 영화사에게 싸움을 건 것은 실수라 생각합니다. UFA는 독일인을 후원한 적이 절대로 없습니다."

꿈의 공장

크리츠는 UFA가 미국인을 위한 기업이라는 것을 강조했다.

그는 활기를 되찾아 미국에서 돌아왔다. 아들과의 재회와 바다의 공기가 그의 건강에 좋은 영향을 주었으리라.

아무도 UFA의 종말을 점치지 않았다. 크리츠가 한마디 정보도 주지 않았던 기자들도 'UFA는 적군에게 넘어갔다. 후겐베르크의 애국심의 결과다!'라는 식의 불리한 기사를 쓰지 않았다. 그런데 이 세상에는 너무나 많은 권모술수가 있었다! '크랑필름—토비'가 웨스턴 일렉트릭과 전쟁중이었으므로 비교적 유리한 위치에서 UFA는 미국과 협상을 할 수 있었던 것이다. 크룹 영화사의 전(前) 책임자 크리츠는 부를 쌓는 것이 애국심이고, 파산하면 그것은 패배를 의미한다는 자신의 원칙을 저버리지 않았다.

프랑스 군대가 라인란트[56]를 점령했을 때부터 UFA는 이미 통찰력을 보여주었다. 프랑스인들은 『리뷰 드 레나니』라는 신문을 발간했고, 독일 기업들은 그것을 보이코트했다. 그러나 UFA는 보이코트를 바보 같은 짓이며 위선적인 행위라 생각하고 정기적으로 그 신문에 광고를 내면서 긴밀한 관계를 유지했다. UFA는 세계적으로 이름 높은 궁전 같은 국제적인 건물을 가지고 있었고, 그 선두에는 순수 독일혈통을 지닌 열두 명의 '지붕'이 있었으며, 그들은 애국심을 다룬 영화도 제작했다. 프랑스 하사관들은 입장료를 내면서 영화를 보았고, 그 돈은 UFA의 수입이 되었다. 프랑스 군인들이 본국으로 돌아갔을 때 독일 애국자들은 적군과 우애를 나눈 상점 주인들을 약탈했고, 프랑스인들과 관계를 가졌던 여자들이 살고 있는 집에 석탄가루를 뿌렸다. 그러나 세계적으로 유명한 국제기구로 순수 독일정신을 가진 UFA 건물에 석탄가루를 뿌려야 한다고 생각한 사람은 한 명도 없었다. 라인란트

---

56) 프랑스어로는 레나니라고 불리는 독일 라인 강 서부지방. 프랑스와 역사적으로 밀접한 관계를 가졌던 지방으로 프랑스령과 독일령의 반복을 거쳐 1918년 중립지역이 되었다가 1925년에 영의 계획에 따라 프랑스가 철수했다.

지방이 해방되자 UFA의 카메라맨들은 서둘러 라인란트의 해방에 관한 '뉴스'를 만들었다. 거기에는 유리조각이나 석탄가루 대신 승리의 트럼펫 소리와 웃음으로 가득 차 있었다.

매일 밤 후겐베르크는 조명으로 밝혀진 적막한 베를린 거리를 걸었다. UFA 영화를 만끽한 후 집으로 돌아온 베를린 시민들은 잠을 청하면서 주인공들의 대화, 설교, 기도, 한숨과 나팔 소리를 여전히 떠올리고 있었다. 그것은 바벨스베르크의 잘생긴 단역배우들이 연주했던 군대 나팔소리였다. 가로등 빛과 경찰들만 남아 있는 거리를 거닐면서 후겐베르크는 생각에 잠겼다. 그는 이미 나이가 들었고 많은 추억을 갖고 있었다. 그의 인생은 그가 걷고 있는 도로처럼 길고 곧았으며 밝고 한적했다. 그는 그 어떤 것도 배반하지 않았으며 손쉽게 얻어지는 영광보다는 힘을 추구하는 한 가지 목표를 향해 곧장 걸어왔다. 그는 집에서 자고 있는 베를린 시민들이 후겐베르크의 초상화를 본 적이 없다 한들 별로 상관하지 않았다. 그들은 후겐베르크의 손안에 있는 사람들로 아침마다 그가 소유하고 있는 신문사들의 신문을 읽고, 낮에는 그의 이익을 위해 일하고, 저녁에는 그가 말하는 규율에 따라 꿈을 꾸기 때문이었다. 석탄과 철강, 은행과 부동산, 민족당을 위한 기관지와 미장원, 스튜디오, 스크린에 관련된 도색 간행물, 이 모든 것이 그의 것이었다. 한 걸음 물러나 있는 그는 사람들의 시선에서 벗어나 있었다. 그가 타고 있는 어두운 자동차에서 그 스스로 그를 볼 수 없듯이 그의 삶에서 그는 눈에 띄지 않았다. 그렇지만 수백만 명의 사람을 통솔하는 사람은 바로 그였다.

독일 국민들이 등을 보이며 도망치고 있을 때 운명은 강력한 라이벌 슈트레세만[57]을 불러들였다. 유순하면서도 교활했던 그는 화해의 눈물을 흘리

---

57) Stresemann, Gustav(1878-1929). 독일 정치가. 외무부장관(1923-1929)으로서 프랑스와 독일의 화해정치를 추구하고 베르사이유 조약의 결과인 영의 계획을 추진하는 등 유럽의 진정한 평화를 위해 노력함으로써 1926년 노벨상을 수상했다.

면서 불을 끄려 했지만 후겐베르크의 생각은 달랐다. 피를 흘려야 독일이 살 수 있다며 그는 도박도, 혁명도 두려워하지 않았다.

아무도 없는 거리, 멀리서 희미한 그림자가 때때로 나타났고 그 수는 규칙적으로 증가했다. 노숙자들, 굶주린 사람들, 절망에 잠긴 사람들, 그들은 영화관에 갈 수도, 신문을 읽을 수도, 일자리가 없어 일을 할 수도 없는 사람들이었다.

"지붕은 네 개의 기둥으로 받쳐져 있는데 이 게으른 사람들은 무엇인가? 지붕 위에는 아직도 제국의 깃발이 힘차게 펄럭이고 있는데, 저 아래에는 구경거리를 찾아다니는 사람들이 회사가 파산되는 것을 보려고 기다리고 있지 않은가! 파산에 이르기 위해 살아왔고 고통을 받아 왔는가?"

후겐베르크의 얼굴이 일그러졌다.

"구원을 찾아야 한다. 슈트레세만처럼 행동해서는 안 된다. 객설도 필요 없다. 현재 좋은 일이라곤 없는 이 사람들은 앞으로 훌륭한 군인들이 될 수 있다. 동쪽에는 아직도 땅이 있고 해야 할 사업이 많지 않은가? 국민의 정신은 만들어진다. 지금 그 정신이 말할 차례다."

곧바르고 한적한 거리. 뻣뻣한 머리카락을 빗으로 곱게 손질한 후겐베르크, 사람들은 그를 좋아하지 않고 두려워했으므로 그에게는 적이 많았다. 그것은 위인의 운명이었다. 중상모략에도 불구하고 그의 수입은 줄어들지 않았고 후겐베르크 트러스트의 전능한 영향력도 약해지지 않았다. 분명히, 이 시간에 어두운 집들이 있는 거리에서 한 남자는 고독을 뼈저리게 느끼며 버림받았다고 생각할 것이다. 수염은 날리고, 눈은 감겨 있고, 가슴은 인간의 비애로 가득 차 있었으나 후겐베르크는 벌떡 일어나 소리쳤다.

"사랑은 빛의 형제며, 사랑은 세계의 주인이다!"

오래 전 그가 쓴 시의 한 구절이었다.

진정한 애국심

그후 그는 젊은 시절의 꿈이 정당하다는 것을 보여주기 위해 권력이나 돈을 바라며 일하지 않았다. 그는 오로지 큰 사랑 — 인간의 운명에 영향을 미치는 별을 움직이고, 스크린 앞에서 어리석은 자들에게 황홀한 눈물을 흘리게 하는 사랑을 위해 일했다. 그는 독일에 대한 사랑과 그의 지붕, 국기, 알프레트 후겐베르크에 대한 사랑을 위해 일했던 것이다!

5

영화란 무엇인가

연속사진을 원래의 움직임으로 재구성하는 지멘스사의 코인식 자동전기 슈넬제어

I

    매주 세계 도처에서 영화를 관람하는 관객의 수는 3억에 이르며 그들은 영화가 무엇인지를 알고 있었다.

    영화는 무엇보다도 먼저 사랑이었다. 1년 동안 관객들이 볼 수 있었던 영화에는 「해변에서의 사랑」 「집시의 사랑」 「눈속에서의 사랑」 「베티 피터슨의 사랑」 「사랑과 도둑」 「사랑과 죽음」 「삶의 지주인 사랑」 「사랑은 창의적이다」 「사랑은 맹목적이다」 「여배우의 사랑」 「이국적인 사랑」 「사랑과 유령」 「성난 사랑」 「참혹한 사랑」 「사랑의 뱃노래」 「사랑이 부를 때」 「적과의 사랑」 「잔 네이의 사랑」 「라스푸틴의 사랑」 「한 여인의 사랑」 「도둑의 사랑」 「명예와 사랑」 「사랑은 사랑이다」 「사막에서의 사랑」 「사랑과 돈」 「카사노바의 사랑」 「매우 짧은 사랑」 「카르멘의 사랑」 「위대한 사랑」 「사랑의 밤을 위해」 「백정의 사랑」 「사랑박사」 「파니의 첫사랑」 「쇼팽의 마지막 사랑」 「사랑의 빛」 「사랑의 성」 「사랑의 팡파레」 「사랑의 무덤」 「사랑의 섬」 「사랑의 가면」 「사랑의 함정」 「사랑의 카니발」 「사랑의 상점」 「사랑의 실패」 「심리적 사랑」 「사랑이 죽을 때」 「사랑의 여신」 「사랑의 행진」 「사랑 앞에서의 도피」 「3분의 사랑」 「사랑 앞에서」 「미친 사랑」 「사랑의 유희」 「사랑의 안개」 「사랑노래」 「사랑 이야기」 「내 사랑」 「할리우드의 연인들」 「연인과 십

자가」「합법적인 연인」「잠자는 연인들」「금발머리 애인」「사랑하는
것이 삶이다」「넌 사랑을 몰라」「끝까지 사랑해」「사랑의 달콤함」「사
랑해」「그를 사랑해요」「교수대에서의 사랑」「해리는 금발미녀를 사
랑해」「사랑이 없다면」「우리 모두는 사랑을 사랑해」 등이 있었다. 누가 영
화는 사랑이 아니라고 의심할 것인가?

영화는 또한 훌륭한 배우들이었다. 수백만 명의 사람들이 망원경으로 배
우들의 여러 모습 — 샤를로[58]의 구두, 더글러스의 미소, 해럴드 로이드의
안경을 보기를 원했다.

엘리자베스 베르네와의 인터뷰.
"지금 배우가 아니라면 어떤 일을 하기를 원합니까?"
"마차를 모는 마부."
"왜죠?"
"전 이국적인 것이 좋아요."
"잘못을 저지른 적이 있습니까?"
"물론이죠. 저는 으리으리한 저택과 대형 자동차를 가지고 있어요."

폴라 네그리는 사랑스럽게도 자신의 일기를 언론에 공개했다.
"1926년 3월 21일. 재혼하는 것이 가능할까? 첫 남편인 으젠느 돔스키 백
작과 다시 결합하게 될까? 그러나 서르주는 특별해. 매우 다른 사람이야! 난
곧 서르주 미디바니의 부인이 될 거야!"

---

58) 무성영화 시대 가장 인기 있었던 코믹 영화의 감독이자 배우였던 찰리 채플린이 구
　상한 극중 인물로 누더기 같은 긴 코트 차림에 큰 신발을 신은 가난하지만 감상적인
　떠돌이 주인공이다.

영화란 무엇인가

코미디 배우 버스터 키튼[59]은 나라에 따라 여러 이름으로 불렸다. 샴에서는 콘프레토, 라이베리아에서는 카준크, 체고슬로바키아에서는 프리스미스레노, 스페인에서는 제포니오, 프랑스에서는 말렉, 아일랜드에서는 글로—글로라고 불렸다. 그는 '절대로 웃지 않는 남자'라는 별명을 가지고 있었다.

그레타 가르보는 금발머리 미녀였고, 더글러스 페어뱅크스는 리처드 3세처럼 태어날 때부터 치아가 있었다. 릴 다고버는 자바에서 태어났다. 카밀라 본 홀로는 헝가리 고기요리를 멋지게 만들 수 있었다. 리아 마라는 꽃과 여배우 낸시 캐롤을 좋아한다….

배우들에 관한 이야기, 그것이 영화였다.

그래서 어두컴컴한 영화관에 앉아 있는 3억의 관객들은 영화는 사랑이며 스타들이라고 생각했다. 그런데 그레타 가르보를 모르는 관객은 없지만, 데이빗 사르노프(David Sarnoff)를 아는 관객은 없었다. 신인 배우인가? 아니면 러시아 감독? 어쨌든 그의 이름은 포스터에 씌어져 있지 않았다. 그 사실에 데이빗 사르노프를 미소를 지었다. 폴란드 정부는 폴란드 재건 훈장을 데이빗 사르노프에게 수여했으나 야심이 없는 그는 영예에 관심이 없었다.

리츠 호텔의 홀에 모인 기자들 앞에서 그는 단어마다 힘을 주면서 말했다.

"최근 상영에서 우리의 이익은 1천9백만 달러로 상승했습니다. 우리는 활동 영역을 조금 넓혔습니다. 우리는 라디오와 라디오 부품 생산에서 세계에서 가장 강력한 트러스트가 되었을 뿐만 아니라 가장 거대한 축음기 회사를 소유하고 있습니다. 또한 우리의 영화관은 2백15개에 달하고 영화를 제

---

59) 채플린, 로이드와 함께 미국에서 가장 인기 있던 무성영화 감독이자 배우. 그는 태연한 몸과 얼굴에서 눈동자만 이리저리 데굴거리는 모습으로 관객의 폭소를 자아냈다. 그의 등록상표는 미소를 짓지 않는 것이어서 '큰 바위 얼굴'로 알려지게 된다.

작하는 가장 중요한 영화사 중 하나를 소유했습니다. 영화를 위한 새로운 시대가 시작되었습니다. 지금부터는 영화에서 배우, 감독만 중요한 것이 아니라, 전기기사, 기술자, 기사 들도 중요합니다."

스크린에 모습을 나타내지 않았던 데이빗 사르노프는 냉정하고 정확한 사람이었다. 그는 사랑이나 스타들에 대하여 말하는 적이 없었고 오로지 1천9백만 달러와 전기산업에 대해서만 말했다.

데이빗 사르노프라면 그의 일기장을 기자에게 건네주는 일 따위는 하지 않았을 것이었다. 사실 배당금을 말하지만 자신의 사생활은 한 마디도 하지 않았던 사업가가 일기를 썼을 가능성은 희박했다.

러시아 민스크 주변의 조그만 읍에서 태어난 데이빗은 여덟 살 때 부모와 함께 미국으로 왔다. 그는 신세계를 보았으나 그 세계를 보고 그다지 놀라지는 않았다. 미국 초기 생활은 매우 가난했고 학교 공부에 취미가 없었던 그는 선원생활을 거쳐 전신기사의 조수로 일했다. 데이빗은 거친 파도 속에서 거대한 빙하와 부딪쳐 침몰한 타이타닉을 탄 적이 있었다. 양키들이 시편을 노래하며 바다 속에 빠지는 동안 기관실에서 그는 최후의 순간까지 최선을 다했다. 데이빗은 그곳에서 죽음을 보았지만 죽음 또한 그를 놀라게 하지 않았다. 그는 구조되었고 어려운 삶이 다시 시작되었다. 마르코니 공장에 취업한 그는 젊고 검소하지만 기운 넘치는 젊은 남자로 전보기술자가 되었다. 해가 거듭될수록 그의 호봉은 점점 올랐으나 영화산업에는 전혀 관심을 두지 않았다. 그런데 묵묵히 일하던 기술자들이 유성영화를 만들었을 때 모든 것이 변했다. 갑자기 영화는 중요한 산업이 되었다. 한 기업의 성공은 예술가의 통찰력 같은 터무니없이 우발적인 사건에 의해 이루어지지 않는다. 지금 영화는 전기산업에 중요한 한 분야가 되었으며, 데이빗 사르노프는 영화에 관여하게 되었다. 1천9백만 달러, 그것은 말보다 더 설득력이 있었다.

영화란 무엇인가

심리학에 매우 능한 데이빗 사르노프가 '영의 계획'[60]이라는 협정이 성사된 날 어떻게 했는지에 대한 일화는 유명했다. 여러 국가의 대표자들은 결말이 없는 논쟁을 계속하고 있었을 때 영은 데이빗 사르노프에게 협상을 타결하라는 임무를 맡겼다. 데이빗 사르노프는 저녁 5시에서 새벽 3시까지 궤변자들을 붙잡아 두고 그들에게 저녁을 먹을 시간도 주지 않았다. 애국심은 결국 배고픔에 굴복했고 계약은 성사되었다. 데이빗 사르노프는 각국 대표자들에게 배고픔을 겪게 하면서 그들을 승복시켰던 것이다. 일단 '예'라는 대답이 나오자 문이 열리고 샴페인이 제공되었다.

폴라 네그리의 신문을 열심히 읽는 독자들은 민스크 출신인 이 남자의 신비스러운 삶에 대하여 절대로 알지 못할 것이다. 그렇지만 그들은 어두컴컴한 영화관에서 데이빗 사르노프 촬영소의 작품 ― 「사랑 이야기」를 보면서 눈물을 흘렸다. 데이빗 사르노프의 영화사에는 베베 다니엘이라는 스타가 있었지만 그 스타에 대해서 아는 바가 없는 데이빗은 오로지 전기사업에 골몰하고 있었다.

예전에 주커, 래스키, 로우, 램믈이 있었다. 5센트짜리 소극장에서 가난과 모험을 시작했던 그들의 사업은 통찰력 있는 스타들과 능란한 시나리오 작가들의 사업이었다. 그러나 그들은 몇 백만 달러라는 막대한 재산에도 불구하고 장인일 뿐이었고, 신중한 사람들은 파라마운트나 폭스의 주식을 경계심을 가지고 보고 있었다. 영화는 단순히 영화일 따름이었다.

그러나 지금 영화는 전기산업이었다. 관객들을 위해 바이타폰, 무비톤, 포토폰이 발명되었고 영화관에서 사용되는 기계들을 만들어내는 웨스턴 일렉

---

[60] 미국의 재정전문가 영이 주도한 경제계획. 제1차 세계대전이 끝난 1919년 체결된 베르사이유 조약에 따라 독일이 장차 지불해야 하는 전쟁배상금을 확정했다.

트릭과 라디오 코퍼레이션이 생겼고 사업가들은 AT&T(미국 전신전화회사 American Telephone and Telegraph Company)와 제너럴 일렉트릭이라는 강력한 트러스트를 갖고 있었다.

　웨스턴 일렉트릭은 미국의 거의 모든 전화선을 관리하는 AT&T와 밀접한 관계를 갖고 있었다. AT&T의 가입자는 1천8백만 명에 이르며 이 회사는 대륙횡단선과 스페인에서 전매특허를 갖고 있었다. 스페인 독점권은 알폰소 왕이 AT&T의 부장 중 한 명인 벤 대령과의 개인적인 우정으로 인해 양도한 것이며, 이로 인해 AT&T는 프랑스의 전화망을 자동화하는 일까지 맡게 되었다. 웨스턴 일렉트릭의 선두에는 공화당원이며 겸허한 기독교 신자인 오터슨과 브룸이 있었다. 오터슨은 감리교 신자이며 브룸은 장로교 신자로 두 사람 모두 매우 존경받는 신사들이었다.

　제너럴 일렉트릭은 영(Young)이 운영했다. 이 간단한 이름에 얼마나 많은 일들이 연결되어 있는지⋯. 프랑스 연금대상자들은 불평을 토로하고 평화주의자들은 통탄의 눈물을 쏟았다. 한밤중에 독일 도시의 좁은 길에서 갑자기 총소리가 들렸고, 노동자들은 월급이 감봉되는 바람에 허리띠를 졸라매야 했다. 증권거래소의 주가가 상승하자 한쪽에서는 즐거워했고, 다른 쪽에서는 분통을 터뜨렸다. 이 모든 것을 통틀어 '영의 계획'이라 불렀다. 물론 영은 피와 눈물을 예상하며 계획을 추진하진 않았다. 그는 정말 평온한 마음과 적당한 체격을 지닌 침착한 사람으로, 북부의 농장주와 흡사했다. 그는 법학을 공부했고 전기를 위해 법 공부를 포기하면서 부를 얻었을 뿐만 아니라 존경의 대상이 되었다. 워싱턴은 그에게 독일에 진 빚을 해결하라는 무거운 임무를 맡겼다. 영은 데이빗 사르노프를 참모로 삼고 있었고, 민스크 출신의 데이빗 사르노프는 북부 남자 영의 오른팔이었다. 공격적인 유럽인들과의 화해를 위해 영은 희생을 감수하면서 그들과의 화합을 이끌어낸 인물이었다. 예를 들어 '영의 계획'보다 더 많은 손해를 입을 것이라는 사실을 알면서도 거대한 트러스트를 결성하고 여러 전기회사들을 합병시켰다.

2억2천3백만 달러의 자산을 가진 제너럴 일렉트릭은 탄탄한 회사로 신뢰할 수 있었다. '라디오 코퍼레이션 오브 아메리카'는 제너럴 일렉트릭의 자회사로 모든 것은 소박하게 시작되었다. 델라웨어에 라디오 방송국이 들어섰다. 약관에 따르면 그것은 새로운 사회의 산물이었다. 그리고는? 그리고는 스크린에 유성영화가 등장하기 시작했다. 적당한 시기에 온갖 특허권을 닥치는 대로 휩쓸고 있을 때 데이빗 사르노프가 나타났다.

위기에 처해 있던 영화계의 노장들 중 폭스가 제일 먼저 쓰러졌다. 웨스턴 일렉트릭의 도움으로 클라크가 그 자리를 차지했다. 파라마운트는 저항할 생각이 있었지만 파파 주커의 재산을 AT&T의 독점 세력과 겨루기 위해 소모하는 것은 무모한 일이었으므로 부르는 대로 받아쓴 협정에 서명했다. 데이빗 사르노프는 특허권을 가지는 데 만족하지 않고 제작에 참여하기 시작하면서 매우 시적인 이름을 가진 회사 '라디오-키이스(Keith)-오펌'이라는 회사를 세웠다. 사무실에서 영은 묵묵히 일했고 스크린에서는 베베 다니엘이 웃고 있었다. 그들은 같은 기계에서 함께 돌아가는 톱니바퀴였고 전동장치인 데이빗 사르노프에 의해 연결되어 있었다. 그는 영화가 무엇인지 정확하게 알고 있었다. 영화, 그것은 「사막에서의 사랑」이며, 영화는 또한 1천9백만 달러였다. 인생에서 성공하기 위해서는 때를 잘 만나야 한다.

1930년 봄, 워싱턴 정부가 유성영화를 치하하면서 관습적인 의례가 이루어졌다. 미국 정부는 반트러스트법 조항을 만들었고 AT&T와 웨스턴 일렉트릭을 분리할 것을 넌지시 요구했다. 정부는 제너럴 일렉트릭에게 자회사인 라디오 코퍼레이션의 자유를 줄 것을 종용했다. 외교가 무엇인지를 잘 아는 영이 '정부의 강경한 태도를 환영한다!'며 온후하게 미소지은 것과는 달리 데이빗 사르노프는 어리석게도 워싱턴에 냉담한 태도를 취했다.

꿈의 공장

II

웨스턴 일렉트릭은 탄탄한 자산에도 불구하고 베풀 줄 모르는 인색한 회사였다. 유성영화의 가치를 최초로 인정한 해리 워너는 웨스턴 일렉트릭과 계약을 맺었다. 그는 워너 브러더즈의 특허권을 사용하는 다른 영화사로부터 일정한 이율을 분배받기를 희망했다. 그런데 웨스턴 일렉트릭이 더 큰 영화사 파라마운트, 유나이티드 아티스트, 메트로, 유니버설, 컬럼비아와 계약을 맺었다. 해리 워너는 쓰디쓴 실패를 경험했다. 격분한 그는 고소를 했지만 상황은 더욱더 악화되었고, 복수의 칼을 가슴속에 품을 수밖에 없었다.

웨스턴 일렉트릭은 기계를 임대하는 대가로 6천 달러를 받았다. 얼마 있지 않아 그 회사는 6천 개의 기계를 42개국에 설치하게 되었다. 프랑스인들은 한탄했다.

"아! 미국인들은 좋겠군. 그들은 달러가 있으니…. 그러나 우리는 어떻게 기계 한 대당 15만 프랑을 줄 수 있단 말인가?"

그러나 유성영화를 원하는 관객들 때문에 영화관 소유주들은 울며 겨자 먹기로 비싼 임대료를 지불하면서 기계를 대여해야 했다. 세계에서 6천 번째, 프랑스에서는 62번째로, 그리고 마르세이유에서는 5번째로 웨스턴 일렉트릭의 기계를 갖춘 '코미디아'라는 영화관이 화려하게 개관했다. 웨스턴 일렉트릭의 사업은 그렇게 번창했다. 한 명은 침례교도—오터슨—이고 다른 한 명은 장로교도—브룸—인 두 양키는 각기 다른 교회에서 단 하나이며 같은 신(神), 전기산업의 신에게 감사기도를 드렸다.

그러나 침례교회에서나 장로교회에서는 시련이 없는 인생은 없다고 말한다. 드디어 웨스턴 일렉트릭에게 시련의 날이 왔다. 독일인들이 갑자기 나타났던 것이다. 염치없고 도덕성이 결여된 독일인들이 '코닥필름'에 대항해서 '아그파'를 만들어 맞서기 시작했던 것이다.

영화란 무엇인가

프로메테우스의 불을 훔치는 기술면에서 독일인들은 미국인들과 비교해 볼 때 조금도 손색이 없었다. 독일에는 '지멘스와 할스크'와 'AEG'가 있었다.

지멘스슈타트라고 불리는 도시에 위치한 지멘스에서는 노동자 13만 명이 일하고 있었다. 47개 회사에서 아이스크림 제조기부터 전기 온도계까지 모든 것을 생산하는 지멘스는 포토마톤[61]을 생산하고 파리-보르도와 로마-나폴리를 연결하는 전선을 설치하는 등 도쿄와 스톡홀름, 부쿠레슈티, 오슬로에도 공장이 있었다. 변함없이 지멘스는 자동전화를 관리하고 독일의 대외정책을 훌륭하게 수행하고 있었다. 단단한 트러스트를 갖고 있는 AEG 역시 그 산하에 주식회사 42개를 두고 있었다. 힌덴부르크의 수문을 조성했고, 오사카, 부에노스아이레스, 베를린, 헤이그에 전차를 공급하고 7개의 각기 다른 도시에 기관차, 발전기, 모터, 터빈을 생산하는 공장을 갖고 있었다. 은행 두 곳과 자동차, 선박에서는 항상 어디서나 'AEG'라는 세 글자를 볼 수 있을 정도의 대기업이었다.

해리 워너가 웨스턴 일렉트릭의 실험실에서 유성영화에 관심을 보였을 때부터 독일인들은 매우 불안해하기 시작했다. 오래 전부터 같은 목표를 추구했던 독일인들은 미국인들이 유성영화를 만드는 것을 용납할 수 없었던 것이었다. 독일인 스스로 모든 언어를 말하는 영화를 저렴한 가격으로 생산하자는 취지로 '클랑필름'과 '토비'라는 회사가 설립되었고, 곧이어 두 회사는 AEG의 현명한 지휘로 통합되었다. 그들의 특허권이 등록되자 주커가 제작한 파라마운트 영화는 독일에서 한 편도 상영될 수 없었다. 독일에는 법규가 있었고, 지멘스와 AEG가 있었으며, 신중한 독일 재판관들과 클랑필름의 기계들이 있었다. 전쟁이 선포되었다. 독일에서 미국 영화를 볼 수 없게 되자 극장주들은 통탄했고, 미국 경찰관을 좋아했던 독일 여자들은 창백

---

61) 자동촬영용 인스턴트 카메라.

하고 무기력해졌다.

항상 그렇듯이 전쟁에는 희생이 따르기 마련이었으나 독일인들은 놀라울 정도로 길들여져 있는 국민이었다.

"유성영화는 벨기에에서도 프라하에서도 상영되는데, 왜 우리는 유성영화를 보지 못합니까?"라고 조심스럽게 묻는 독일 관객들에게 정중하게 설명했다.

"조금만 기다리시오! 우리가 곧 독일 유성영화를 만들 것입니다. 인내심을 가지면 우리 지멘스와 할스크, AEG가 승리할 것이오. 우리의 용감한 기사들, 순수 혈통에 대한 자부심을 지닌 독일인들이 상당한 지분을 갖게 될 것이오."

빵과 배급 카드에 익숙한 독일 국민들은 인내심을 발휘했다.

세계대전중 터키와 불가리아만 주축국과 공동이해를 위해 협력했고 나머지 모든 원병들은 연합군 편으로 갔다. 강대한 군대들이 클랑-토비와 협력하려고 서두르고 있는 과정에서 첫번째로 등장한 사람은 퀴헨마이스터였다. 그는 매우 신중한 사람이었으므로 그에 대하여 알 수 있는 것은 그가 네덜란드 출신이라는 것뿐이었다.

주커는 자연과 유태인들을 좋아했고, 클라크는 셰익스피어를 좋아했고, 후겐베르크는 조국을 사랑했다면, 퀴헨마이스터는 자산이 1천9백5십만 플로린으로 평가되는 조합의 우두머리였다. 퀴헨마이스터는 클랑필름과 계약을 체결했고 신문들마다 지금 '범(汎)영화유럽'은 미국을 벼르고 있다며 신나게 떠들었다.[62]

퀴헨마이스터의 뒤를 이어 남아프리카공화국 출신의 말없는 슐레진저가 등장했다. 슐레진저가 관리하는 '브리티쉬 토킹 픽처'가 '범영화유럽'에 합류했다. 새롭게 형성된 트러스트의 자산은 1백만 파운드를 넘어선 만큼 유럽인들은 영국의 식민지 남아프리카공화국에서 미국인을 쫓아낼 수 있을 것이라 생각했다.

독일에서 클랑필름은 미국을 상대로 제기한 소송마다 승소했고 오스트리아와 체코슬로바키아에서 판사들은 '범영화유럽'의 편이 되었다. 스위스에서 법원은 폭스가 클랑필름의 허가 없이 유성영화를 상영하는 것을 금지한다는 판결을 내렸다.

웨스턴 일렉트릭은 미국에서 꿋꿋하게 버티면서 미국인들이 예전처럼 세계적으로 영화시장을 독점하리라는 꿈을 꾸고 있었다. 그들은 몇몇 국가를 추방했으나 전쟁은 아직 끝나지 않았다.

모든 연합국들은 충성의 서약을 했지만 직접 싸우려 하지 않았고 라디오 코퍼레이션은 교묘하게 전쟁터를 빠져나갔다. 독점을 꿈꾸지도, 독일 판사들의 양심을 믿지도 않았던 영의 충실한 수련생 데이빗은 원만하게 일을 해결하고 싶었다. 그는 중립을 지키려고 노력했다.

탈영병이 없는 전쟁은 없다. 사람들이 그에게 퍼부었던 신랄한 욕설을 잊지 않았던 해리 워너가 웨스턴 일렉트릭의 천박한 사람들에게 복수할 시간이 드디어 왔음을 알아차렸다. 전쟁터에서 미국인 워너 형제는 독일인들과 함께 앉아 있었다. 담배를 피우고, 서로 칭찬하며, 숫자를 계산하고, 그리고 펜을 들어 협정에 서명하고 있었다. '토비의 운영권은 퀴글리에게, 워너 브러더즈의 운영권은 퀴글리에게…' 동일한 성이 우연히 일치된 것이 아니

---

62) 1920년대 초반, 유럽의 제작자들은 한 나라가 미국과의 경쟁을 감당하기에는 무리가 있다는 것을 깨닫게 되었다. 미국은 세계에서 가장 큰 영화시장이었으므로 미국의 제작자들은 자국의 영화 시장만으로도 막대한 수입을 보장받았으며, 외국으로의 수출은 대부분 순이익이 되었기 때문에 싼 가격으로 영화를 팔 수 있었다. 유럽인들은 유럽 전역의 영화시장이 단일한 대륙 시장으로 묶일 수만 있다면 유럽 영화도 할리우드 영화만큼 많은 돈을 벌 수 있고, 그렇게 되면 제작비가 대규모화되고 생산성도 향상되어 나아가서는 다른 세계시장에서 미국 영화와 경쟁할 수 있을 것이라고 기대했다. 이런 생각은 '범영화유럽'으로 정식화되었다.

라 퀴글리는 동일 인물이었다. 미국 쪽에서 보면 그것은 대단한 배신이었다.

워너의 확장이 두려웠던 UFA 지점장들은 당장 미국회사로 달려갔다.

"왜 워너 브러더즈가 이런 상황을 만들었겠소? 적의 편이 될 수도 있어요. 우리 영화를 사면 독일 판사들의 의식을 깨우쳐 주는 걸 돕겠소."

전신 서비스 업체들과 선박회사들이 바쁘게 움직이고 매일 한 무더기의 해외전보가 날아오고 영화사 사장들은 대서양을 오갔다. 그들은 정도를 잃어버린 경쟁자들을 상식으로 이끌기 위해 노력했다. 미국인 아돌프 주커가 이치를 따져 설득하면 독일인 크리츠는 간청했다. 매일 윌 헤이즈는 발광하는 유럽과 전화했다.

"그러면 영화관이 파산하고 공장도 파산합니다. 그것은 재난입니다! 그렇게 되기 전에 평화협정을 맺읍시다!"

그렇지만 세계의 양 진영을 생각할 때 이와같은 평화적인 연설로 무엇을 할 수 있단 말인가? 지구는 작고 그것을 나누기는 쉽지 않았다. 두 진영은 매우 약화되어 있었으므로 데이빗 사르노프가 협상에 나섰다.

라디오 코퍼레이션이 웨스턴 일렉트릭을 쫓아낸 상황이라 시간이 촉박했다. 데이빗 사르노프는 유럽인들과 협정을 맺었고 브리티쉬 토킹 픽처는 미국 특허권에 알맞는 영화를 토키로 하는 권리를 얻어냈다. '범영화유럽'이 미국에 상륙하자 파라마운트, 폭스, 메트로는 격분했다. 침착하고 열의에 가득 찬 양키들은 승리를 외쳤다.

"웨스턴 일렉트릭의 상황으로 우리는 흔들리지 않는다. 우리는 캐나다, 프랑스와 스페인의 상당 지분을 갖고 있으며 오스트레일리아와 남아프리카공화국도 있다. 우리는 앞으로도 10년 동안은 전쟁을 계속할 수 있다."

휴전협정이 가까웠음을 느낀 윌 헤이즈는 파리에 있는 크리옹 호텔에 방을 예약했다.

영화란 무엇인가

III

사계절 중 가장 좋은 계절, 6월의 파리는 유난히 밝고 상쾌하다. 대로에는 플라타나스의 꽃이 만개하고, 극장마다 공연이 많은 시기이었다. 이탈리아 가수들과 스페인 카스틸라 무용수들이 공연을 하고 경마장에서는 그해 최고의 경마를 볼 수 있으며, 호텔은 관광객으로 가득 차 있었다. 6월의 빛나는 저녁에 콩코드 광장, 개선문, 푸르스름한 엷은 안개, 반딧불이처럼 빙글빙글 돌아가는 자동차 무리를 보면서 즐거워하지 않을 사람이 있을까? 6월의 파리에서는 모든 언어들을 들을 수 있었다. 파리는 보통의 도시와 달리 여기서는 가장된 감정과 모조 보석을 찾을 수 있었다. 파리는 주커도 감히 꿈꾸지 못한 할리우드로, 일을 해야 하는 날도 눈물을 흘려야 하는 날도 없다. 그곳은 여행을 즐기는 유령들이 떠돌고 있는 도시, 파리였다.

몇몇 관광객들이 파리를 놀라게 할 수 있었을까? 관처럼 생긴 커다란 가방과 수표책을 들고 만족한 미소를 짓는 몇몇 관광객들이? 푸른빛의 황혼을 감탄하기 위해 몇몇 관광객이 파리에 도착했다. 그들은 웨스턴 일렉트릭의 부장이며 겸손한 감리교 신자인 오터슨, 파라마운트의 대표 그래험, 워너 브러더즈의 대표 퀴글리였으며, 영화의 황제이자 가벼운 날개를 가진 종달새 윌 헤이즈도 당연히 끼어 있었다.

파리에 오는 관광객들 중에는 미국인뿐만 아니라 독일인들도 있었다. 파리를 좋아하는 독일인들은 말했다.

"천박한 독일에서 번 돈을 쓰기에 가장 좋은 곳은 바로 파리다. 좋은 포도주가 있고 아름다운 여인들이 유혹하는 도시, 파리! 루브르 박물관과 샹젤리제 거리의 옷가게들… 6월에 우리는 파리에 있다."

호텔 숙박부의 이름 앞에 '박사'라고 붙이는 것을 잊지 않는 유명인사들이 베를린에서도 왔다. 그들은 코메르츠 운트 프리바테 은행의 지점장이며 클랑필름—토비의 이사인 쿠르트 소베른하임 박사, AEG의 에밀 마이어 박사, 지멘스와 할스크의 대표인 프리츠 루샨 박사 등으로 가장 고명한 독일 지식인들이었다.

무슨 까닭으로 이 미국인들이, 이 독일인들이 파리에 왔는가? 특허권 문제를 다루기 위해서? 그런 하찮은 일은 거론하지 말자. 플라타나스 꽃이 만개하는 이 좋은 계절에 격조 없이 특허권을 말하러 파리에 왔다는 게 말이나 되는 일인가! 그들은 휘발유, 코티 분과 완전무결한 에테르가 뒤섞인 샹젤리제 거리의 공기를 맡으러 왔다.

생계를 위해 어떤 정보라도 얻어내려는 기자들은 뭔가 냄새를 맡았고 궁금증에 견딜 수 없었다. 아침부터 저녁까지 그들은 크리옹 호텔 문을 드나들면서 필사적으로 영화계 사람들, 특히 헤이즈를 만나려고 애썼다. 헤이즈는 대중과 함께 있는 데 익숙한 사람이었고 게다가 언론을 좋아했다. 열린 마음의 소유자인 헤이즈는 프랑스 기자들을 초대해 아이스크림이 아닌 샴페인까지 갖춘 성찬을 베풀었다. 기자들은 먹고 마시면서 뭔가 중요한 정보를 얻어내려고 했다. 헤이즈가 미국과 독일의 싸움, 평화협상에 대하여 깜짝 놀랄 만한 무엇인가를 말하면 그것은 즉시 1백, 2백, 3백…줄의 기사로 만들어질 준비가 되어 있었다.

"무슨 목적으로 파리에 왔습니까?"

바보 같은 질문에 헤이즈는 노련하게 답변했다.

"세계에서 가장 아름다운 도시, 파리를 사랑합니다. 그리고 영화 발명가 루이 뤼미에르와 악수하고 싶었습니다."

"뤼미에르는 정말 대단한 사람입니다! 그는 우리의 에디슨 같은 사람입니다."

"협상은?"

영화란 무엇인가

"미안합니다."

이 질문에 대답할 수 없었던 헤이즈는 말꼬리를 돌렸다.

"세계 영화의 번영을 위해 건배합시다!"

예의상 입술에 남아 있는 소다수 거품을 닦는 헤이즈의 프랑스 예찬은 계속되었다.

"프랑스인들은 정말 감수성이 예민한 자연인이며 예술가이고 창조자입니다."

"특허권 전쟁은?"

기자들의 끈질긴 질문에 헤이즈는 교묘하게 피했다.

"미안합니다. 매우 바쁘군요. 지금 자리를 떠야 합니다."

전쟁은 계속되었다. 오스트리아 판사들이 클랑필름의 오래된 특허권을 무효화시키면서 웨스턴 일렉트릭은 소송에서 이겼다. 오스트리아는 아주 작은 시장이었지만 그것은 좋은 선례가 되었다. 적당하게 준비를 한 후 그 결과는 법을 해석하는 유럽 판사들의 양심에 맡길 수밖에 없었다. 전쟁은 계속되었지만 몽소 호텔에서 감리교도들과 장로교도들은 독일 박사들과 우정 어린 악수를 교환하면서 평화협상을 시작했다. 쿠르트 소베른하임 박사가 헤이즈를 회장으로 선출할 것을 제안하자 만장일치로 가결되었다. AEG나 지멘스는 성실한 회사였지만 영화의 황제이며 대단한 수완가로 알려진 헤이즈가 회장직을 맡게 되었다. 대표자들은 "협력은 반드시 필요합니다! 평화는 의무적입니다!"라며 장시간 그들의 의견을 피력했다. 협상은 이삼일 후면 끝날 것처럼 보였다.

각 대표자들의 눈앞에는 둘로 나뉜 지구가 있었지만 그 지구는 아직도 나뉘어 있지 않았다. 며칠이 지나고 몇 주가 지났지만 협상은 계속되었다. 침울해진 미국 대표들은 침묵을 지켰고, 독일 대표들은 우울한 철학자가 되었다. 윌 헤이즈 혼자만 모두에게 인생의 즐거움을 상기시켜 주려는 듯 종달새처럼 날아다녔다. 파리의 6월은 열기가 느껴지는 여름에 그 자리를 내주었고 관광객들은 바닷가나 산으로 떠났다. 8월에 접어들자 마침내 헤이즈는 기자들에게 발표했다.

"우리는 원칙에 대한 합의에 도달했습니다. 완전한 '상호교환'이 받아들여졌습니다. 달리 말해 모든 유성영화는 그것이 어디에서 제작되었든지 하나 혹은 다른 상표의 기계로 상영할 수 있게 될 것입니다."

그러나 그들은 기본 원칙에만 합의했을 뿐이었다.

미국인들은 독점권을 포기하고 세계를 나누어 갖는다는 데 동의하면서 독일인들에게 몇 가지 조항을 포기하라고 요구했다.

"분배는 충분하지 않소! 독일에는 미국 영화에 대한 쿼터제[63]가 있소."

"그것은 법입니다."

"그러나 법이 항상 적용되는 게 아니라는 것은 반(反)트러스트법을 보면 알 것이오!"

미국에 강경하게 맞서던 독일 박사들은 정부에 그 건을 문의했다. 독일 정부는 여론을 걱정했으나 국회의원들을 매수하고 언론을 조장하면 문제없을 것이었다.

지칠 줄 모르는 윌 헤이즈는 베를린에 있었다. 전화기에다 대고 "엄격한 법을 좀 약화시키시오! 세부사항을 좀 변경하시오!"라고 소리를 지르기도 하고, 상대방의 귀에다 부드럽게 속삭이기도 했다. AEG를 선두로 독일 회사의 사장들은 헤이즈에게 향연을 베풀었고 그곳에서 그는 연설을 했다.

---

63) 제1차 세계대전 이후 독일정부는 자국의 영화산업을 육성하기 위해서 수입영화에 대한 금지조치를 고수했다. '범영화유럽'의 노력에 힘입어 1921년 수입금지조치를 강화한 이후 독일에서 허용되는 영화의 숫자는 엄격하게 제한되었다. 1925년에는 배급업자가 전년도에 유통시킨 독일 영화 한 편당 한 편의 영화를 수입할 수 있는 체계로 변했다.

"영화를 교환한다는 것은 평화를 위한 명분이 됩니다. 우리는 정치적 프로파간다나 종교적 프로파간다를 해서는 안 됩니다. 우리의 의무는 모든 국민들을 화합시키는 것입니다!"

크리츠는 힘차게 박수를 쳤다. 그는 독일 군대의 기운을 부르짖는 영화를 제작하고 있는 중이었지만 만찬석상에서 말할 거리는 아니었다. 그는 "미국에서 미국인들이 니카라과에서 있었던 미해군의 쾌거를 칭송했듯이 우리도 독일 군대에 관한 영화를 만들고 있다. 지금 중요한 것은 그것이 아니라 세계를 나누어 가져야 한다는 것이다"라며 가벼운 마음으로 헤이즈에게 박수를 보낼 수 있었다.

소련 영화에 대해서 헤이즈는 적당히 얼버무렸다.

"영화가 한 계층의 이익을 위해 사용된다는 것은 용납할 수 없습니다. 영화는 모든 사람들을 위한 진정한 예술입니다!"

헤이즈는 추상적인 것을 싫어했다. 그는 자신이 생각한 것을 구체적으로 정당화하는 데 익숙한 사람이었다.

"영화는 여러 국민들을 친밀하게 만듭니다. 지금 내 아들은 독일인들이 어떻게 바캉스를 보내는지, 독일의 국가적 영웅이 누구인지, 독일 대통령의 얼굴이 어떻게 생겼는지를 압니다."

이 대목에서 크리츠는 무의식적으로 고개를 들었다. 마치 군사잡지에 나옴직한 군인의 모습이었다. 연설을 끝낸 헤이즈는 다음날 비트 박사의 강연에 참석해야 했고, 노이바벨스베르크에 가야 했기 때문에 전화기를 찾았다.

나흘 동안 계속된 협상이 끝난 후에 헤이즈는 고상한 미소를 지으며 소리쳤다.

"나는 협상이 곧 타결될 것이라 믿습니다! 독일 영화산업의 상황은 우리와 비슷합니다. 영화산업은 전기와 대자본을 가진 트러스트의 지배하에 있습니다. 유성영화의 시대에 들어서면서 우리는 어려움을 겪었습니다. 그러나 모든 측면에서 독일의 기술은 찬사를 받을 만합니다. 함께 일할 수 있는 토대를 찾는다는 데는 어떠한 의심도….”

헤이즈의 노력은 헛되지 않았다. 쿼터제 문제는 그날 라이쉬타크(연방의회)에서 의논되었다. 다양한 사건들과 권태로운 나날에 지친 상당수의 연방의원들은 이미 휴가를 떠나고 없었다. 좌석의 4분의 3이 비어 있었고, 외국 영화에 관심을 갖는 사람은 아무도 없었다. 연방의원들 중에는 영화애호가들이 많았으며 그들은 클라라 보우의 다리와 그레타 가르보의 눈을 알고 있는 사람들이었다. 내무부장관이 쿼터제의 불필요한 몇 가지 형식을 없애자고 제안했다.

“영화가 각국의 국민들을 친밀하게 하는 데 기여한다는 사실을 명심하시오”라고 덧붙인 장관은 전기산업에 대한 야심은 한마디도 언급하지 않았다. 그는 명예로운 연방의원들의 탐미주의적인 취향을 웨스턴 일렉트릭 대신 클라라 보우의 다리로 적당히 무마했다. 적과 7월의 무더운 열기 속에서 하품을 하던 연방의원들이 투표를 했다. 독일의 국가적 이익을 지지하는 민족주의자들은 국민들의 화합을 위해서 찬성표를, 사회민주주의자들과 공산주의자들은 반대표를 던졌다. 공산주의자들은 종달새의 노래도, 도덕법령도, 지멘스와 AEG의 이익도 이해할 수 없었다. 어쨌든 단지 한 계층의 대표, 소수당 공산주의자들이 내뱉는 신랄한 반박은 속기사조차 받아 적지 않을 정도로 무시되었다. 독일 의회가 채택한 수정안에 의해 내무부장관은 마르크화의 상황에 따라 쿼터제를 변경할 수 있었다. 비트 박사는 헤이즈에게 앞으로는 독일 정부가 법을 지나치게 해석하지 않을 것이라고 확언했다.

지도 위에 있는 잡다한 색의 유럽, 영이 이끄는 미국, 불가사의한 아시아, 영양과 검둥이들이 있는 한적한 아프리카, 그리고 영화관이 1천3백 개가 있는 호주를 잊어서는 안 되었다. 장시간의 협상 끝에 마침내 지구는 분배되었다. 독일인들은 중앙 유럽, 다시 말해 1억8천만의 인구가 있는 발칸반도에서 스칸디나비아, 네덜란드령 인도네시아를 차지했는데 그것은 '클랑필름— 토비—퀴헨마이스터'의 제국이었다. 미국인들은 미국, 캐나다, 인도, 호주 와 러시아를 차지했고, 영국은 미국인들에게서 4분의 3, 독일인들에게서 4 분의 1의 이익금을 받는 비례배분제에 만족했다. 호주, 노르웨이, 러시아, 멕 시코에게는 획일적으로 특허권에 관한 부가세가 가해졌다. 15년 동안 지구 는 그렇게 배분되었다.

예상했던 대로 협정은 파리에서 체결되었다. 먼지가 날리고 식당에서는 마아가린 냄새가 풍기는 8월의 파리는 더 이상 6월의 매력을 지니고 있지 않 았다. 극장들은 문을 닫고 뮤직홀의 스타와 연방의원들은 도빌 해변가나 비 아리츠로 떠났다. 그렇지만 파리, 8월이라도 파리는 세계의 중심지였다. 게 다가 파리는 중립지역으로 그곳에서는 독일인, 미국인 모두 방문객일 뿐이 었다. 그러므로 사랑스러운 파리에 감사해야 할 것이었다. 프랑스인들은 독 일 기계나 미국 기계를 자유롭게 사용할 수 있으며 그들의 선택에 따라 데이 빗 사르노프나 오터슨, 퀴헨마이스터에게 돈을 줄 수 있었다. 철저한 정찰제 덕분에 프랑스인들은 누구의 것을 사야 하나 고민할 필요도 없었다.

평화가 왔다. 협상이 개최되었던 몽소 호텔은 포병들의 예포도 없고 국기 로 장식조차 하지 않았다. 그들이 한 협상은 관객들과는 상관없는 일이었다. 관객들의 관심거리는 폴라 네그리가 열 번째 이혼하고 「사랑이 노래할 때」라는 영화가 출시되었다는 것 등이었다. 평화, 그것은 위대한 사람들을 위한 것으로 오터슨은 감리교회에서, 브룸은 장로교회에서, 윌 헤이즈는 대 서양에 떠 있는 선박에서, 릴—드—프랑스의 다리 위에서 신을 찬양했다. 그 는 마이크에 대고 기도했다.

"난 항상 낙관주의자였습니다. 정치에서 불가능한 것은 없습니다. 마침내 특허권 문제가 해결되었으며 우리가 양보했습니다. 그러나 우리가 제작한 영화들의 대중적 인기는 변함없으므로 우리의 자리를 지키는 것을 걱정할 필요는 없습니다. 우리는 전세계의 사람들을 교육할 것입니다."

미국인들이 지도 위에 '러시아'라고 표시된 커다란 땅덩어리를 차지했다. 데이빗 사르노프는 러시아에 기계를 보냈다. 오터슨이 필름 한 통에 5백 달러를 징수했던 '부흥된 폴란드'에서보다 더 많은 이익을 주었다. 볼셰비키 당원들은 감리교든 장로교든 모든 교회를 탄압했지만 오터슨은 대국 러시아에서 상당한 달러를 벌 수 있었다.

늘 그렇듯이 사무실에서 기운차게 뛰어다니던 월 헤이즈의 얼굴빛이 갑자기 변했다. 일 초 만에 종달새는 독수리로, 미소는 사라지고 엄격하고 위협적인 얼굴로 변하면서 수화기를 내던졌다. 믿기 어려울 정도로 난폭하게 그가 그토록 좋아하는 물건, 무고한 전화기까지 바닥에 내던졌다.

무슨 까닭으로? 독일 사기꾼들이 쿼터제에 따라 해석을 하지 않는다면 워너 브러더즈는 파산할 것이었다. 오래 전부터 사람들은 워너 브러더즈가 죽어가고 있다고 수군대고 있었다. 체코인들이나 루마니아인들은 파라마운트 영화에 항의하지 않았는가? 더욱 더 음울한 소식만 들렸다. 미국인이 지도 위에 러시아라고 표시된 땅을 분배받았으니 러시아인들은 미국의 기계를 사야 했다. 그런데…. 헤이즈는 전보를 다시 읽었다.

"소비에트에는 기술자 코린의 체제에 따라 기계를 제작하는 공장이 있다. 머지않아 유성영화를 제작할 것이다."

이 구절에서 헤이즈는 침착성을 잃었다. 무례한 러시아인들은 사르노프나 오터슨 기계를 사용할 수 있는데도 불구하고 그들 스스로 무엇인가를 만들어낼 정도로 대담해졌다. 그들은 파리 협상의 규칙을 지키지 않고 그들 나름대로 기계를 만들려고 혈안이 되어 있었다. 이런 류의 사람들에게는 즉시 정의를 보여주어야 했다.

　오터슨은 "벌을 줘라!"

　사르노프는 "처벌해야 해!"

　주커는 "봉쇄해 버려!"

　클라크는 "부숴 버려!"

　헤이즈는 전화통에 대고 "여보세요! 여보세요! 이봐, 없애버려! 20세기의 노예제도가 성행하는 곳이야! 강요된 작업! 덤핑! 종교탄압! 성경을 금지하고 성직자들을 벌목장에 보내다니! 그들은 특허권도 없이 멋대로 기계를 만들고 있어! 법을 위반하고 신을 모독하는 거야! 벌을 줘야 해! 봉쇄해! 없애버려!"라고 소리쳤다.

　그때 뉴욕에서는 소련 영화 「투르크십」[64]이 상영되고 있는 중이었다. 비상식적인 소련의 행동을 종식시키기 위해서라도 이같이 파렴치한 소련 영화를 훌륭한 장로교도, 침례교도, 감리교도 들에게 보여줄 수는 없었다. 헤이즈의 도덕법령을 전혀 알지 못하는 소련 영화는 여자들을 사회화시키고, 성직자들을 살해하고, 고문을 행하는 내용을 다루고 있었다. 노예들이 철도를 건설한다는 것은 언어도단으로 소련은 라이베리아보다 더 질이 나쁜 국가였다. 미국으로 말하자면 노예제도를 폐지하기 위해 영웅적으로 투쟁했고 그것을 여러 편의 영화로 만든 나라였다. 검둥이들에게 자유를 주고 영화관 이층석에 앉아 영화를 볼 수 있도록 하는 미국에서 노예제도를 위한 프로파간다를 허락할 수는 없는 일이었다. 철도를 건설하고 음향기계를 만

---

64) 소비에트의 빅토르 튜린 감독이 1929년에 만든 영화로 투르크메니스탄─시베리아 철로 건설을 연대기적으로 장엄하게 기록했다. 이 영화는 비록 소비에트의 국가 업적을 강조하기는 했지만 철로를 따라서 살아가는 토착 민중들의 반발 또한 기록하고 있다. 이국적인 호소력 때문에 이 영화는 서구의 예술영화 극장에서도 인기리에 순회상영되었다.

든 미국을 배신하다니, 배은망덕한 러시아였다.

헤이즈는 전화를 했다.

"여보세요! 뉴욕 검열관? 헤이즈요…."

몇 시간 후 소련 영화 포스터는 비극적인 영화 「사촌 안나의 사랑」의 것으로 재빠르게 바뀌었다. 신문에는 '헤이즈 협회의 요구로, 소련 영화 「투르크십」은 상영이 금지되었다'라는 짤막한 기사가 실렸고, 37층을 단숨에 날아올라간 종달새는 즐겁게 지저귀고 있었다.

매주 영화 관객의 수는 3억이었다. 영화는 마음이었다. 「마음과 명예」 「불타는 마음」 「마음의 승리」 「마음을 가진 왕」 「마음은 늙지 않는다」를 본다면 우리는 마음이 무엇인지 잘 알 수 있었다.

영화, 그것은 아름다움이었다. 할리우드에는 눈과 눈 사이의 간격은 눈 하나의 길이와 같아야 하며 귀끝은 눈썹의 위치와 일직선이 되어야 한다는 미(美)의 규칙이 있었다.

영화는 스타들이었다. 돌로레스 델 리오는 백곰 두 마리를 키우고 쿨리 무어는 어린 공작새를 너무나 사랑했다.

늘 미소를 머금는 데이빗 사르노프의 눈과 눈 사이가 어느 정도 간격인지, 그의 귀끝이 정확히 어디에 위치하는지 아는 사람은 없었다. 사랑에 무심한 그에게 사랑은 평범한 것이었다. 그는 곰도 공작새도 키우지 않았다. 그가 하는 일이라고는 특허권을 파는 것이었다. 지구는 분배되었고, 라디오 코퍼레이션은 집에서 보는 영화—텔레비전을 산업화하려는 참이었다. 데이빗 사르노프가 여전히 미소를 짓고 있을 때 라디오 코퍼레이션은 새로운 주식을 발행했다.

영화란 무엇인가? 영화는 전기산업이었다.

6
붉은 전등 아래에서

코닥의 창립자 조지 이스트만

I

1896년 6월 20일, 조지 이스트만(George Eastman)은 토마스 에디슨에게 편지를 썼다.

"우리는 파리 생-제르맹 대로 5번가에 사는 피루 씨가 보낸 편지를 받았습니다. 그는 소위 '움직이는 사진'이라 부르는 것을 어디서 구입할 수 있는지 알고 싶어합니다."

얼마 후 이스트만은 '움직이는 사진'이 무엇인지를 정확히 알게 되었다. 그것은 바로 영화로 이스트만에게 돈을 벌게 해주었다. 그는 주커나 폭스보다 더 부자였지만 치사한 속임수를 찾으려고 고심하지 않았다. 애매한 아름다움을 찾지 않는 그는 오로지 필름을 생산하는 데 전력투구했다. 백만장자들은 어떻게 돈을 벌었고 영화를 누리게 되었는지를 거만을 떨며 즐겨 말하는 경향이 있지만 이스트만은 겸손했다. 그는 절대로 자신이 번 이익금에 대해 말하는 적이 없었으며 좀더 고상한 것, 예를 들어 음악이나 미국 시민의 도덕적 의무에 대해 말했다.

그는 최초로 감광판을 만들었다. 골판지로 된 바위, 꽃이 만발한 사과나무를 배경으로 영성이 넘치는 존경받는 상인들, 신부의 면사포, 넓게 퍼진 드레스, 가족의 행복과 같은 지난 세기의 무사태평하고 정취 있는 삶이 이스트만의 열성적인 노력으로 사진에 담겨질 수 있었다. 오로지 사업가였던 이스트만은 사람들이 많이 쓰지 않는 상품을 만들었다. 사진 촬영이 매우 비싼 시절이었으므로 사람들은 중요한 때에만 사진을 찍었다. 조지 이스트만은 그것에 만족할 수 없었고 그의 꿈은 보다 원대해서 "나의 바람은 나의 상상력만큼 끝이 없다"고 말하곤 했다.

포드보다 훨씬 앞서 이스트만은 표준화된 상품을 제작하고, 저렴한 가격으로 판매하며, 외국시장을 개척하고, 좋은 광고를 낸다는 사업신조를 만들었다. 제작과 판매 분야에서 이미 경험을 쌓은 이스트만은 적당한 상품을 찾다가 마침내 실용적이고 값싼 카메라를 만들어냈다. 그리고 세계의 언어를 고려해 새로운 단어 — 코닥(Kodak)을 만들어냈다. 이곳 저곳을 돌아다니는 여행객들과 큰 바위나 폭포 주변에 있는 관광객들 대부분은 코닥카메라를 사용하고 있으며, 소설에서마다 '코닥 셔터를 눌렀다'라는 글귀를 볼 수 있을 정도였다.

조지 이스트만은 이 단어를 어떻게 만들게 되었는가를 즐겨 말했다. 어머니를 매우 좋아했던 그는 어머니의 처녀 시절 성(姓)인 켈브라운(Kellbrown)에서 첫 글자 K를 따 왔다. 그런데 K라는 글자는 시각적으로 독특하니까 한 번보다는 두 번 쓰는 게 좋겠다고 생각했고, 또한 전세계의 사람들이 쉽게 발음할 수 있는 단어를 찾았다. 이스트만은 화학자가 아니었지만 유용한 사진감광유제를 발견했고, 기술자가 아니면서도 '베스트 포켓'을 설치했으며, 시인이 아닌데도 새로운 단어 '코닥'을 만들어냈다. 코닥이라는 상표명에 걸맞은 적당한 카피를 찾고 있을 때 이스트만의 재능이 또 한번 발휘되었다. 미국의 벽면마다 솔깃하면서 은근하게 유혹적인 문구 — '셔터만 누르세요. 나머지는 저희가 책임집니다'가 가득 씌어 있었다. 이 문구는 대중들에게서 좋은 반응을 얻었고 그것은 즉시 생활 속으로 파고들었다. 은행가들은 신용이 있는 고객들에게 어떻게 귓속말을 해야 하는지 잘 알고 있었고,

경박한 사람들은 시대에 뒤떨어진 사람들을 매료시키기 위해서 유행어를 따랐다. 미국인들이 셔터를 누르면 그 나머지는 이스트만이 책임지는 것이었다.

세계지도 위에는 코닥 지부가 있는 파리, 멜버른, 상하이, 밀라노, 페테르부르크, 런던, 도쿄, 베를린, 콘스탄티노플, 캉통에 조그만 국기들이 그려져 있었다.

조지 이스트만은 뛰어난 재능과 절약정신으로 부를 이루었다. 열다섯 살 때 그는 처음으로 5달러를 벌었다. 그 나이의 아이들은 돈이 생기면 서커스를 보거나 사탕을 사 먹었지만 조지는 은행구좌를 열고 저축했다. 그는 어렸을 때부터 보험회사에서 일하면서 일주일에 3달러를 받았다. 그 시절부터 수첩에다 규칙적으로 지출한 내역을 기록했던 이스트만이 딱 한 번 과소비를 한 적이 있었다. 7월 12일 아이스크림을 사먹는 데 65센트를 쓴 것이었다.

이스트만은 그가 쓴 금전출납부를 소중하게 다루었으며 그것은 나중에 이스트만의 자서전을 만드는 기초가 되었다. 애커맨이 코닥 창설자의 영광스러운 생애에 대하여 많은 것을 밝혀 주는 책을 쓰기로 했을 때 그는 개인적인 추억들을 말하는 대신 장 속에 있던 금전출납부들을 꺼내 주었다. 거기에는 이스트만의 젊은 시절이 고스란히 간직되어 있었다!

II

수백만 달러를 벌기는 쉽지만 그것을 쓰기는 어렵다! 조지 이스트만은 욕심이 없는 겸허한 사람이었다. 아내도 자식도 친척도 없이 혼자 산 그가 번 돈으로 무엇을 했을까? 아돌프 주커처럼, 미국의 모든 사업가들처럼, 그는 정원과 오렌지 저장용 온실을 갖춘 훌륭한 저택을 가지고 있었다. 이스트만은 무엇보다도 꽃과 새를 좋아했다. 그의 정원에서는 귀한 품종의 장미가 자라고 있었으며 그는 장미꽃 향기를 맡으며 감동했다. 그러나 이스트만-코 닥의 이익금과 비교하여 장미가 가장 소중하다는 것은 무엇을 의미하는가?

장미꽃을 좋아하는 것 외에 이스트만은 또 다른 열정이 있었다. 음악을 좋아한 그는 음악에 얽힌 슬픈 사랑 이야기를 간직하고 있었다. 젊은 시절 그는 플루트 연주자가 되고 싶었다. 그러나 몇 년간 화학과 기계공학 분야에서 일하는 동안 플루트를 포기할 수밖에 없었다. 최근 그는 되돌아갈 수 없는 음악에 대한 사랑과 열정으로 음악원 창설에 6천만 달러를 기부했다. 그는 미국 자선가들 중 가장 열심히 그리고 무제한적으로 음악원을 지원했다. 그 자신은 겸허한 생활을 하면서 그가 가진 재산을 베풀었다. 인류를 구할 수 있는 것이 달러가 아님을 잘 알고 있었던 이스트만은 '인간의 힘은 돈의 힘보다 크다'는 생각으로 미국의 교육에 전념했다. 은행에서 5달러를 저금하면서부터 그는 이런 생각을 했던 것이다! 그는 그가 만든 지침서를 각 부서의 장들에게 전달했다. "인사를 결정할 때는 도덕적 가치가 우선되어야 한다. 나는 1센트도 빌린 적이 없다. 아주 어렸을 때부터 나는 저축을 했다. 노동자가 그가 번 돈보다 더 많이 쓴다면, 그래서 돈을 빌리고, 앞날을 위해 저축하지 않는다면, 그를 신뢰할 수 없고 그런 사람은 우리 공장에서 일할 수 없다!"

이스트만은 돈을 낭비하는 것을 싫어했지만 사업에 있어서는 인색한 사람이 아니었다. 그는 '앤서니 앤드 코'와 경쟁하고 있었고 그 경쟁자를 파산시키기로 결심했다. '그러기 위해서는 많은 비용이 들 것이나 일단 앤서니를 없애면 우리의 위치는 확고해질 것이고 우리가 지출한 경비를 만회할 수 있을 뿐더러 이익도 생길 것이다'라고 생각했다. 파테가 오랫동안 저항했지만 다수의 주식을 가진 이스트만이 이겼고, 독일 경쟁사에게 이기기 위해 손해를 감수하면서 인하된 가격으로 필름을 판매했다. 멀리 내다보는 눈을 가진 이스트만은 "훗날, 우리가 오늘 손해본 것을 모두 되찾을 수 있다"며 걱정하는 직원들을 안심시켰다.

게다가 그는 "나는 권력을 추구하지 않지만 일자리를 보호하고자 한다"며 사회문제에도 예민한 관심을 가졌다. 그는 꾸밈이 없는 소탈한 사람이었고 애커맨이 조지 이스트만 자서전에서 밝혔듯이 정말 고상한 사람이었다. 그는 다른 미국 사업가들처럼 "나는 선거보다는 특허권에 훨씬 관심이 있다"며 정치를 경멸했다. 직공들의 종교가 무엇이든 정치적 의견이 어떠하든 상관하지 않았던 관대함을 가진 그의 공장에서는 개신교 신자들과 가톨릭 신자들이 함께 일했다. 그는 오혜른 신부에게 "우리 회사는 원칙적으로 직원들의 사견(私見)에 관여하지 않습니다"라고 쓴 적이 있었다.

얼마 지나지 않아 이스트만은 계열회사의 영국계 지점장인 조지 데이비슨이 무정부 신문에 기부금을 내는 사람들의 명단에 올라 있다는 것을 알았다. 이스트만은 '무정부주의자'란 현질서에 만족하지 못하는 사람들이라고 생각했다. 직원들의 정치적 견해에 관여하지 않는 이스트만은 데이비슨에게 친절한 서신을 보냈다.

"나는 당신을 친구로 생각하며 당신을 비난할 생각은 추호도 없습니다. 단지 당신의 정치적 견해가 당신이 맡고 있는 직분과는 전혀 어울리지 않는다는 사실만을 알려드립니다. 나는 당신이 잘 생각하기를 바랍니다."

현명한 조지 데이비슨은 그날 당장 이스트만의 생각을 받아들였다.

이스트만은 직원들의 일에 관여하지 않았고, 직원들이 자신의 일에 관여하는 것도 원하지 않았다. 그는 대중을 선동하는 것을 경멸했다. 몇몇 사업가들은 노동자들이 회사의 비리에 대해 따지러 오면 그들의 비위를 맞추려고 애쓰지만 이스트만은 질서를 존중하는 사람이었다. 노동자들은 감독관의 아랫사람들이고, 감독관은 작업장의 장(長)이지만, 감독관들의 상사는 공장장이고, 공장장들의 우두머리는 이스트만이었다. 그 질서는 잘 지켜져 위험한 착각에 사로잡혀 시간을 낭비하고 일을 그르치는 사람은 없었다.

꿈의 공장

윤을 내는 직공들이 파업중이었다. 그들은 그들이 만든 조합을 사장실에서 인정해 주고 조합 대표들이 자유롭게 코닥 공장에 접근할 수 있기를 원했다. 이스트만은 아무도 그들을 통제할 권리가 없다는 사실에 화가 났다! 그 자신도 노동계급 출신으로 노동자들을 사랑하는데…. 그들에게 보험을 제공하고, 저렴한 가격으로 주택을 공급하려고 돈을 아끼지 않는데 파업이라니! 잘 다스리지 않으면 무질서가 생기기 때문에 그는 직공들이 그의 사업에 끼여드는 것을 절대로 용납하지 않았다.

정부가 그의 사업에 관여하는 것 역시 이스트만은 용납하지 않았다. 멍청한 정치인들이 최저임금을 말할 때 이스트만은 그들을 신랄하게 비웃었다.

"월급이 오르면, 물가도 오를 것이다. 그러면 노동자들에게는 어떤 이익도 없을 것이다. 그들이 열심히 일하면 일할수록 더 많은 이익금을 받을 것이다. 균형을 유지해야 한다. 물론 노동자들의 복지에 관심을 가지는 것이 우리의 의무다. 그러나 또 다른 더 큰 의무를 잊어서는 안 된다. 대중들의 요구를 충족시켜 주는 것. 노동자는 코닥의 셔터를 누르지 않는가? 필름값은 저렴해야 한다. 봉급을 감봉하는 것은 노동자 계층에 대한 범죄가 될 것이다."

로체스터에서 이스트만은 노동자들이 거주할 주택 건설을 지원했다. 주택보급 정책을 통해 노동자들은 코닥에 애착을 가질 수 있으며 프로파간다의 유혹을 물리칠 수 있으리라. 1921년, 혹독한 경제공황으로 이스트만은 노동자들의 임금을 삭감해야 했으나 이사회의 도움을 받아 직공들의 주택 건설은 계속 추진할 수 있었다. 몇 년 만에 6천 명의 직공들은 자신의 집을 마련하게 되었지만 이스트만은 주택보급정책으로 만족하지 않았다. 무정부주의자들의 부질없는 생각이 미국 노동자들에까지 미칠 수 있었기 때문에 이스트만은 대담한 시도를 결심했다.

"우리는 노동자들에게 이윤을 주는 데 관심을 가져야 합니다."

처음에는 5년 이상 근속한 사람들에게 연봉의 2퍼센트를 주었다. 그는 "이것은 상여금이 아니라 여러분들의 노력에 대한 대가입니다. 우리 회사가 잘되면, 여러분들에게 이익금을 배당하겠소"라고 제안했다.

이스트만은 '아이디어 경연대회'를 열었다.

"노동하는 시간을 줄일 수 있는 방법을 찾아보시오. 그 결과에 따라 포상하겠소. 이사회에서 여러분의 아이디어를 채용하겠다고 결정하면, 여러분은 이익금의 0.1퍼센트에 해당하는 돈을 받을 것이오."

성실한 직공은 멍청한 유토피아를 꿈꾸는 대신에 추가로 돈을 벌 수 있는 어떤 것을 찾기에 골몰했다. 이스트만이 환풍기, 통풍기, 위생시설을 갖추며 직공들의 건강에 세심한 배려를 게을리하지 않은 결과 산업재해가 훨씬 줄어들었다. 또한 그는 "우리 회사는 젊은 회사가 아닙니다. 지금은 우리 회사에서 봉직한 직공들의 노년을 생각해야 할 때입니다"라며 탄탄한 연금제도도 만들었다.

III

이스트만이 베푼 혜택에도 불구하고 무정부주의자들의 범죄적인 프로파간다는 끊일 줄 몰랐다. '공장에서 파업이 시작되면…. 어처구니없는 사건들이 신문에 실리면 어떡하나….' 무정부주의자, 공산주의자, 사회주의자… 적은 도처에 있고 어디든 파고들어 올 수 있었으므로 이스트만은 근심에 잠겼다.

이스트만은 굿윈 특허권에 관하여 '안소' 사(社)와 소송중일 때 굿윈이 2년 전 코닥에 앞서 발명품을 등록했음에도 불구하고 승소할 것을 확신했다. 안소는 이스트만-코닥과 상대가 되지 않는 소규모 회사였기 때문이다. 그러나 그는 질서를 무너뜨리려는 적들의 음모를 잠시 잊고 있었다. 그는

"사회주의자들이나 트러스트에 적대감을 갖는 프로파간다에 판사들이 영향을 받지 않는다면 우리는 소송에서 이길 것이다"라고 했지만 패소했다. 그는 항소했지만 거기에서도 졌다. 이스트만은 안소에 5천만 달러를 배상해야 했으므로 무정부주의자들을 저주했다. 5천만 달러는 이스트만-코닥에게는 하찮은 돈이었으나 문제는 다른 경쟁사들보다 더 위험한 존재인 무정부주의자들을 진압해야 한다는 원칙을 지키지 못한 데에 있었다. 이스트만에게 중요한 것은 회사의 배당금이 아니라 인류의 행복이었던 것이다.

사회주의자들은 붉은색—핏빛의 밝은 붉은색을 좋아한다고들 한다. 그것은 그들이 갖는 범죄적인 개념과 일치된다. 그런데 조지 이스트만은 필름을 만드는 직공들의 작업장에서 볼 수 있는 어두운 붉은색을 더 좋아했다.

이스트만 앞에 쌓인 신문더미 속에 아그파의 음모나 로체스터의 소요에 대한 기사는 없었다. 러시아에서 코닥은 상당수 팔리고 있었으므로 이스트만은 그곳을 좋은 시장으로 생각하고 있었다. 그런데 러시아의 한 회사가 필름을 만들어 시장을 개척하기 시작했다. 큰일났다! 이스트만은 러시아를 좋아했지만 지금 러시아는 범죄자의 나라가 되었다! 그들이 공장을 국영화하고 빚을 갚지 않으며 위계질서를 인정하지 않는다는 사실에 이스트만은 매우 분개했다. 노동자들의 권익을 위해 어떤 희생이라도 감수할 준비가 되어 있는 그는 불우한 사람들을 도왔고, 얼마 전에는 흑인 대학에 기부금을 낸 적도 있었다. 진보정신뿐만 아니라 포용력도 가진 이스트만이지만 노동자들은 노동자로 남아 있어야 하며 그렇지 않으면 노동도 문명도 없다고 생각했다.

이스트만은 노동자들에게 편지를 보냈다.

"어떤 국가에서는 무정부 바이러스가 개가를 올렸습니다. 그 나라의 국민들은 그 위험이 무엇인지 알지 못했습니다. 로체스터에서, 우리는 그렇게 무사태평하게 있을 수 없습니다! 해로운 프로파간다가 국민의 영혼을 오염시키고 있으며 이곳까지 스며들고 있습니다. 여러분의 행복과 평안함은 이스트만-코닥 회사의 번영에 달려 있습니다. 노동자들과 이사회는 항상 현명하게 대처했습니다. 우리는 여러분이 편안한 주거지를 갖고 여러분의 자녀들이 좋은 학교에 다니기를 바랍니다. 하나님의 가호로 우리들 중 전염된 사람들은 그리 많지 않습니다. 우리가 그들을 찾아내기란 어려운 일입니다. 여러분, 여러분은 그들이 우리들 속에서 일한다는 것을 알고 있습니다. 여러분은 해결책을 가지고 있습니다. 나는 오직 나와 여러분만을 생각합니다. 우리는 건설할 뿐 파괴하지 않습니다. 우리의 기업은 상호 신뢰를 토대로 해서 이루어집니다."

이스트만의 서한은 인쇄되어 작업장에 전해졌다. 노동자들은 겁에 질려 서로를 바라보았다. 누가 대가를 치를 것인가? 어려운 시기였다. 일자리를 찾는다는 것은 매우 어려웠다. 가장 불안에 떨고 있는 사람들은 이스트만-코닥 회사의 지원금으로 예쁜 집을 소유한 사람들이었다. 일자리를 잃으면 낭패였다. 약삭빠른 몇몇 '선동자'들은 이스트만 사장의 신뢰에 답하기로 했다. 노동자들은 호의에 감사한다는 내용의 편지를 조지 이스트만에게 전달했다.

서명을 한 노동자들의 이름이 빼곡이 적혀 있는 명단을 보면서 이스트만은 만족했다.

"평생 동안 노동자를 생각해 온 것이 헛된 일은 아니었구나."

러시아에서는 황제와 제조회사를 쫓아냈지만 로체스터는 러시아가 아니었다. 이곳의 노동자들은 이스트만을 좋아하고 이곳에서는 혁명이 절대로 일어나지 않을 것이다!

감동한 이스트만은 진심으로 노동자들에게 감사를 표하는 두번째 서한을 보냈다.

"나는 여러분들 주변에 있는 위험한 요소들이 하찮은 것이라는 걸 잘 알고 있습니다. 우리는 생각의 자유를 존중하고, 이 자유를 통해 혁명을 일으키는 프로파간다로부터 우리를 지킬 겁니다."

독일의 힘은 몇몇 상표, 즉 전기회사 AEG와 비료, 가스, 염료를 생산하는 화학 회사 IG로 규정할 수 있었다. 이 회사들은 생산량이 많고, 저렴한 가격으로 제품을 공급하며, 필름 생산과 관련되어 있었다. IG 공장에서는 8만5천 명의 노동자들이, IG 사무실에서는 2만1천 명의 직원들이 일하고 있었으며 프랑크푸르트에는 '20세기 궁전'이라고 불리는 IG 빌딩이 있었다. 유리와 철강으로 만들어진 그곳은 장식도, 그림액자도, 꽃도 없이 합성질소, 최루가스, 마법의 셀룰로이드를 만드는 궁전이었다.

IG 사장의 딸 중 한 명이 아그파였다. 젊은 아그파는 염료나 자성칼슘에 관심이 없었다. 아그파는 영화를 위해 필름을 제작했다. 모든 1차 원료는 IG 공장에서 일하는 5천 명의 노동자들이 만들어냈다. 그들에게 세상은 음울하고 이해하기 힘든 것이었다. 일상적인 빛을 보지 못한 채 일해야 하는 작업 조건으로 말미암아 몇 년 사이에 그들의 눈동자는 변해 있었다. 지하 호수에 사는 물고기는 선천적으로 장님이지만 노동자들은 기계를 돌리기 위해서 시력을 보호해야 했다. 일상적인 필름은 진한 붉은색 조명에서, 감광판은 진한 초록색 조명에서 만들어지기 때문에 시력이 약해진 노동자들은 아침마다 눈꺼풀을 고통스럽게 껌벅거렸다. 아그파 공장에서 일하는 평범한 노동자들은 낮과 태양을 생각하지 않았으며 마치 지하에 사는 앞을 못 보는 물고기와 같이 변했다. 코닥에서도 아그파와 같은 조건에서 노동자들이 일하고 있었다. 노동자들에게는 이 두 회사가 싸움 없이 잘 지내는 것이 얼마나 다행스러운 일인지 몰랐다. 그러나 조지 이스트만이 아그파의 사장과 협정을 맺는다는 것은 거의 불가능한 일이었다.

138

전쟁중 애국심에 불타는 이스트만은 밤낮으로 국가수호를 위해 일했다. 그는 사진부서에 원료를 제공하면서 애국적인 영화를 병사들에게 보여줄 것을 주장했다.

"그러면 장병들의 사기는 북돋워질 것이다. 우리는 우리 제품의 가격을 가능한 한 싸게 해야 한다. 나는 페테르부르크와 밀라노에 있는 우리 지사들에 이런 방향으로 정부에게 제안할 것을 명령했다."

국방부장관은 이스트만에게 감사의 표시로 훈장을 수여했다.

그런데 고귀한 마음을 가진 이스트만은 승리한 연합국들이 독일을 마음대로 처분할 수 있었을 때 적이 완전히 파산하는 것을 원하지 않았다.

"나는 독일에 대하여 그렇게 오랫동안 보이코트를 하는 것을 받아들일 수 없다. 우리의 지침이 되어야 하는 것은 감정이 아니라 함께 나아가는 것이다."

그는 선택해야 할 두 가지 악, 다시 말해 무정부주의의 음모와 아그파 중에서 악의 정도가 비교적 덜한 아그파를 택했다. 그는 미쳐 날뛰는 페테르부르크의 무선전보가 무엇을 의미하는지 알고 있었다.

이스트만의 의견은 반영되지 않았다. 연합국은 그들의 먹이에 탐욕스럽게 달려들었고, 할 수 없이 이스트만은 가장 좋은 몫을 차지하려고 노력했다. 그는 독일인들에게 배상금을 요구하지도 않았으며 수치심을 안겨 주지도 않았고 오로지 아그파를 장악하고 유럽시장을 확보하려고 했다. 그는 헤이즈에게 그 출구를 찾으라고 일임했으나 아그파는 IG의 동의 없이는 아무것도 할 수 없었다. 아그파의 모기업은 단호하게 제안을 거절했다. 이에 미국인이며 낙관주의자인 이스트만은 어깨를 한 번 으쓱하고는 싼 가격으로 필름을 팔았다.

조용한 성격을 가진 이스트만이 흥분한 적이 딱 한 번 있었다. 아그파의 수출 전표를 검토하면서 러시아가 매년 필름 18만5천 통을 독일로부터 사들였다는 것을 알았을 때였다. 독일이 취한 이익금은 그런대로 봐 줄 수 있었지만 이 필름으로 무정부주의자들이 유해한 프로파간다를 만들었으리라는 데에 생각에 미치자 그는 하루종일 침통한 기분에 사로잡혔다. 그러나 저녁이 되자 러시아를 뚫어 보리라 결심했다.

"이 파괴자들은 악착같이 필름을 사려 할 테고, 그렇다면 적어도 코닥필름을 사겠지!"

몇몇 영향력 있는 미국인들이 자신을 지지해 주리라고 믿었던 IG가 미국을 공격했다. 이 경우에는 애국심은 사라지고 오직 배당금이 문제가 되었다. IG 미국 지사의 이사회에 스탠더드 오일의 리글, 포드 자동차의 에슬 포드, 시티 은행의 미셀과 석유, 자동차, 증권거래소 관계자들이 참석했다.

나이가 든 이스트만의 몰골은 형편없었다. 금전출납부로 시작하고, 50년 동안 쉬지 않고 일했는데, 지금은 뻔뻔스러운 유럽인들의 위협에 처해 있다니…. 이스트만-코닥의 이익은 관세로 보호되었지만 이스트만은 통행료로 문제를 해결할 수 있다고 믿지 않았다. 통행료를 내지 않고 관세 장벽을 교묘히 피하는 방법은 얼마든지 있었기 때문이었다. 예를 들어 그가 프랑스에서 파테-코닥을 생산했을 때 그것은 프랑스 사람들이 만든 합법적인 프랑스 상품이었다. 그러나 그 이익금은 이스트만의 손으로 고스란히 들어오지 않았는가. 물론 독일인들도 그에 대한 준비를 하고 있을 것이다.

독일인들은 손해를 보지 않았다. 그들은 미국 회사 안소를 사기 위해 협상을 시작했고, 미국에서 필름을 생산하면서 비싼 관세를 내지 않았고, 실업자들에게 일자리를 주었다. 굶주림에 지친 사람들에게는 브로드웨이의 휘황찬란한 조명 아래에서 사과를 받아먹는 것보다 진한 초록색 조명 아래에서 감광 필름을 만드는 것이 더 좋은 일이었다.

붉은 전등 아래에서

IV

로체스터에 있는 코닥 공장에서, 비터펠드에 있는 아그파 공장에서, 벵센느에 있는 파테 공장에서 노동자들은 일했다. 그들이 없다면 주커도, 폭스도 샤를로의 구두도, 「처참한 사랑」도 없고 영화도 없었을 것이다. 그들은 아름다운 노란색의 레몬 빛을 띠고 있는 필름, 어두운 꿈, 너그러운 경찰관, 거의 발가벗은 미녀들을 아직 만나지 못한 채, 조그만 구멍이 규칙적으로 뚫려 있는 빛에 노출되지 않은 수백만 미터의 생 필름을 만들었다.

유상액이 냉장고를 지나가는 어두운 작업장의 기온은 영하를 밑돌고 있었으며 한 줌의 빛도, 열기도 없었다. 극장에서는 「눈 속에서의 사랑」이 상영되고 있지만 이곳에는 차가운 우울함만 있을 뿐이었다. 사람들은 몸을 움츠리면서 수도꼭지를 조절하거나, 손잡이를 고치거나, 물이 솟아오르는 것을 지켜보면서 일했다. 몇 명쯤 될까? 그림자를 겨우 식별할 수 있는 어둠 속에서 아마 1백 명쯤 될까? 2백 명쯤 될까? 그들은 매일 그곳에 수도꼭지, 손잡이, 솟아오르는 물과 함께 있었다. 매주 금요일마다 영화관의 프로그램이 바뀌면서 스타들도 바뀌는 동안 이스트만은 꽃향기를 맡으면서 편히 지내고 있었다. 그러나 작업장에는 추위와 어둠이 있을 뿐 아무것도 변한 게 없었다. 항상 같은 물줄기가 흐르고 있었고 노동자들은 오로지 일만 했다.

구멍 뚫는 일이 진행되는 작업장에도 어둠이 짙었지만 그곳은 음울한 무기력보다는 지독한 소음으로 가득 차 있었다. 아무것도 들을 수 없는 노동자들의 귀는 필요없었다. 그들에게는 희미한 조명 아래에서 손가락이나 발을 기계에 다치지 않도록 눈만 필요할 뿐이었다. 구멍 뚫는 일에는 정확성이 필요하고 그러기 위해 가장 완벽한 기계를 사용했다. 기계는 실수하지 않았다. 사고가 발생하면 그것은 기계의 잘못이 아니라 노동자의 실수에 의한 것이었다. 불구가 된 노동자들에게 보험료가 지급되고 그들의 손가락이 잘려 나갔지만 필름의 완벽한 질에는 어떤 영향도 미치지 않았다.

작업장에서 노동자들은 독한 냄새에 질식했다. 노동자들은 어떤 작업장에서는 항상 스며드는 습기 때문에 쉽게 병에 걸리고 또 다른 작업장에서는 추위에 벌벌 떨고 있었다. 어떤 작업장의 노동자들은 아무것도 들을 수 없었고, 다른 곳에서는 과열된 실내 온도 때문에 그들은 미이라처럼 바싹 말라가고 있었다. 그 어떤 작업장에서도 노동자들은 촛불의 희미한 밝기만큼의 빛조차 볼 수 없었다. 그들은 두더지, 박쥐며, 물 속에 사는 불쌍한 잉어들이었다. 그들의 운명에 대해 선량한 이스트만, 로퍼 박사, 스타들, 배급사들, 과학, 그 누구에게도 책임을 추궁할 수 없었다. 수백만의 사람들이 힘든 노동이 끝난 후 매일 저녁 꿈을 찾기 원하기 때문에 그들은 필름을 생산해야만 했다. 카메라맨은 기계 앞에 있고, 필름은 돌아가고, 스크린에 영상이 나타나 관객들이 웃고 울 때면 지하에서 일하는 노예들의 노동은 정당화되었다.

노동자들은 기침을 하고 류머티즘에 걸린 다리를 질질 끌며 충혈된 눈을 비벼댔다. 어느 정도 작업을 하고 난 후 다른 사람들처럼 그들은 태양이 빛나고, 조명이 밝은 곳에서 산책을 하고, 저녁마다 영화관으로 향했다. 필름 작업장에서 일하는 노동자들에게 어두운 영화관은 그나마 밝은 편에 속했다. 눈을 껌벅거리면서 그들은 매력적인 영화 「지옥에서의 사랑」을 보았다. 다른 관객들처럼, 노동자들은 그들의 스타가 불행해지면 동정을 느끼면서 눈을 비벼댔다. 아마도 여주인공을 위해 우는 것일지 모른다. 아니면 필름을 만들었기 때문일지도 모른다.

V

이스트만은 독일인들의 발목을 늦추지 않았다. 벌써 일흔을 훌쩍 넘긴 이스트만은 미래를 생각하며 고통을 느꼈다. 예전과 마찬가지로 이스트만–

붉은 전등 아래에서

코닥에서 많은 배당금이 나와 수백만 달러를 쉽게 벌었지만 그 돈을 쓰기는 정말 힘들었다. 나이가 든 이스트만은 '돈으로 무엇을 할까' 고심하다가 록펠러처럼 사회에 환원했다. 그것은 현명하면서도 숙명적인 일로 성서에서나 볼 수 있는 일이었다. 돌을 주워 담고 그것을 던지는 데에는 다 때가 있는 법이다. 사람들이 편안한 노후를 생각하며 돈을 벌었다는 것은 록펠러 이전, 이스트만 이전이며, 우리 세대 이전의 이야기일 뿐이었다. 노년기에 접어든 이스트만의 손에는 수백만 달러가 쥐어져 있었고, 고독한 그 노인은 사람들에 대한 빚을 청산하기 위해 그가 번 돈을 사회에 돌려줄 생각이었다.

몇 주 만에 조지 이스트만은 문명화를 위해 다양한 분야에 5억5천만 달러를 기부했다. 그 자신을 위해 어떤 욕망도 없었고 그의 바람은 '이스트만 스쿨'이라 불리는 기술학교를 설립하는 것이었다. 은발머리의 재기가 번뜩이는 이 노인은 영원불멸의 단어 — 코닥을 만들어낸 사람으로 공장, 제품, 작업장, 상점과 거대한 트러스트를 유산으로 남길 것이었다. 그러나 그것으로 충분하지 않았다. 후손도 가정도 없는 그의 이름은 유명 건물에 새겨질 것이고 그곳에서 아이들은 즐겁게 뛰어놀 것이었다.

예전과 마찬가지로 이스트만은 장미향을 음미하고 음악을 들으며 지냈다. 일요일 저녁마다 그는 1백 명이나 되는 사람들을 위해 음악회를 열고 초대객들은 음악을 들으면서 훌륭한 주인을 존경스러운 눈으로 바라보았다.

"영화는 음악의 형제다"라고 말하던 이스트만은 로체스터에 있는 영화관을 개조했다. 스크린과 필름을 좋아하는 이스트만이지만 아돌프 주커를 제외하고는 영화제작사 사장들을 별로 신뢰하지 않았다. 그들이 가깝게 지내는 것은 장미꽃과 음악에 대한 사랑 때문일까? 아니면 무정부주의에 대한 멸시로? 아니면 두 사람 다 썩은 냄새가 나는 세상을 구하려고 애쓰기 때문일까? 그 이유가 어찌되었든 그들은 서로에게 호감을 가지고 있었다.

어느 날 주커가 이스트만을 찾아왔다. 그런데 어린이 병원에서 이스트만을 만난 그는 음악과 우정에 감동을 받아 즉석에서 불쌍한 어린이들을 위한 기부금을 낸 적이 있었다. 그들은 정말 아름다운 마음씨를 가졌다! 이스트만은 주커에게 유성영화를 상영할 수 있도록 3천4백 석을 갖춘 로체스터 영화관을 개조하는 책임을 맡겼고 주커는 여기서 당연히 돈을 벌었다. 주커는 마음이 따뜻할 뿐만 아니라 수완이 좋은 사업가로서 모든 것에 화합할 수 있는 사람이었다.

조지 이스트만은 일흔 살이 넘었다. 휴식할 때였지만 그는 필름, 특허권, 대표자들, 소송, 주식과 함께 열심히 일하는 자세를 늦추지 않았다. 피곤해지면 그는 장미향을 맡거나 탐정소설을 읽었다. 지금은 활동적인 생활에서 벗어날 시기였다. 이스트만은 세상에서 벗어나기로 결심했다.

"톨스토이가 그의 집에서 나왔듯이 세상사와 떨어져 곧 다가올 죽음을 생각하자. 생을 마칠 무렵에 이스트만-코닥의 사장이 아닌 단순한 인간이 되자!"

돈이 넘쳐나는 이스트만이 세상으로부터 도피하기란 매우 쉬운 일이었다. 그는 가까운 마을이 아닌 정말 한적한 아프리카로 떠났는데 신문마다 이스트만의 아프리카행을 크게 보도했다.

아프리카는 광활했고 그곳에는 종려나무와 검둥이들이 있었다. 특허권을 가진 사람도 무정부주의와 투쟁하는 사람도 없는 아프리카에서 이스트만은 진정한 휴식을 취할 수 있으리라 생각했다. 고령에도 불구하고 그는 건강했으며 승마를 즐기고, 이름 모를 꽃들의 향을 음미하면서 보냈다. 그런데 인생에서 그가 배워야 할 것은 아직도 있었다. 예를 들어 원주민들은 타조알을 신성시했지만 문명화된 미국인 이스트만은 그것을 반숙으로 만들어 먹었다. 이 장엄한 행위는 코닥 사진 덕분에 로체스터에 있는 노동자들에게 전송

144

되었고, 그들은 그들의 옛 사장이 여전히 건재하다며·칭송을 아끼지 않았다. 노동자들이 추위와 열기, 소음과 어둠 속에서 계속 일하는 동안 시대의 활발한 움직임에서 멀리 떨어져 있는 이스트만은 타조알을 먹고 있었다.

그렇지만 그는 마음 고생을 마다하지 않았다. 필름을 잊을 수 없었다. 그는 러브조이와 스튜베르에게 로체스터 공장을 맡겼지만 타조알 껍질을 밟으며 걱정에 찬 목소리로 중얼거렸다.

"그들이 무정부주의와 투쟁하고 있을까? 생산라인은 계속 돌아가고 있을까?"

"잠시 떠나 있는 것뿐이야. 나 없이도 잘되는지 보고 싶군."

종려나무, 검둥이, 타조가 있었지만 조지 이스트만은 곧 닥칠 죽음을 생각할 여유도 없이 근심에 잠겼다.

"그 사람들이 잘할까? 지금 말고…. 좀 있다가 내가 영원히 사라질 때…."

그는 걱정스런 한숨을 내쉬었다.

7
가슴 졸이는 영화

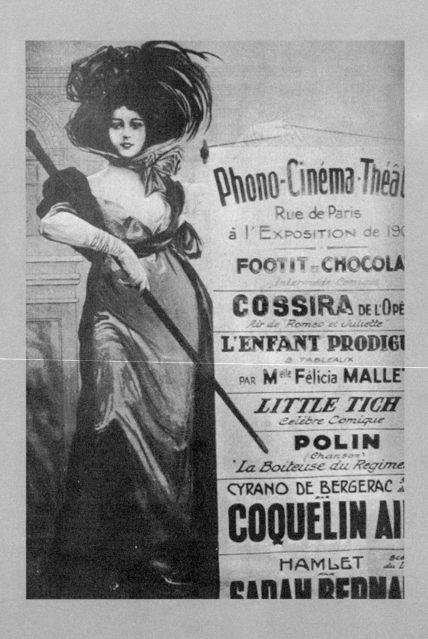

나탕이 수입한 영화들의 광고

I

시네로망은 졸라의 소설 「돈」을 각색한 영화를 만들기 위해 마르셀 레르비에[65] 감독을 기용했다. 예술가이며 탐미주의자로 증권에 대해서는 전혀 아는 바가 없었던 마르셀은 증권거래소에서 그가 모르는 세계를 우선 공부하기로 했다.

증권시장에서는 활기에 찬 젊은이들이 고래고래 소리를 지르며 지팡이를 흔들고 구슬 같은 땀방울을 흘리고 있었다. 모자를 벗어 던지면서, 옆사람을 밀치면서, 그들은 숫자를 떠들어대고 있었다. 마르셀 레르비에는 익숙하지 않은 풍경에 매우 당황했다. 사람들은 무엇을 외쳐대고 있을까? 증권시장에서 금광이라도 발견했단 말인가? 아니면 파리에 있는 분수들이 원유가 나오는 샘으로 바뀌기라도 했던가?

넥타이를 비뚤게 맨 한 사내는 얼굴에 경련을 일으키며 "68! 68!"이라고 소리쳤다. '대단한 배우로군. 여기서 구상을 해야 해. 그는 무엇에 전념하는가? 원유? 구리? 고무?' 하는 생각을 하며 마르셀은 그에게 다가갔다. 광기

---

65) 프랑스 감독으로 인상주의 영화로 불리는 「프랑스의 장미」「너그러운 사람」「엘도라도」「무정한 여자」를 제작했다. 「돈」은 1929년 작품.

어린 남자는 경멸하는 미소를 띠면서 말했다.

"햇병아리로군."

그는 주식을 팔고 다시 소리를 질렀다.

"68!"

'파테-나탕'의 영화 첫 장면에는 갈리아(프랑스 지역의 옛 명칭)의 상징인 수탉이 등장한다. 새벽마다 공격적인 닭은 목을 길게 빼고 "꼬끼오"하며 소리를 친다. 갈리아의 닭보다 더 서정적인 것은 없었을까? 영화사 사장 나탕(Natan)보다 더 존경할 만한 사람은 없었을까? 나탕은 외국인들의 간계에 용감히 대항하면서 프랑스의 이권을 보호하는 평화의 시대에 볼 수 있는 용감한 사람 — 영웅이었다. 그는 사업가가 아닌 갈리아의 수탉이었다. 그러나 전통적인 수탉과는 달리 재정에 능통한 수탉이었다.

각료들을 자유롭게 만날 수 있었던 나탕은 대규모 주식회사의 우두머리였으며 독일 회사 에멜카를 구입할 생각이었다. 나탕이 없다면 프랑스 영화는 어떻게 되었을까? 그가 루마니아 태생이라는 것은 별로 중요하지 않았다. 그는 정신적으로 프랑스인이었고 그의 수탉은 오로지 프랑스어로 노래했던 것이었다.

나탕은 장엄한 연출이나 스타를 생각해야 하는 영화제작을 서두르지 않았다. 영화제작은 불확실하며 이득이 별로 없는 사업이었기 때문에 옴니아, 막스 랭더, 마리보를 포함한 64개의 유명한 영화관을 경영하는 데 주력했다. 그는 유성영화의 출시와 함께 수입이 네 배로 증가했지만 그것은 별로 중요하지 않았다. 그 누구보다도 돈이 어디에 있는지를 잘 찾아냈던 나탕은 재력가들을 찾아가 신종 주식의 발행, 신용장 개설과 지불 연기, 인간적인 순수함과 증권거래소의 숫자에 대하여 말하고 설득하면서 현금을 받아내는 데 익숙했다.[66]

가슴 졸이는 영화

나탕은 예전부터 잘 알고 지내던 세르프를 찾아가 대화를 나누었다. 오래 전부터 나탕은 영화산업에 몰두해 온 영화전문가라고 할 수 있었지만 세르 프는 몇몇 스타들의 이름과 영화산업의 주식 시세표만 알고 있을 뿐 영화에 대해서는 문외한이었다. 그 대신 그는 탄탄한 보에-마르샬 은행과 친밀한 관계를 맺고 있었으므로 은행가들에게 영화산업을 해보면 어떻겠느냐고 제 안할 수 있었다. 우스꽝스러운 코미디 영화에서 배역을 맡을 필요가 없었던 은행가들의 역할은 간단했다. 은행가들은 예전에는 '그놈'과 '론' 사(社) 의 비행술을 지원했으나 지금은 영상예술을 후원하면 되었다.

은행과 계약이 이루어지자 나탕은 즉시 공세를 취했다. 파테의 이사에게 복수투표로 주식을 발행할 것을 제안한 후 그는 그 주식들을 매입해 단번에 과반수의 주식을 소유한 주주가 되었다. 나이 든 이사들은 업무 과중이라는 이유를 대며 자리에서 물러났고 나탕이 사장직을 맡았다. 사회적 이유를 들 어 그는 평판이 높은 자신의 이름을 회사명에 붙였다. 이전에 나탕은 '라피 드 필름'이라는 조그마한 영화사를 갖고 있었으나 파테-나탕의 사장이 된 나탕은 라피드 필름을 매각했으며 프랑스 조간신문 '마탱'의 사장인 사펜 느의 후원을 받았다. 갈리아의 수탉은 즐겁게 새벽을 향해 인사할 차비를 하 고 있었다.

석유와 달콤한 꿈 사이에는 공통점이 없다고 생각할 수 있을 것이다. 앙리 드테르딩 경(卿)은 아마도 영화관에 발을 들여놓은 적이 없었을 것이며 릴

---

66) 1918년에서 1928년까지 프랑스 영화가 직면한 몇 가지 문제점 중 첫째는 1920년대 수 입 영화, 특히 미국 영화가 프랑스로 쏟아져 들어왔다는 점이다. 둘째는 프랑스의 영 화제작은 통합성의 결여로 발전이 저해되었다는 점이다. 제1차 세계대전 이전부터 프랑스 영화산업을 지배해 왔던 파테와 고몽이 이 시기에 위험부담이 큰 제작을 급격 히 감축하고 배급과 상영에서 나오는 보다 안정적인 이윤에 집중하게 되었다. 할리우 드가 수직적인 통합 제작·배급·상영으로 영화산업을 강화하고 있는 동안 프랑스 에서는 쉽게 돈을 벌 수 있는 배급과 상영분야에만 투자를 했고 이득을 가져 올 수 있 는 영화라면 무엇이든 상영했다.

리언 기시[67]가 '로열 도이치'의 주식시세를 알고 있다고 보기는 어려웠다. 그러나 증권거래소는 천박한 석유와 불붙기 쉬운 영화를 결혼시켰다. 그 결혼은 장소에 구애받지 않고 땀흘리는 노동에서 벗어난 가상의 세계이며, 새로 발견된 유전, 틀에 박힌 도시들, 글리세린으로 된 눈물, 훈장 10개를 단 고역수(苦役囚)에 관한 전설이었다. 석유는 어디서 끝이 나며 영화는 어디서 시작될까?

처음에 석유 분야에 투자해 프랑코-위오밍 유전을 발견했던 드 카플란이 프랑코-필름을 창설했다. 알베르 코한은 루마니아의 석유전문가였지만 그 역시 영화에 매료되었다. 그는 고몽과 파테를 위해 석유를 배신했던 것이다.

예술영화를 제작하기 위해서는 전문적인 지식과 자금보다는 영감이 필요했다. 시적 영감을 얻은 후 시인은 작품을 만들기 시작했다. 세르프는 시나리오 작가를 찾거나 배우를 모집하는 대신에 주식의 시세를 낮추었다. 그리고 다시 그것을 올렸으며 경제신문의 편집자들과 은행의 거물급 인사들과의 식사자리를 마련했다. 그가 찾은 스타들은 의회 의원들이었고, 그들의 영향력으로 신생 회사의 견고함은 증명되었다. 내셔널 드 크레디 은행과 보에-마르샬 은행, 프랑스 상업은행, 랭트랭의 사장인 벨비, 백화점 갤러리 라파이에트의 소유주인 바더, 세계적인 인물인 세르프, 그리고 미국을 대표하는 사람으로는 콘비프 사업가인 헤일이 영화에 관심을 보였던 사람들이었다. 모든 사람들은 영화의 마술을 높이 평가했다.

프랑스는 석유가 생산되지 않는 나라였다. 적은 수의 영화를 만드는 프랑스에는 시적 영감이 풍부한 프랑스인들이 있었고 그들은 석유와 영화를 이용할 수 있었다.

---

67) Gish, Lillian. 그리피스의 「꺾인 풀」(1919) 「풍운의 고아」(1922), 스웨덴 감독 빅터 시스트롬의 「라보엠」(1926) 「주홍글씨」 「바람」에 출연한 여배우.

가슴 졸이는 영화

증권거래소 주변에 있는 초라한 카페에는 약간의 영감을 가진 행복한 열애자들로 북적거렸다. 영화촬영을 위한 라이트 때문에 눈을 상하는 단역배우들이 아닌 그들에게 영화는 그들의 인생이었다. 그들은 천식이나 후두염과 같은 고질 직업병을 갖고 있었다. '영화의 비밀'이라는 제목의 신문기사는 샤를로의 구두나 클라라 보우의 장딴지를 문제삼지 않았다. 그 기사의 내용은 5백 아니면 1천 프랑의 경비를 들여 행하여진 확실한 조사를 토대로 씌어졌다.

'자산 8천4백만 프랑, 중요한 기자재…. 12개의 스튜디오…. 영화사 16개…. 영화관 46개의 진출을 예상한다…. 토비와의 계약…. 지도층들은 명석하다고 알려진 사람들이다.'

72, 74, 75! 영화사의 주식시세는 뛰기 시작했다

할리우드에서 영화가 제작되고 있는 동안 프랑스는 보다 더 복잡한 일—영화사 확충에 전념하고 있었다. 고몽은 오베르를 합병했고, 프랑코—필름은 고몽—오베르와 합쳤고, 그것은 또 콩팅수자를 합병했다. 파테는 시네로망, 라피드 필름, 파테 콩소시엄을 합병했고, 파테—나탕은…. 그것의 끝은 없었으며, 그것은 다른 영화사의 파산을 의미했다. 히스파노가 매각되었고, 젊은 처녀의 약혼식은 도빌이 아니라 파리에서 다시 치루어졌다. 그것은 다른 사람들의 행복이었다. 영예, 리셉션, 장치…. 그것은 증권거래소의 천식이었고, 증권거래소의 울부짖음이었다. 정글에 사는 가난한 사람들은 상상도 할 수 없는 울부짖음으로 멀리 멀리 울려 퍼졌다. 그것을 수평적이고 수직적인 통합[68]이라고 했다. 그것은 주식시세를 적는 메모 용지였고, 아라비

---

68) 영화산업은 세 가지 기본 분야 — 제작·배급·상영에 근거를 두는데 워너 브러더즈나 파라마운트 같은 할리우드 유명 영화사들이 영화를 제작하고 배급하고 상영했다. 제작·배급·상영의 각 부분을 체계적으로 통합하는 것을 수직적 통합이라 말하며 수평적 통합은 위의 각 부분에서 규모가 크고 강력한 회사가 소규모 회사나 경영이 부실한 회사를 흡수·통합함으로써 독과점 체제를 이루는 것을 의미한다.

아 숫자였으며, 영화, 영상 예술, 어둠 속에 있는 목소리며, 관객들의 눈물이고, 영원한 휴먼 멜로드라마였다.

그전에 콘비프를 팔았던 헤일이 나탕과 협상을 했다. 나탕은 데이빗 사르노프의 대사였던 헤일을 반갑게 맞아들였고 그들의 대화는 라디오 코퍼레이션 오브 아메리카와 그 회사가 보유한 기계로 자연스럽게 이어졌다. 헤일은 "프랑스인들은 우리를 혹평하는 것을 즐깁니다. 프랑스 작가들도 우리를 지독하다고 비웃지요. 그렇지만 프랑스인들은 미국인 없이 하루도 지낼 수 없습니다. 프랑스에 나탕과 그가 만든 오묘한 상상물이 있다면 우리에게는 달러가 있습니다. 이러한 조건으로 당신들에게 기계를 제공하는 데 동의하겠소"라고 제의했다. 오베르-프랑코-필름이 독일인들과 계약을 체결한 상황에서 나탕은 달리 방법이 없었다. 그는 묵묵히 헤일의 말을 듣기만 한 후 그가 말하는 대로 받아 적었다.

그런데 단 일 초도 프랑스의 이권을 잊은 적이 없었던 나탕이 무슨 까닭으로 데이빗 사르노프의 처분대로 따랐을까? 오로지 프랑스를 위해, 그토록 사랑하는 프랑스를 위해서였다. 그는 각 신문에 승리를 알리는 짧은 기사를 보냈다.

"영화사상 최초로 프랑스 영화사가 가장 영향력 있는 미국 영화사 중 하나와 긴밀한 협정을 맺었다. 이 협정은 프랑스 영화의 미래에 긍정적인 영향을 미칠 것이고, 프랑스 영화는 단시일 내에 세계 정상을 차지하게 될 것이다."

파테-나탕의 64개 영화관에서는 비극과 미국 코미디가 상영되었다. 작년 한 해 동안 프랑스는 미국으로부터 2백11편의 영화를 샀으며, 그 총합은 46만2천 달러에 이르렀다. 영화는 그가 전에 팔았던 콘비프보다 더 많은 수요를 가진 상품이었으므로 헤일은 쾌재를 불렀다!

가슴 졸이는 영화

몽마르트 언덕의 거리, 늦은 시간에 외투깃을 세우고 기름때가 묻은 모자를 눈까지 내려 쓴 이상한 사람이 지나가는 행인의 발걸음을 멈추게 했다.

"재미있는 영화 한 편 보지 않겠소?"

물론 이 엉큼한 사기꾼은 마리보, 물랭 루즈나 파테-나탕의 60개 영화관 중 어느 한 곳으로 가자고 권유하지 않았다. 그는 곁눈질하면서 인간성이나 윌 헤이즈의 법령과는 양립할 수 없는 사랑의 모습들이 상영되는 비천한 매음굴로 행인을 데려갔다. 대형 영화사가 아닌 저질의 형편없는 영화사가 제작한 영화들은 길지는 않지만 환상적이었다. 서투른 무명배우를 꾸짖어 가면서 조심스럽게 카메라의 초점을 맞추어 제작된 이 영화는 특별한 애호가들만 볼 수 있었다. 평범한 사람들은 여배우의 어깨나 엉덩이를 보는 데 만족하지만 영화광들은 순간적으로 잠시 보는 것에 만족하지 않았다. 자정이 지난 후 소규모의 영화관에서 오케스트라도 없고, 휴식시간도 없이 그들은 파라마운트와 폭스가 제작한 영화가 아닌 것을 보면서 음탕하게 코를 벌름거리고 욕설을 퍼부어댔다. 그 영화는 아직은 예술에 속했다. 그 예술이 증권거래소와 무관하다는 것은 별로 중요하지 않았다. 더욱 중요한 것은 그 영화가 영감을 요구하고 그것을 제작하는 사람들을 먹여 살리고 있다는 사실이었다.

엉큼한 남자가 나탕에게 다가와 "원하십니까?"라고 속삭였다. 나탕은 불쾌한 몸짓으로 그를 밀쳐 버렸다.

나탕은 일과 후 걸어서 집으로 돌아갔다. 걷는다는 것은 건강에 좋은 운동이었다. 그는 노는 데 취미가 없었으며 미국인도 아니었다. 그는 훌륭한 영화사 사장이며 각료들과 친하게 지내며 그의 서류가방에는 항상 중요한 서류들이 들어 있었다. 예컨대 그는 1백 퍼센트 프랑스 비극영화 「세 가면」에 관한 모든 기본 서류들을 갖고 있었다. 그 영화의 출연자 모두는 프랑스어로 말하고, 노래하고, 눈물 흘리며 영화관마다 1주일 평균 9만 프랑의 수입을 가져다주었다. 나탕의 서류가방에는 또한 파테-베이비 영화들의 카탈로그가 있었다. 집에서 보는 영화, 가장(家長)을 위한 영화, 외출을 싫어하는 사람들을 위한 영화, 시골의 몽상가들을 위한 영화. 따뜻한 잠옷을 입고 움직이는 영화를 보면 얼마나 기분 좋은 일일까? 사실 파테-베이비는 그리 대단한 사업이 아니었지만 현명한 나탕은 하찮은 일도 가볍게 보지 않았다. 어제 파테-베이비의 주가는 7백20으로 상승가도를 달리고 있었고 나탕은 그런 베이비를 부드럽게 어루만졌다.

카탈로그에는 우선 어린이용 영화, 그리고 교육적이고 기록을 담은 초등학생용 영화와 성인용 영화들이 번호 매겨져 있었다. 「신부의 취침」「목욕」「푸페트의 화장」외에도 상당히 재미있는 작품들이 많았다. 게다가 파테-베이비의 주가는 상당히 올라 있지 않는가! 그러나 나탕의 서류가방에서는 파테-베이비도, 「세 가면」도 아닌 더 중요한 일이 기다리고 있었다. 나탕은 조심스럽게 독일 회사 '에멜카'를 구입하려는 중이었다. 함부르크, 뮌헨, 라이프치히, 쾰른에는 대형 영화관들이 있었지만 프랑스인들은 라인란트에서 퇴거해야만 했다. 그러나 정복자로 자유롭게 독일을 드나든 나탕은 등이 약간 구부러진 수수한 외모를 지녔으나 머릿속은 야심으로 가득 차 있었다.

가을비가 내리기 시작했다. 몸을 움츠린 채 엉큼한 남자는 호객행위를 하기 위해 여전히 서성거리고 있었다. 그러나 스타도, 관객도 없는 황량한 거리에는 승리를 향해 나아가는 나탕만 있을 뿐이었다.

II

1929년 10월 26일, 뉴욕에 있는 파라마운트와 폭스의 영화관에서는 평소와 다름없이 심금을 울리는 비극이 상영되고 있었다. 스타들은 "해리, 널 따를게…"라고 다짐하고 있었고, 관객들은 늘상 그렇듯이 눈시울을 적시고 있었다. 그러나 착실한 사람들은 해리에 전념했다! 증권거래소에서 주가가 곤두박질치고, 은행들은 파산 직전에 있었으며, 하룻밤 사이에 수척해진 투자가들은 자살용 권총을 준비하고 있었다. 끔찍한 경제공황이 막 시작되려는 참이었다. 마치 사원이 무너진 날과 같았던 그날 저녁 아돌프 주커와 윌리엄 폭스는 잠을 이루지 못하고 시름 섞인 한숨만 쉬고 있었다.

넋이 나간 채 파리지앵들은 전보를 훑어보고 있었다.

'장례식장 같은 월 스트리트….'

'세계공황이 일어날 수 있음….'

그들은 사업장에서, 혹은 식사 전에 이 심각한 정보를 면밀히 살펴보았다.

그러나 기상청 일기예보에 주의를 기울이는 사람은 그리 많지 않았다. 근교로 나가기 위해 주일 날 휴식을 취하는 연인들에게 경기후퇴가 섬 전체에 확대된다고 한들, 미국에서 태풍이 불어온다 한들 뭐가 중요하겠는가?

나탕은 라디오 코퍼레이션의 조언을 경청했고, 코스틸은 고몽-프랑코-필름의 계약을 위해 토비와 협상을 진행했다. 파테 주식을 사는 사람들이 있는가 하면 「마리아의 눈물」을 보러 가는 사람들이 있었다.

1년 후 파리에서는 매우 불명예스러운 우스트릭 사건[69]이 일어났다. 돈을 몽땅 잃은 수천 명의 고객들은 눈물을 흘렸으며 기자들은 주식폭락을 보도하지 않았음을 미끼 삼아 상식 밖의 사례금을 요구했고, 응기응변으로 위기

---

69) 프랑스 제3공화국 시대에 일어난 재정 스캔들 중 하나. 제1차 세계대전 직후 알베르 우스트릭은 이탈리아 회사의 주식을 끌어들여 은행을 세웠다. 1929년 우스트릭 은행이 파산하면서 이 은행의 파행에는 여러 정치가들, 특히 경제부장관이 연루되었다는 사실이 밝혀졌고 프랑스인들은 큰 충격을 받았다. 그 결과 타르비외 내각이 물러나야 했다.

를 모면한 각료들은 몰래 가방을 챙겼다. 상황을 알리는 추문이 소란스러운 파리의 거리로 급격히 퍼져 나갔다. 우스트릭은 린드버그[70]나 쉬발리에[71]처럼 단번에 유명해졌고 정부의 권위는 추락했다. 증권거래소는 추풍낙엽의 가을숲처럼 되어 버렸으며 나탕은 비탄에 빠져 있었다.

산꼭대기에서 돌 하나가 계곡으로 구르자 다른 것들도 따라 굴러 떨어졌다. 파산한 은행들이 문을 닫게 되자 예금기탁자들이 몰려든 은행창구는 아수라장으로 변했으며 사람들은 파산이 또 있을 거라고 수군거렸다. 어려운 상황에 처한 은행들 중에는 보에-마르샬이 관리책임자로 있는 알자스-로렌 은행이 끼어 있었다. 보에-마르샬이 파테와 밀접한 관계에 있다는 것은 너무나 자명한 사실이었기에 파테-나탕의 종업원들은 봉급을 제대로 받을 수 있을지 불안에 떨고 있었다.

불행 속에서 인간은 언제나 혼자였다. 사펜느는 시기 적절하게 나탕의 사업에서 벗어났으나 보에-마르샬의 은행가들은 이 귀찮은 고객 나탕을 통명스럽게 살피고 있었다. 조잡한 기자들은 예금 강탈이라는 기사를 써댔다. 나탕이 과반수의 지분을 소유하고 있었지만 몇몇 현학자들은 복수투표권을 갖는 주식을 금지하는 법안을 국회에 제출했다. 독일인들은 돈을 원했고 보에-마르샬 은행이 난색을 표했으므로 에멜카를 구입하겠다는 나탕의 계획은 물거품이 될 수밖에 없었다. 협상과정에서 나탕을 보좌했던 알베르 코한은 직장을 잃었다. 주주총회 소집일이 가까워지자 영화사의 파산을 보고만 있을 수 없는 나탕은 동분서주했다. 영화사의 파산은 영화 관습에 어긋나는 일이었고 또한 나탕의 관습에도 어긋나는 일이었다.

---

70) Lindberg, Charles (1902-1974). 미국의 비행사. 1927년 5월 20-21일, 33시간 30분에 걸쳐 최초로 미국에서 대서양을 건너 프랑스까지 단독비행에 성공했다.
71) Chevalier, Auguste (1873-1956). 프랑스의 여행가이며 식물학자. 특히 아프리카 여러 지역을 탐험하고 식물학을 연구했으며 인도차이나 여행을 책으로 펴냈다.

가슴 졸이는 영화

이러한 상황에서 고몽-오베르-프랑코-필름은 쾌재를 부를 수 있었다. 경쟁자인 나탕이 쓰러지지 않았지만 적어도 심한 타격을 받았기 때문이다. 그렇지만 쾌재를 부를 이유는 없었다. 돌이 하나 떨어지면 또 다른 돌도 떨어진다. 파리의 보석상들은 상점 문을 닫아야 할 지경에 놓여 있었다. 빵집 주인들만 상황이 좋아 빵은 여전히 잘 팔리고 있었으나 다이아몬드는 빵이 아니었다. 신용이 있었던 고객들이 파산에 처하자 투명도가 뛰어난 다이아몬드나 진주 목걸이, 컬럼비아 산 에머랄드의 매매는 거의 없었다. 고몽-오베르-프랑코-필름은 보석을 팔지는 않았지만 이 회사의 운명은 다이아몬드의 운명과 밀접하게 연결되어 있었다. 다이아몬드를 지원하는 은행이 고몽-오베르-프랑코-필름을 지원한 내셔널 드 크레디 은행이었기 때문이었다. 고몽-오베르-프랑코-필름의 사장은 지옥으로 추락하는 것이 어떤 것인가를 배워야 했다. 고몽은 걸으면서 주변을 보려고 애썼지만 그 앞에는 등이 굽은 나탕이 끊임없이 빛나고 있었다.

파테-나탕의 서기인 메이에는 '회사에는 어떤 문제도 없다. 성공에 또 성공! 우리의 보유금은 9천만인데, 단기 채무는 단지 2천만일 뿐이다. 우리는 번창하고 있다!'며 신문사에 안심시키는 기사를 보냈다.

그렇지만 증권가는 숫자를 믿지 않았고, 증권거래자의 고유한 냄새만을 믿었다. 파테-나탕의 주가는 가벼운 산들바람이 아니라 마치 광풍 앞의 낙엽처럼 떨어졌다. 주식은 날아가고 가벼운 인간의 운명 역시 날아가 버렸다. 파테-나탕의 촬영소에서 스타는 할리우드 저편에서 한숨을 내쉬면서 "피에르, 사랑해요"라고 울부짖고 있었다. 64개의 영화관에서는 감동적인 비극영화 「사랑의 아이」와 「사랑해, 그러나 왜?」가 상영되고 있었다. 증권거래소의 현황을 전혀 알지 못하는 처녀들과 사무원들은 어떤 피에르의 고통인지 알지 못하면서 영화관에서 공감의 눈물을 흘렸다. 그러나 나탕은 울지 않았다. 삶이 그를 더 강하게 만들었을 뿐이다. 그는 파리의 거리에서 파테-나탕의 광고 포스터가 벽에 붙어 있는 곳을 피해 걸었을 뿐이다. 영화의 가치를 증명해 주는 평범한 포스터들, 그러나 나탕에게 그것들은 부음(訃音)을 알리는 것 같았다. 더 이상 프랑스 영화의 미래를 믿지 않았던 그는 모자를 벗을 준비가 되어 있었다. 그는 더 이상 정복자로 독일을 마음대로 드나들 수 없었다. 파리 증권거래소라는 거대한 시장에서 나뒹구는 메모지처럼 그렇게 그는 소용돌이에 휩쓸려 갔다.

파테-나탕의 주가는 날이면 날마다 추락했다. 262 그리고 153. 나탕은 어디에 있을까? 오늘 그를 본 사람은 없다. 주가폭락을 조종하는 누군가가 '나탕은 도피 중일 것이다!'라는 근거 없는 소문을 퍼뜨렸고 소규모 투자자들은 가능하면 빨리 불리한 카드를 없애고 싶었다. '파테'라는 단어 주변에는 죽음에 임박한 군주의 주변처럼 설치는 사람들이 있었다. 갤러리 라파이에트의 소유자 바더는 광고를 위해 영화가 필요하다는 사실을 인식하고 있었지만 파테 매입을 망설이고 있었다. 그러면 신문사를 갖고 있는 벨비가 인수할 것이다. 아니면 향수를 파는 코티는? 코티는 사업을 인수할 생각이 없다고 부인했다. 그것은 죽어가는 사람의 주변에 떠도는 수군거림일 뿐이었다. 식당의 구석진 곳에서, 클럽이나 은행, 도처에서 사람들은 수군대고 있었다. 증권거래소에는 주식 하락에 타격을 받은 투자자들이 날카로운 비명을 지르고 있었다.

"152! 151⋯."

에티엔느 라퐁은 증권거래라고는 해본 적이 없는 사람이었다. 그는 스물네 살부터 습기 찬 콩방시옹 거리에서 버터의 무게를 재고, 치즈 냄새를 맡으며 유제품을 파는 상인이었다. 류머티즘으로 몸을 구부리는 것조차 불가능해지자 라퐁은 가게를 팔아 치웠다. 풍족하지는 않으나 라퐁은 세 자녀들이 사회에서 어느 정도 기반을 갖게 할 수 있는 재산을 모았다.

가슴 졸이는 영화

석유와 화학제품의 주식을 사는 사람들이 있었는데 라퐁의 생각으로는 그것은 잘못된 투자였다. 큰 뭉치의 치즈를 도둑맞은 적이 있었던 라퐁은 눈에 보이는 것을 선택했다.

"사람들은 쉽게 잘못을 저지를 수 있는 법이지. 석유나 가성칼륨이 어디에 있는지 누가 알겠나? 세상에는 도둑이 많아. 위험이 적은 것을 택하는 것이 나을 거야. 예를 들면 파테…. 파테 영화관은 도처에 널려 있거든. 내 가게 옆에도 있잖아."

라퐁은 영화를 좋아하지 않았지만 그의 아내와 자녀들은 매주 토요일마다 영화를 보러 갔으므로 파테가 허상이 아님을 확신할 수 있었다. 신문마다 떠들어대지 않던가.

"탄탄한 기업…."

"5백만의 자산…."

"나탕의 에너지…."

몇 주 동안 신중히 고려한 끝에 에티엔느 라퐁은 결심했고, 풀먹인 와이셔츠를 입고 은행으로 가 파테-나탕의 주식 20장을 매입했다.

어떤 일이 일어났을까? 영화는 단 한 번의 화재로 파괴되지는 않았다. 벽마다 동일한 포스터들이 여러 장 붙어 있었다. 그러나 라퐁은 약속된 부(富) 대신 자신의 주머니를 뒤져야 했다. 망할 놈의 신문에 오늘 공시된 파테의 주가는 149로 떨어져 있었다. 마리의 결혼 지참금은 물론 폴의 상업학교 입학금까지 다 날려 버렸다. 라퐁의 자녀들 역시 시장에서 치즈를 팔아야 할 정도로 그의 돈은 바닥을 드러내고 있었다. 라퐁의 자녀들은 아직 아무것도 모르는 채 영화를 보러 갔다.

라퐁의 딸 마리가 방으로 뛰어들어오면서 재잘거렸다.

"등은 좀 괜찮으세요? 굉장히 재미있는 영화를 봤어요. 해피엔딩이 아니면 어떡하나 마음을 졸였는데 악당이 잡히고 그들은 결혼했어요."

그녀의 눈은 빛나고 있었고 입가에는 웃음이 번졌다.

화가 머리끝까지 치민 라퐁은 벌떡 일어나 소리를 버럭 질렀다.

"귀찮게 하는군! 내 말 들려? 너희가 본 영화 이야기로 날 못살게 하고 있어! 나는 웃음거리가 됐어…. 그들이 결혼했다고? 개수작 같으니!"

부인이 허리를 테레빈유(油)로 마사지해 주었지만 그는 이성을 잃고 한참동안 욕설을 퍼부어댔다.

비가 내린 거리는 촉촉이 젖어 있었다. 그리고 햇볕이 나오자 거리의 촉촉함은 말끔히 가셨다. 영사기에서 얄팍한 필름이 계속 돌고 있는 동안 시간은 흘렀다. 어느 날 예심판사와 같은 어두운 얼굴을 하고 불필요한 서류를 든 한 남자가 나탕을 찾아왔다. 나탕은 주의력을 잃지 않았다. 콩티-강셀의 음모로 1억7천7백7만 프랑의 수표에 관한 것이었다. 영화계의 영웅은 시련에 익숙해 있었다. 나탕은 도둑이 겨눈 권총, 추격, 비행기, 자동차, 발사, 먼지, 피, 이 모든 것에 익숙해 있었으며, 잠시라도 영화가 해피엔딩으로 끝나야 한다는 것을 잊은 적이 없었다. 라퐁의 딸은 어리석게도 '우리는 불행하게 끝나는 영화를 만들지 않는다!'는 나탕의 신념을 알지 못하고 감동했던 것이었다.

주주총회는 부활절 전 성당에서 예수 상에 장례의 천을 덮어씌우는 성주일에 열렸다. 나탕은 미소를 지으면서 국가의 이권에 대해서, 그리고 탐욕스러운 미국인들과 투쟁할 것을 역설하고 대형 스크린 영화, 64개의 영화관과 앞으로 가능한 이익 배당금을 말했다. 그는 위엄과 동시에 서정성을 갖춘 어투로 말했다. 그는 필요에 따라 엄청난 숫자를 제시했고, 때로는 부드럽게 속삭였다.

"프랑스는…."

그의 말에 매료된 주주들은 경청했다. 그의 말을 신뢰하지 않는 사람들은 "수표는? 콩티-강셀의…. 보에-마르샬?" 등 어리석은 질문을 해대면서 나탕을 괴롭혔다.

그러나 나탕을 신뢰하지 않는 주주들의 수는 적었기 때문에 나탕은 미소를 지었다. 흥분한 주주 한 명이 "당신 덕분에 곪아 있던 종기가 제거됐습니다. 나탕 씨! 당신의 신중함, 당신의 비판적인 의식 덕분에, 그리고 당신의 명쾌하고 구체적인 답변 덕분에!"라고 소리 높여 외쳤다.

주주들의 우뢰와 같은 박수갈채를 받으며 나탕은 정중히 연단에서 내려왔다. 개표 결과, 나탕에 동의하는 표는 82만9천58표, 반대표는 2천7백15표였다.

나탕이 에멜카를 살 수 있을지도 모른다. 필름은 계속 돌고 시간은 흐른다. 그것은 가슴 아픈 영화지만 분명 해피엔딩으로 끝날 것이다.

8
유럽인을 위한 할리우드

1919년 4월. 왼쪽부터 페어뱅크스, 채플린, 변호사들, 픽포드가 지켜보는 가운데
그리피스가 '유나이티드 아티스트'의 설립계약서에 서명하고 있다.

I

캘리포니아에 있는 진짜 할리우드 주변에는 산과 황금을 찾았던 사람들의 무덤이 있지만 유럽의 할리우드, 조웡빌 주변에는 작업장, 과일가게, 담배연기로 가득 찬 싸구려 음식점들이 있을 뿐이었다. 그곳의 음산한 묘지에는 삶에서 아무것도 얻지 못했으나 누구보다도 열심히 일하다가 죽음을 맞이한 노동자, 장인, 상점주인 들의 이름이 장식 없이 나열되어 있었다. 종려나무가 없는 거리는 한적하고 조용했으며, 그곳에 사는 사람들은 아침에 일어나 일하고 저녁에는 잠자리에 들었다. 그처럼 한산한 조웡빌에 로베르 케인(Robert Kane)은 새로운 할리우드를 세웠다.

파라마운트 촬영소 앞뜰은 눈부신 조명으로 밝혀져 있었다. 카메라맨들이 "조명을 더, 조명!" 소리치며 분주히 움직이고 있는 동안 단역배우들은 추위에 떨고 있었다.

로베르 케인은 '파라마운트의 카메라맨, 기술자 들이 대서양을 건너다'라는 기사를 쓰게 했다.

7개의 스튜디오에서 감독, 관리인, 식당에서 일하는 사람들이 밤낮으로 일하는 동안 촬영은 쉴새없이 진행되었다. 케인이 미국으로 돌아간 후에도 촬영은 그칠 줄 몰랐다. 세 편의 영화 — 「악마의 휴일」「하늘로 가는 도중에」「밀월」이 프랑스, 독일, 스페인, 스웨덴, 포르투갈, 체코, 덴마크, 폴란드, 루마니아, 헝가리, 네덜란드어로 만들어졌다. 시간은 돈이었기에 단일 분도 낭비할 수 없었다. 이미 상당한 경비가 들어갔고 유럽은 가난했다. 초(秒)를 다투면서 「악마의 휴일」은 폴란드어, 루마니아어 등 모든 언어로 만들어졌고 똑같은 무대장치를 이용하라는 주커의 명령이 하달되었다.

"여봐요, 여보세요! 서둘러요."

열심히 소리쳐 보지만 11개국의 언어로 영화를 만든다는 것은 어불성설이었다. 사실 여기서 사용되는 언어는 모두 12개국어였다. 달러가 있는 미국인들이 이곳의 주인이었기에 모든 사람들은 영어를 사용했던 것이었다.

별관에는 1백 퍼센트 말하는 시나리오를 번역하는 번역가들이 있었다. 다채로운 글솜씨를 가진 재기발랄한 번역자들은 미국에서 온 시나리오를 번역했고, 조왱빌이 아닌 진짜 할리우드에서 구상된 영화들이 이곳에서 조립되었다. 원본은 영감으로 가득 차 있었으며 미국의 스케일을 엿볼 수 있었다. 지칠 줄 모르는 헤이즈는 매일 전화를 해댔다. 조왱빌에서는 11개국의 영화 본을 제작해야 했으므로 번역가들은 쉴새없이 열심히 일했다. 그들은 일자리가 없었던, 성공하지 못한 극작가였으며 인정받지 못한 천재들이었다. 그들은 시나리오 대사를 서정적으로 표현했다.

"매리, 당신이 나를 올바른 길로 인도했소!"

"존, 당신이 홀로 설 수 있을 때, 기꺼이 당신과 결혼하겠어요."

스웨덴어로는 어떻게 표현할까? 포르투갈어로는? 귀가 긴 헤이즈의 영화는 조왱빌 위를 날고 있었다. '올바른 길로'라는 말은 도덕법령과 관련되었다. 존 역을 맡은 폴란드 배우가 공손히 미소를 짓자 댈러스나 피츠버그 출신의 감리교도 아가씨 매리는 눈부실 정도로 하얀 치아를 드러내며 완벽한 미소를 지었다. 여배우가 옷을 갈아입는 장면이 두 번 나오며 그때마다 그녀의 포동포동한 몸매를 볼 수 있었다. 매리가 나오는 영화는 도처에서 성공을 거두었다. 번역가들은 번역을 하고, 타이피스트는 타자를 치고…. 성령이 유럽인들에게 내려왔다.

한편 스튜디오에서는 스태프들이 분주히 움직이며 무대배경을 설치하고 있었다. 사람보다 더 정직한 사물에는 국경선이 없었다. 침대는 스웨덴이나 이탈리아 어디서나 침대였기 때문에 스태프들이 스튜디오에 있는 침대를 이동시켰다. 촬영 세트는 이미 할리우드에서 고안했기 때문에 조웡빌에서는 사진을 참고로 망치질을 몇 번하고 오른쪽에 침대를, 찬장 위에 장미꽃이 꽂힌 화병을 놓아두면 되었다.

올바른 길을 찾던 존이 피아노 쪽으로 다가가 장미 내음을 맡는다.
감독이 소리친다.
"침대를 빨리 가져와! 가운데 놔!".

로베르 케인은 "우리는 유럽 예술가들에게 창작의 자유를 전적으로 보장합니다"라고 말했고 시나리오는 인쇄되어 감독들에게 배포되었다. 7개국의 언어로 8부로 되어 있었다. 비용을 절감하기 위해 영화는 12일 만에 제작되어야 했다.

부쿠레슈티에 있는 파라마운트 대표는 급히 배우들을 모집했지만 그곳에서 배우를 찾는 것은 쉽지 않았다. 부쿠레슈티 사람들은 미국 영화를 보러 갈 뿐 야심찬 꿈을 갖고 있지 않았다. 어렵사리 찾은 배우들은 즉시 조웡빌로 보내졌고 조명에 익숙지 않은 그들은 눈을 껌벅거렸다. 부쿠레슈티에서 가장 뛰어난 비극배우 출신이었던 그들은 비장한 몸짓으로 연기를 했다.
"팔을 움직이지 말아요!" "눈을 감지 말아요!" 라며 절망적으로 소리

지르던 감독은 '이 사람들과 무엇을 할 수 있단 말인가? 어쨌든 영화는 12일 만에 제작되어야 한다'라는 데에 생각에 미치자 더 이상 소리를 지르지 않았다.

침대 옆에는 나폴리 출신의 열정적인 여배우와 잘생긴 남자배우가 있었다. 영화에서 남자의 이름은 존이고 여자는 매리였다. 존이 카드놀이를 하며 포도주를 마실 때 매리는 마카로니 요리를 만들고 파시스트 열성 당원인 그를 유혹한다. 호주머니에서 살짝 비어져 나온 실크 손수건의 매무새를 살펴본 후 존은 슬픈 표정으로 방 한가운데 놓여 있는 침대를 바라본다. 그러나 올바른 길을 걸어야 한다고 생각하는 존은 유혹을 물리치기 위해 장미꽃 향을 힘차게 들이킨다.

시계바늘이 6시 5분 전을 가리키자 다급해진 감독은 "빨리! 6시면 다른 촬영팀이 온다"고 소리쳤다. 이번에는 스웨덴 출신의 배우들이 존과 매리 역을 맡았다. 남자는 키가 크고 자세가 곧았으며 주근깨가 있었다. 스웨덴에서는 스키, 버터를 바른 빵, 약혼자와 약혼녀, 백야, 평온한 꿈이 있지만, 여기에는 항상 같은 침대와 같은 장미꽃이 있었다.

"당신이 홀로 설 수 있을 때…"

존은 그의 큰 발을 바라본다.

"그래, 그래. 그가 피츠버그의 은행 지점장이 될 때!"

매리는 웃는다.

"빨리 웃어요! 루마니아 사람들이 도착할 거요."

감독은 소리치고, 포르투갈 사람들이, 그리고 폴란드 사람들이 도착했다. 영화는 정해진 날까지 제작되어야 했기 때문에 이곳에서 시간을 지체하는 것은 불가능했다.

그러면서도 케인은 '우리는 순전히 탐미주의적인 목적을 추구하고 있소'라는 기사를 홍보부장에게 넘겼다. 그는 작업 중인 7개의 스튜디오를 한 바퀴 돌면서 체코인들에게 칭찬을 하고 루마니아인들에게는 훈계를 했다. 작업장을 돌아보면서 케인은 "우리가 연속적으로 영화를 제작한다는 목적 은 성취됐다. 자동차는 포드에서, 면도기는 질레트에서, 꿈은 파라마운트에 서 만든다. 영혼이 있고 급속도로 발전한 영화는 새 천년의 상품이다"라며 만족해 했다.

예전에 사람들은 청동테두리에 있는 이미지를 보았는데 오늘날에는 1초 에 16개의 이미지 — 풍경, 얼굴, 망상을 볼 수 있었다. 30초 동안 눈물이 흐 르는 것을, 그리고 도망가고 추격하는 장면을 40초나 볼 수 있으며, 죽어가 는 모습도 10초 동안 볼 수 있었다. 그렇게 파라마운트가 만든 영화와 40마력 의 자동차는 이미 자취를 감춰 버린 시인들과 말(馬)을 대신하고 있었다.

지금 침대 옆에는 체코 사람들이 있었다. 체코의 존이 슬픔이 그득한 눈으 로 발을 동동 구르며 올바른 길을 찾고 있었다. 번역가들은 새로 도착한 시 나리오 「그의 모든 생」「벽에 난 구멍」「결혼합시다」를 번역하고 있었으며, 스태프들은 침대를 치우고 그 자리에 책상과 병풍을 놓았다. 8개국에서 온 8 명의 선남선녀가 이 병풍 뒤에서 옷을 갈아입을 것이다.

러시아팀의 촬영 차례였다.

"여름인데 눈이 내리게 할 수 있을까?"

감독은 약간 망설였다. 그러나 설경, 트로이카, 노스탤지어를 러시아의 상 징으로 생각하면서 미국에서 이미 만들어진 원본에 충실해야 했다. 조왕빌 에서 생각할 시간을 갖는다는 것은 있을 수 없는 일이었으므로 2시간 동안 서둘러 설경을 촬영해야 했다. 문 앞에는 벌써부터 한여름에 설경을 배경으 로 러시아 사람 역을 할 이탈리아 배우들이 기다리고 있었다. 그들이 추위에 떨면서 향수에 젖은 노래를 부르는 동안 카메라맨은 재빨리 카메라의 초점을 맞추고 한치의 실수도 없기 위해 번호 38,457을 매긴다. "조용히 하시오"라는 소리와 함께 배우들의 대사가 시작되었다.

"매리, 당신이….."

촬영소 근처에는 파리 근교에 떠도는 권태가 있었다. 노동자들은 빵을 포도주에 적시며 멍한 표정으로 어디로 갈지 묻고 있었다. 물론 그들은 술 한 잔을 들이키고 오늘부터 1백 퍼센트 프랑스어로 된 영화 「악마의 휴일」이 상영되는 영화관으로 향했다. 자동차, 자동차 덮개, 가죽을 만지며 종일 쉬지 않고 일한 노동자들은 영화 속에서 현실과 동떨어진 놀라운 삶을 바라보았다.

스크린에서는 말쑥하게 차려 입은 잘생긴 남자가 장미꽃 내음을 맡으며 수수께끼 같은 소리를 한다.

"…당신이 나를 올바른 길로 인도했소….."

다양한 언어로 씌어진 시나리오를 위해 배우들도 달리 고용해야 했다. 주연배우들은 말하지만 단역배우들은 이탈리아어나 독일어에서 침묵했다. 촬영순서를 기다리며 그들은 나무그늘 아래에서 기분을 풀고 있었다. 그런데 스페인 배우에 이어 스웨덴 배우가 촬영을 하고 있을 때 아기가 울기 시작했다. 스웨덴 영화에서 프랑스 아기의 울음소리가 들린다면 큰 일이었다. 더구나 이것은 유성영화가 아닌가. 단역배우들은 즐겁게 장난을 치고 있는데 아기는 왜 우는 것일까?

"하나님 맙소사. 소리내는 사람을 내보내시오!"

감독이 소리쳤다.

다른 스튜디오에서는 일이 없는 한 단역배우가 졸고 있었다. 건강해 보이는 그의 얼굴은 살인범처럼 험상궂었다. 그러나 그는 사람을 죽인 적이 없으며 술에 취해도 개에게조차 발길질 한번 할 수 없는 선량한 사람이었다. 예전에 목수 일을 한 그의 이름은 프랑수아로 지금은 7개 시나리오에서 살인자 역을 맡았다. 시설이 잘되어 있는 스튜디오들은 완벽하게 방음이 되어 외부의 어떤 소리도 들리지 않았다. 벽으로 어떤 소리도, 공기도 들어올 수 없었고 문은 완전히 밀폐되어 1백여 개의 전등이 비춰지는 스튜디오는 열기로 가득 찬 찜통 같았다. 찌는 듯한 더위에서 아침부터 살인자 역을 맡았던 프랑수아는 틈만 나면 졸았다. 불쌍한 남자는 코를 골면서 자고 있었는데 저속한 코고는 소리에 사랑과 충성을 고백하는 배우들의 부드러운 대화가 뒤섞이고 말았다. 화가 난 감독이 "살인자, 일어나!" 하고 소리를 치자 당황한 프랑수아는 벌떡 일어났다. 여기서 해고되면 어디서 일자리를 찾을 수 있겠는가? 여기서 그는 적어도 사흘 동안 살인자 역을 할 수 있었다.

홍보실장 케이의 사무실에는 수많은 칸으로 정리한 서류함이 있었다. 선반 위에는 화려한 안달루시아 출신의 여배우, 운동을 좋아하는 체코 여배우, 교만한 자태의 폴란드, 루마니아 스타들의 사진이 놓여 있었다. 어디서 배우를 찾아야 하는지 아는 케이는 한치의 실수도 없이 배우들의 사진뿐만 아니라 기사와 배우들의 전기(傳記), 파라마운트의 위대함에 관한 짤막한 홍보, 영화 분석과 즐거운 에피소드들을 수백 명의 기자들에게 보냈다. 모든 것이 준비된 채 기자들에게 보내졌고 겉 페이지에 인쇄된 긴 종이들을 맞춰 구성하기만 하면 기사가 만들어졌으므로 그들은 매우 만족했다. 독자들은 각료들의 실각이나 보석상 암살에 관한 기사보다는 위대한 예술에 대해 알고자 했으므로 각 신문마다 영화란이 있었다. 케이는 모든 신문사에 심지어는 루마니아 신문사에까지 여러 언어로 쓴 기사를 보냈다. 영화란에는 파라마운트의 사명에 대한 로베르 케인의 의견뿐만 아니라 사소한 이야기거리도 실

렸다. 예컨대 여배우 투르다 벨르린너는 촬영하는 동안 초콜릿 케익을 먹는
데도 살이 찌지 않는다…. 부초웨스키는 미신을 믿는 감독으로 작업을 하기
전 돼지를 껴안는다는 따위였다. 이런 류의 이야기를 스웨덴 사람들과 루마
니아 사람들도 읽을 수 있었다. 파라마운트는 신문사에 기사뿐만 아니라 광
고도 함께 실었는데 1년 동안 미국 신문사에 지출한 광고비는 28만5천 달러
나 되었다. 다행히 유럽인들은 그처럼 탐욕스럽지는 않았다. 유럽 노동자들
은 자동차를 소유하지 않았으며 기자들도 적은 보수에 만족하고 있었다.

기자 중 한 사람, 톨은 파라마운트에서 막 출시된 영화를 보았다. 그는 영
화사가 보내 준 기사를 편집하는 대신 '가증스러운 영화였다'며 자신의 견
해를 피력했지만 그의 의견에 귀를 기울이는 사람은 아무도 없었다. 신문사
들이 비평가들이 원하는 것을 실을 권리가 있듯이 파라마운트도 그들 마음
대로 광고를 낼 권리가 있었다. 톨을 소환한 부장은 "자네가 한 짓이 어떤
결과를 가져올지 아는가?"라며 호통을 쳤다. 톨의 양심선언과 영화 편집에
대하여 이러쿵저러쿵 말이 많아지자 부장은 정중하게 "자네가 실수를 했
네"라고 말했다.

집으로 돌아온 톨은 아내와 함께 평소처럼 영화관으로 향했다. 그러나 영
화관에서 돌아오자 매우 어두운 얼굴로 모자도 벗지 않은 채 톨은 마침내 입
을 열었다.

"파면당했어."

톨의 후임자는 케이가 보낸 기사에다 조심스럽게 '급히 조판할 것'이라
고 썼다. 연속적으로 영화를 제작하는 것은 불가능하다고 주장하는 무례한
사람들을 향해 케인은 경멸의 미소를 지으면서 말했다.

"우리는 가장 훌륭하고, 가장 자랑스럽고, 가장 독립적인 배우들과 영화
를 만들고 있다. 당신들은 나를, 래스키의 동반자이며 주커의 대사인 나를

유럽인을 위한 할리우드

믿지 않는가?"

카발칸티가 매우 대담한 영화들을 제작한 것은 그리 오래 전의 일이 아니었다. 그가 제작한 영화가 소형 영화관에서 상영되자 예술에 무지한 관객들은 야유를 퍼부었으나 타협을 싫어하는 그는 동요하지 않고 새로운 길을 모색했다. 카발칸티는 파라마운트와 계약을 하고 「그의 인생」 「하늘로 가는 도중에」 「길 잃은 섬에서」를 제작했다. 케인이 카발칸티에게 파라마운트에 대한 인상을 말해 달라고 하자 그는 단도직입적으로 "미국인들이 유럽 대륙에서 만든 가장 강력한 영화사는 가장 빨리 그리고 이상적인 조건에서 작업을 할 수 있게 해 줍니다"라고 대답했다.

카발칸티 후에 독일인 미틀러가 있었다. 그는 소련 영화사 프로메테를 위해 몇 편의 영화를 만들었을 뿐 헤이즈의 법령이 있는지조차도 모르는 경험이 적은 감독이었다. 조윙빌에 도착한 후 그는 연속적으로 「열대의 밤」 「사랑의 축제」 등을 제작하면서 자부심에 차 있었다.

"미국의 기본적인 개념의 틀을 벗어나지 않고 예술적으로 가치 있는 작품을 만든다는 것은 가능합니다. '유럽인의 판'이라는 개념은 원본의 맹목적인 모방을 의미하지 않습니다."

그의 말은 간결했다. 미틀러의 손에는 미국에서 보낸 10개 국어로 번역된 시나리오 한 부가 들려 있었다.

마르셀 샹텔은 점잖게 미소지으면서 "조윙빌 스튜디오들처럼 완벽한 조직체와는 잘 일할 수 있습니다"라고 말했고, 토미 부르델 또한 "미국인들의 강력한 조직체는 영화를 만들 때 배우에게 용기를 북돋워 줍니다"라고 호평했다. 스페인인 아멜리아 문네즈, 이탈리아인 카르멘 보니, 폴란드인 마스로우스카에 이어 드디어 조윙빌에 가장 나이 어린 배우가 왔다. 그의 이름은 장 메르캉통. 열 살밖에 안 된 꼬마에게 "파라마운트에서 일하는 게 좋

으냐?"고 묻자 상황을 이해한 장은 그 나이에 걸맞게 "물론이죠. 사람들이
매우 친절해요. 그리고 정원이 있어 일하지 않을 때 뛰어놀 수 있죠"라고 순
진하게 종알거렸다. 단호한 카발칸티의 생각과 함께 귀여운 장이 한 말도 수
천 장 인쇄되어 발행되었다. 이에 대해 편집자는 '기사화해도 좋음'이라고
썼다.[72]

중상모략자들의 입을 다물게 한 로베르 케인은 만족했다. 파라마운트의
작품들은 익명의 종업원들뿐만 아니라 훌륭한 예술가들에 의해서 증명되었
다. 4편의 새로운 영화가 9개국 언어로 12일 만에 만들어지고 있었다.

예술은 영혼을 고상하게 만든다. 시트로엥 자동차 공장에서 일하는 노동
자들은 작업을 마친 후 집으로 돌아왔다. 그들은 목을 톡 쏘는 독한 술을 마
시고 모임에서 소리치거나 투덜거리거나 침묵을 지켰다. 보이지 않는 시트
로엥에 그들의 몸과 인생을 팔아 버린 그들은 화가 나 있었다. 그들의 영혼
은 유익한 자동차 생산이나 회사의 위대함, 결산서의 숫자, 시트로엥의 영광
에 감동되지 않았다. 천한 노동에 몸을 바쳤던 노동자들의 인생은 밑바닥의
삶이었다.

그러나 영화는 하늘로 올라가는 중이었다. 모든 사람은 영화를 통해 주커
의 생각에 공감했다. 조약이 체결되면서 공장 노동자들은 노동이 아닌 그들
의 '영혼'이라는 것을 팔았다. 그러나 그것을 부끄러워할 이유는 없었다. 노

---

71) 1910년 이전에 할리우드로 진출한 유럽의 영화제작자와 배우로, 예를 들면 찰리 채
플린, 모리스 투르뇌르가 있었지만, 1910년대 들어 미국의 영화사들은 조직적으로 유
럽에 있는 인재들을 물색했다. 배우로는 그레타 가르보, 라스 한센, 모리스 쉬발리에,
릴리안 기시, 감독으로는 모리스 스틸러, 루비치, 미할리 케르테츠, 빅터 시스트롬, 무
르나우 등으로 그들은 독일, 프랑스, 헝가리, 스칸디나비아 출신들이었다. 또한 할리
우드는 유럽의 각본과 문학작품들에 대한 저작권을 매입했고, 경우에 따라 저자를 미
국에서 각본가로 일하도록 모셔 오면서 세계 영화시장을 장악하려는 꿈을 키웠다.

동과 영혼은 서로 연결되어 꿈을 만들기 때문이었다.

II

파라마운트의 파리 영화관은 거대하고 화려했다. 영화관 입구에서는 관객들에게 초콜릿을 나누어 주었으며 안에서는 감미로운 영화를 보여주었다. 영화관 문은 아침 일찍부터 열었으나 스크린 위에 비추어지는 이미지들은 피곤을 몰랐다. 끊임없이 죽고 소생하는 이미지는 17시간 동안 잇달아 욕망과 위안을 필요로 하는 사람들에게 분배되었다. 장내의 관객들이 포옹하는 라스트 신을 보고 있을 때 영화관 밖은 다음 상영을 기다리는 사람들로 장사진을 이루고 있었다. 70개의 좌석은 금방 채워졌고 그렇게 9시에서 새벽 2시까지 만원 사태는 계속되었다.

아침에는 야간작업을 한 노동자들이 왔고, 낮에는 주부, 아이들과 변두리에 사는 사람들이, 저녁 식사시간대에는 연인들이 함께 왔으며, 밤에는 일반 관객들이, 그리고 자정이 지난 후에는 술기운이 가신 난봉꾼이나 불면증으로 고생하는 편집증 환자들이 왔다. 지금 영화관은 새벽 2시에 문을 닫지만 24시간 내내 문을 열 날이 곧 올 것이다. 자살하려는 사람이나 생각이 많은 사람들을 구해 주는 영화관은 비상약국처럼 밤낮으로 열려 있어야 하기 때문이다.

"서두르세요! 의자는 안락하고 통풍은 완벽하며 센세이셔널한 이야기가 있어요!"

샌드위치맨들이 소리쳤다.

영화관 입장료는 싼 편이 아니었지만 관객들은 그만한 경제력을 갖고 있었다. 조왱빌에서 제작된 영화 「그의 모든 인생」은 대단한 성공을 거두었으며 관객들은 영화에 심취되었다. 배우들이 프랑스어로 말하자 관객들은

177

침울하고 별 볼 일 없는 대사 한 마디라도 놓칠 새라 열심히 경청했다. 그것은 프랑스 말이었고, 관객들은 배우들의 대화를 모두 알아들을 수 있었던 것이다.

영화는 불행한 사건 — 어린아이의 실종을 다루고 있었다. 대부분 관객들은 자녀를 둔 부모로서 아들을 잃는 것이 얼마나 비통한 일인가를 알고 있었다. 하인들이 있는 큰 저택의 부잣집에서 맛있는 음식을 먹으면서 아들은 편안하게 살고 있었지만 어머니는 아들의 생사여부를 알 길이 없다. 관객들은 돈의 가치를 알고 있었으므로 불쌍한 어머니의 편이 아니었고 그렇다고 해서 어머니의 반대편도 아니었다. 그들은 비싼 입장료를 내고 편안한 영화관에서 오로지 영화를 보고 있을 뿐이었다. 그러나 의자의 열을 따라 봄에 부는 산들바람처럼 수군거리는 소리가 스쳐 지나가면서 마침내 관객들이 웅성거리기 시작했다. 그들은 "여주인공은 돈이 많대. 목소리가 아름다워 뉴욕 오페라에서 공연할 때마다 7백 달러를 받는다는군" 하며 영화에 빠져들었다. 그들의 감동으로 영화관이 되살아났다. 어머니의 눈물에 감동하는 것이 아니라 여배우의 엄청난 수입에 감동했다. "프랑으로는 얼마나 되나?" 사람들은 계산하기 시작했다. 누군가 큰소리로 "1만7천5백!"이라고 외치자 넋잃은 한숨이 흘러나왔다. 잘난 체하는 사람이 "더 많아. 1만7천8백5십!"이라고 고쳐 주자 여주인공은 갑자기 매력적인 사람이 되었다. 부자들이 저택, 하인, 그리고 맛있는 음식을 먹는 그녀에게 아들을 돌려주리라는 것은 명백한 일이었다. 아이를 돌려 받은 여자가 감사하는 마음으로 약혼자를 껴안는 해피엔딩의 영화였다. 안도의 숨을 내쉬는 관객들은 7백 달러가 얼마나 되는지 여전히 모르는 채 영화관을 나왔다. 훌륭한 예술에 일체감을 얻은 관객들은 버스나 전철 안에서 "정말 좋은 영화였어요"라며 서로 얘기를 주고받았다. 그들은 어머니가 치른 곤욕이나 하인들, 복잡한 음모에 대해서는 깡그리 잊어버리고 "무슨 내용이었지?" 하고 다시 물었다. 영화는 오락이었으므로 즐거운 저녁시간을 보냈다는 사실에 만족해야 했다. 잠자리에 든 그들의 머릿속에는 7백 달러, 1만7천8백5십 프랑 — 숫자들이 기분 좋게 스쳐가고 있었다.

오만한 사람들과 독립성이 강한 사람들이 말하는 강력한 조직체는 기적을 이루어냈다. 파라마운트 영화관이 하루 저녁 7백 달러 이상의 수입을 올리는 기적을 이루어낸 것이었다.

III

영화제작은 쉴새없이 이탈리아 사람에 스웨덴 사람들, 스페인 사람들에 이어 체코 사람들로 진행되었다. 그렇지만 케인은 사무실에 틀어박혀 이해하기 어려운 서류를 살펴보고 있었다. 독일인들은 미국 영화를 야유하고 있었고, 폴란드에서 미국 영화가 상영되자 스캔들이 일었다. 부다페스트에서는 신자들이 영화관에 불을 지르는 등 유럽은 저항하고 있었다. 식민지 개척자들이 입문서와 반바지를 가져다 주었지만 검둥이들은 인두와 불로 응수했던 것이었다. 몇몇 사람들이 식민지 검둥이들을 조종하고 돌보면서 유럽 사람들을 역시 조종했고 다른 사람들은 침묵을 지켰다. 초기에만 저항자들을 다루기가 힘들 뿐이었다. 케인은 그들을 다루어야 하는 무거운 책임을 맡고 있었다.

당황하는 빛이 역력한 뉴욕에서 폭스가 행동을 취하려 했다. 주커가 유럽으로 올 채비를 하는 동안 "할리우드를 세 곳으로 분산시켜 영국 런던 근교에 하나, 라틴 국가를 위해 조왕빌에 하나, 그리고 중앙 유럽을 위해 베를린에 하나를 세운다"는 등 다양한 제안이 있었다. 그러나 경비를 충당하는 방법이 숙제로 남아 있었다.

30년 전, 말의 기동성이나 꼬리에 만족했던 사람들은 자동차에 관심이 없

었으나 지금의 상황은 다르다. 파라마운트도 인내심을 가지고 유럽인들을
식민지 야만인들처럼 조종할 때를 기다려야 할 것이다. 영화 관람료를 올리
고 제작을 가속화할 수밖에 없었다. 루마니아어 영화 본으로 돈을 벌 수는
없지만 그 언어로 영화제작을 계속해야 한다는 불가피한 이상주의를 따라
야 했다. 항상 약자를 보호하는 미국 사람들이 루마니아 영화를 만듦으로써
부쿠레슈티 시민들은 감동했다. 호의를 가지고, 이벤트를 만들고 흥분을 자
아내게 하면서 루마니아를 충족시킨 것은 바로 미국 영화사, 당연히 파라마
운트였다. 그렇게 함으로써 시장을 장악하는 일이 훨씬 수월해졌다. 영어 대
사 없이 다만 발자국 소리와 자동차의 경적만 들리는 유성영화들을 상당수
제작했던 미국 영화사는 루마니아에 6백 개나 되는 영화관을 소유하고 있었
다. 루마니아 영화에 대해서 미국 영화사는 큰 손해를 보고 있지만 다른 나
라에서 그것을 만회할 수 있었다. 폭스는 여전히 충성을 다하는 케인을 고용
해 모든 일이 잘되고 있었다.

그러나….

"모든 일이 잘되고 있지만, 루마니아 사람들이 감사하는 마음 대신에 휘
파람을 불며 야유한다면…. 이 유럽인들을 알 방법은 전혀 없을까?"

활기에 넘쳐 있던 케인의 얼굴에 우울한 빛이 감돌기 시작했다.

"유럽이 미국보다 가난하다는 사실은 명백한 만큼 결과적으로 유럽은
작은 것에 만족해야 한다. 유럽에서 영화사 사장들이 타고 다니는 4기통 자
동차는 미국에서는 노동자들이나 타고 다닌다. 여기서는 한 편의 영화를 만
들기 위해 3주가 걸리지만 헝가리에서는 12일이면 충분하다. 영화의 질이
떨어지는 것은 사실이지만 헝가리 화폐는 달러만큼 가치가 있지도 않고, 게
다가 정신적인 방향을 잊어서는 안 된다. 주제, 배우, 줄거리, 윤리는 미국에
서 주고 조욍빌에서는 번역만 하고 있다. 라디오는 경쟁적으로 후버의 연설
과 달러 시세를 보도하고 있으며 우리는 미국 시민이다. 유럽인들만으로는

유럽인을 위한 할리우드

윤리도 영화도, 그 어떤 것도 창조할 수 없다! 경찰이 질서를 어지럽히는 사람들을 처리할 것이다. 각자는 자신의 공로에 만족해야 한다. 이 원칙에 반대하는 유일한 사람들은 공산주의자들이고 미친 사람들이다!"

분개한 로베르 케인은 서류를 내팽개쳤다.

"선량한 미국인을 위협하는 것은 그리 쉬운 일이 아니다! 우리는 계속할 것이다. 유고슬라비아는 어떠한가? 397개의 영화관에서 상영되는 영화 중 65퍼센트가 미국 영화다. 메트로-골드윈은 베오그라드에 성실한 대표자를 두었다. 세르비아어 시나리오를 만들 수도 있다. 우리는 배은망덕한 유럽을 위해 모든 것을 희생하고 있다."

젊은 사내들이 열심히 영화사의 마당을 쓸고 있는 동안 단역배우들은 바람을 쐬고 있었다. 활기 찬 모습을 보여주어야 하는 케인의 눈은 특별한 기운으로 차 있었다. 오늘은 프랑스 예술부장관 로티에가 파라마운트를 방문하는 영광스러운 날이었다.

로티에는 착실하고 바쁜 사람으로 영화와는 무관하게 지냈던 사람이었다. 그는 인생에서 많은 것 — 모로코의 풍차, 면, 알제리의 석탄, 상하 우반기(동남아의 지명)의 재목, 신문, 은행, 증권에 관심을 가지는 동시에 여러 사업을 벌이고 있었지만 영화산업에는 전혀 개입하지 않았다. 그렇지만 이 남자의 인생 행로는 전혀 알 수 없었다. 그는 기안 지방 출신이 아니면서도 그 지방 의회의 의원이 되었고, 영화에 조금도 관심이 없었지만 그 후견인이 되었던 것이다. 여기서 운명의 화살과 의회정치제도의 불가사의한 특성을 엿볼 수 있으리라.

영화 후견인 자격으로 로티에는 파테-나탕과 GFFA 같은 프랑스 영화사들에게 협력할 것과 미국 영화사의 대표들에게 지원할 것을 약속하는 연설을 했다. 오랜 인생 경험을 통해 그의 사고는 많이 부드러워져 있었다.

꿈의 공장

프랑스인 전문가로 알려져 있는 케인은 사람을 구슬릴 줄 알고 상황에 따라 적절히 말하는 재주가 있었다. 여러 국가의 언어를 사용하는 새 바빌론을 보기 원하는 로티에 장관에게 케인은 "12개의 영화 본… 바벨탑… 모래가 덮인 뜰에 있는 유럽… 여러 민족들의 연합… 제네바와는 비교할 수 없이 유럽의 심장은 당연히 사랑스러운 고도(古都) 파리입니다!"라고 속삭였다.

로티에를 위한 오찬에는 프랑스 음식, 프랑스 포도주와 프랑스 귀부인들이 참석했고, 장관 옆자리에는 조윙빌의 스타 마르셀 샹탈이 특별히 배석했다. 그들은 프랑스 빵을 먹으며 즐거운 담소를 나누었다. 오찬이 끝난 후 로티에는 스페인 사람, 스웨덴 사람, 루마니아 사람들 등이 일하는 영화 촬영소를 돌아보았다. 사진을 인화하는 곳에서 케인은 "장관님, 이 완벽한 밀착기, 인화기, 기계들은 모두 프랑스산(産)입니다"라고 힘주어 말했다.

"프랑스산 포도주를 마신 후 프랑스산 기계를 보다니…."

로티에는 흡족한 미소를 짓지 않을 수 없었다. 그러나 케인은 유성영화를 위한 녹음기계들은 미국 회사인 웨스턴 일렉트릭에서 나온 것이고, 필름은 미국회사 이스트만-코닥에서 제작되었다는 사실과 시나리오 작가, 기술자, 카메라맨들의 국적에 대해서 일체 언급하지 않았다. 또한 케인 자신은 주커의 대사일 뿐이고 모든 이익배당금은 브로드웨이에 있는 36층의 모(母)회사로 간다는 사실도 입 밖에 내지 않았다. 그것은 잘 알려진 사실이었지만 로티에 장관에게 그 사실을 일부러 말하는 사람은 없었다. 세련된 점심 식사 후에 그런 얘기를 한다는 것은 삶을 천박하게 만드는 것이다.

파리에는 3월의 바람이 불고 있었으나 그 바람은 먼 미국 바다에서 불어오는 질풍으로 변했다. 사람들이 분주하게 움직이고 영사기가 번쩍거리는 저녁 나절의 촬영소 마당에서는 봄내음과 불안이 동시에 느껴졌다. 여행용 외투를 걸친 아돌프 주커는 새로 세운 촬영소들을 돌아보면서 영화 주제와 숫자에 대하여 질문을 던지거나 알아듣지 못하는 언어에 귀를 기울였다. 스웨덴 여배우는 아마 "해리, 너를 따를게"라고 말했을 것이지만 미지의 언어에서 그 단어들은 다른 것을 의미했다. 아돌프 주커는 걸음을 멈추고 '그들은 무엇을 말하는가? 여러 언어로 영화를 만든다는 게 허영은 아닐까?' 하는 생각에 눈빛이 침울해졌다.

7시 5분 전에 스웨덴 사람들이 간 후 도착한 프랑스인들은 질투, 그리고 화해와 결투의 장면을 촬영했다.

클르스펠드는 영화관 좌석 수는 별 걱정이 없지만 단지 상영시간을 줄이면 어떻냐고 제안했다.

"말이 났으니 말인데 덴마크의 상황은 어떤가?"

주커가 물었다.

"대단한 나라입니다. 버터와 돼지를 생산하는 농업국가면서 영화관이 2백70개나 있습니다. 작년에 미국 영화는 여기서 8만5천 달러의 수익을 올렸습니다."

"덴마크도 생각해 봅시다. 프랑스 연예인 몇 명을 할리우드로 보냅시다."

12개국어로 영화를 제작함으로써 아돌프 주커는 그의 목적을 달성했다. 열여섯 살 때 미국이라는 신세계에 가난이라는 걱정거리를 끌고 왔던 주커는 지금 쉰여덟 살로 유럽을 발견했고 그곳에 새로운 질서를 가져왔다. 프랑스인들이 가고 헝가리 사람들이 도착했다. 여러 나라 사람들이 오가고 밭, 기러기, 향수 어린 노래가 흐르는 감상적인 순간이 되자 감독은 "조용히!"라고 외쳤다. 여기서 헝가리 사람들은 소리를 지르는 농부 역이 아니라, 궐련을 피우면서 달러를 이야기하는 사교 클럽의 신사 역을 맡았다. 그들은 우수한 헝가리 사람들로 그들 대부분은 주커와 같은 부류의 사람들이었다.

헝가리의 수도 부다페스트에서 주커가 사랑하는 부다페스트 시민들이 영화관에 불을 지르려 했다. 게다가 헝가리 사람들은 바보 같은 혁명을 시도했지만 초기에 진압되었다. 주커는 고집 센 유럽 사람들을 순화할 수 있는 방법을 케인과 함께 면밀히 검토했다. 바람은 그가 그려 놓은 원으로 다시 되돌아온다는 것을 알고 있었던 그는 바람소리를 듣지 않았다. 2년 후면 예순 살이 되는 주커는 자신의 인생이 8부 심지어는 10부작의 엄청난 경비가 드는 장엄한 영화라는 것을 알고 있었다. 사람들은 영화를 보며 웃거나 눈물을 흘리고, 영화가 끝난 후 샹들리에의 조명은 눈부시게 불타 오르지만 아돌프 주커는 모든 영화에는 끝이 있다는 것을 잘 알고 있었다.

사람들이 줄지어 지나가는 마당, 촬영을 마친 팀은 잠자리로 가고 다른 촬영팀이 작업을 시작하고 있었다.

9
찌꺼기 인생들

영화 「메트로폴리스」

I

영화제작을 위한 기자재들은 철, 유리, 그리고 셀룰로이드와 젤라틴으로
된 필름으로 구성되어 있었다. 무엇으로 사람들은 꿈을 만들까? 달러로? 미
소로? 아니면 무지의 구렁텅이로?

노동자들은 손으로 하는 직업이 있지만 단역배우들은 슬픔만 가지고 있
을 뿐이다. 아무것도 할 수 없는 그들은 삶의 가장자리에서 살고 있었다. 곱
추거나, 어깨가 비뚤어져 있거나, 기분 나쁘게 입을 비죽거리거나, 멍청한
웃음을 지으면서 비정상적인 몸으로 살아가는 단역배우들이 가장 행복한
편에 속했다. 그들은 전문가들이었다. 그러나 대부분 사람들은 곱추가 아니
었으며, 다섯 개의 손가락, 평범한 얼굴, 중간치의 키 등 특별하지 않은 것들
만 가지고 있었다. 게다가 섬세한 정신의 소유자인 그들은 천한 노동을 경멸
할 정도로 자존심이 강했기 때문에 필름, 렌즈, 영사기 등을 만들어내는 진
짜 공장에서도 일할 수 없었다. 그들은 비상(飛上)을 원하지만 곧 추락하는
사람들이었다. 영화계에서는 그들을 '무명배우'라 불렀고 때로는 '운이
없는 사람'이라고도 했다. 그들은 조합에 등록되어 있지도 않고 의도적으
로 자신의 직업을 밝히는 일도 없었기 때문에 그 숫자를 헤아리기는 어려웠
다. 그들 중 몇몇은 유명해졌지만 몇몇은 자살을 택했다. 그러나 평온한 벽

꿈의 공장

촌이나, 보리수 나무와 동네사람들의 수군거림이 있는 시골마을에서, 배우를 꿈꾸는 사람들이 끊임없이 할리우드로 오고 있었다.

루이즈는 남편이 그녀를 떠나자 일거리를 찾았다. 사무실의 일은 권태롭게 느껴졌고…. 그래도 무엇인가를 해야 했다. 그녀는 1백 프랑씩 벌 수 있다는 영화계에 진출하려고 한다.

백수인 칼은 20마르크씩 받는 조역들의 인생이 행복하다고 생각했다. 칼의 몸매는 날씬하며 그의 눈빛은 번뇌하는 듯하다. '이것으로 분명히 뭔가를 할 수 있으리라….' 그래서 그는 영화계에 진출할 것이다.

존 베른스타인은 성공하지 못한 발명가였고, 매리는 후원자를 찾을 수 없었고, 잭 메달은 카드를 위조한 죄로 붙잡혔고, 밀라이로프는 '군주당'에서 제명되었고, 베포는 파시스트 당원들의 눈을 피해 도피중이었다. 모두 걷거나 웃기만 하는, 게다가 천박하지 않고, 특별한 학식과 기술이 없어도 5달러를 쉽게 벌 수 있다는 할리우드로 가려고 안달이었다. 영화는 신성한 예술이며, 그들의 모습이 스크린에서 보여진다는 것은 신나는 일이었다.

"빨리, 영화계로 진출하자…."

그들은 무리를 지어 촬영소 문앞에서 여전히 예술의 순수함과 그들이 숭배하는 스타를 신뢰하며 구걸을 했다.

단역배우였던 나바로는 단번에 「벤허」[73]에 발탁되어 큰 행운을 거머쥐었다. 그리고 오시 오스왈더라는 여배우 역시 초기에는 굽신거려야 하는 단역배우로서의 무명시절을 겪은 후 진정한 스타덤에 올라 있었다. 그리고 글로리아 스완슨 역시 단역배우 출신이 아니었던가….

촬영소의 차가 드나드는 문은 단역배우들의 출입구였다. 죄를 지은 듯한

---

73) 1922년 골드윈이 루이스 윌리스 장군의 소설을 각색해 제작을 시작했다. 거대한 배경과 이탈리아 원정 촬영을 하는 등 장대한 스케일의 영화로 1926년 개봉한 작품.

멋쩍은 미소를 지으며 배우들은 조그만 문으로 들어갔다. "오늘은 끝!" 하는 소리가 들리면 운이 없는 사람들은 집으로 돌아가야 했다. 스튜디오로 들어간 행운아들은 눈이 멀 정도로 강한 조명 때문에 눈을 감을 수밖에 없었다. "각자 제자리로!" 하는 감독의 명령이 떨어지자 촬영이 시작되었다. 8, 10, 12시간씩 계속되는 촬영은 하찮은 노동이 아니라 예술을 만드는 의식(儀式)이었다. 등이 아프고 손이 아프고 눈에서는 눈물이 쏟아지지만 오늘 단역배우들이 맡은 역은 미소를 지으며 리셉션에 참석하는 것이었다. 질식할 듯한 분위기와 피곤으로 숨을 제대로 쉴 수 없는 그들은 글로리아 스완슨의 성공을 생각할 여유도 없었다. 촬영이 끝난 후 그들은 몇 푼의 돈을 손에 쥐고 슬픈 낯으로 샌드위치를 씹고 있었다.

II

울창한 나무들이 많고 나이 든 철학자들이 많은 이에나라는 작은 마을에 엘자라는 처녀가 살았다. 인생을 논하는 철학자들이 싸구려 궐련을 피우는 그곳에서는 봄이 되면 나무마다 진한 향이 발했다. 엘자의 아버지는 하루 종일 우편환을 적고, 저녁이 되면 카드놀이를 하거나 외국 정치에 대하여 말하는 우체국 직원이었다. 양말 꿰매는 것도, 감자껍질을 벗기는 일도 좋아하지 않았던 엘자에게는 모든 것이 권태로웠다. 아버지가 "하나님의 가호로 너는 멋진 남자와 결혼할 거다"라고 말할 때마다 그녀는 방으로 들어가 오랫동안 훌쩍거렸다. 그녀가 좋아하는 것은 오로지 영화였으며, 영화관에서 그녀는 고상하고 활기찬 다른 인생을 꿈꾸고 있었다.

엘자는 모자를 만들어 번 돈으로 영화를 보았고, 『필름 쿠리에』를 정기 구독했으며, 스타의 모습이 있는 엽서를 샀다. 아버지는 그녀가 그와 함께 평온한 이에나에서 산다고 믿고 있었지만 그녀가 함께 살고 있는 사람은 그레타 가르보, 버스터 키튼과 아돌프 멘주와 같은 배우들이었다.

꿈의 공장

　그녀는 잡지사에 '그레타 가르보의 머리색은 무엇인가요? 그녀의 몸무게는요? 프리취의 키는 얼마입니까? 글로리아 스완슨은 누구랑 결혼했죠?' 하는 질문을 담은 편지를 보냈다. 반송우표가 동봉된 것을 확인한 편집부 직원은 '머리색은 세련된 금발머리, 몸무게 55킬로그램, 키는 1백69센티미터, 남편은 라 쿠드레이 후작'이라는 친절한 답장을 보내 주었다. 엘자는 거울 앞으로 달려가 자신의 모습을 비춰 보았다. 그녀는 리아 드 푸티만큼 큰 키에, 머리색깔은 그레타처럼 밝았으며 눈 역시 그레타의 눈만큼 아름답다고 느꼈다. 다만 눈썹이 사진에 잘 나올 것인가를 걱정하면서 그녀는 "멋진 남자와 결혼한다는 것은 너무 평범한 일이야! 난 후작이나 「헝가리 랩소디」에서 너무나 멋진 연기를 한 미혼 배우 윌리 프리취와 결혼할거야"라며 상상의 나래를 펼쳤다.

　엘자는 해럴드 로이드에 편지를 썼다.

　"저는 매우 불행하답니다. 제가 사는 곳은 영화를 이해하는 사람이 한 명도 없는 조그마한 소읍입니다. 사람들은 저속한 돈, 돈 이외에는 아무것도 생각하지 않아요. 저는 예술을 위해 태어났다고 생각하고 있어요. 저는 그레타 가르보와 같은 배우가 될 수 있어요. 당신이 쓴 자서전을 읽었어요. 당신 역시 불행했더군요. 당신이 사탕을 팔던 시절을 생각해 봐 주세요. 저의 눈은 사진에 잘 맞으며 목소리는 낭랑하고요, 저는 영어를 배우고 있어요. 영화배우가 되기 위해선 당신의 도움이 절대로 필요합니다. 당신을 존경합니다. 저는 돈은 원하지 않고, 오직 연기를 하고 싶어요. 사람들을 웃기고 울리는 배우가 되고 싶어요."

　엘자의 편지를 받은 파라마운트 특별 부서의 직원은 지쳐 있었다. 오늘 하루 동안 받은 편지는 무려 4백여 통이나 되었다. 우울한 성격의 주근깨투성이 직원은 주소를 힐끗 쳐다보고는 답장을 썼다.

　"해럴드 로이드의 부탁으로 당신의 배려에 감사의 글을 올립니다. 그의 자필 서명이 있는 사진을 보내 드립니다."

엘자는 상냥하게 미소짓고 있는 해럴드 로이드의 사진을 벽에다 붙였다.

"매우 바쁜 그가 모든 편지에 직접 답장을 쓰는 것은 불가능할 거야. 영화계라는 아름다운 세계에 들어가 격식 없이 해럴드 로이드나 윌리 프리취를 만나야겠어. 그를 이해시키고 그의 사랑을 받아야 해. 이에나에 있으면 아버지가 말하는 '멋진 남자와 결혼'하거나 양말 깁는 일 외에는 아무것도 할 수 없을 거야."

엘자는 꿰매던 양말을 바닥에 팽개치고 작은 가방에다 짐을 꾸렸다. 흐르는 눈물을 손수건으로 닦는 아버지를 뒤로 하고….

"나무여, 철학자들이여, 안녕!"

엘자는 영광을 향해 달려갔다.

감미로운 세계에서 생활한 지 벌써 8개월째에 접어들고 있는 엘자는 활기를 잃었고 수척해졌다. 단역배우로 일하긴 하지만 양말을 꿰매는 일보다 더 권태롭고 힘이 들었다. 일주일에 겨우 한두 번 촬영을 하기 때문에 끼니를 때우지 못하는 경우도 있었다. 그렇지만 엘자는 "돈을 잘 벌고 있어요. 크리스마스 때 궐련 한 상자를 보낼게요. 곧 주역을 맡게 되기를 원해요"라고 아버지께 편지를 썼다. 그러나 실제로 그녀에게 희망이라곤 없었다.

프리취도 리에트케도 그녀를 사랑하지 않았다. 그녀는 딱 한 번 프리취의 옆에 있은 적이 있었지만, 그가 귀찮은 내색을 했기에 말 한마디도 건넬 수 없었다. 대화를 하려고 했으나 그는 피곤한 몸짓으로 그녀가 말하려는 것을 막았다. 방세가 두 달치나 밀려 있었으며 더 이상 영화관에 가거나 잡지를 구독할 돈도 없었다. 그녀는 식료품 가게 앞에서 발을 멈추고 오랫동안 진열장에 있는 음식을 멍하니 쳐다보곤 했다.

오늘은 촬영이 있는 날이다. 객차 앞에서 승객이 두고 내린 신문을 주워 읽는다. 습관적으로 그녀의 눈은 영화란을 좇고 있었다.

'운이 좋은 해럴드 로이드는 일주일에 2만 달러를 벌고 그는 조개모양의 안경을 끼고 있다. 금발미녀 그레타 가르보는 일주일에 1만2천 달러를 번다'라는 기사를 보며 엘자는 2만 달러는 얼마나 될까를 계산해 보았다. 더 이상 정신적인 고상함을 추구할 여유가 없는 그녀는 돈, 오직 돈을 생각하며 신문에 나온 증권거래소의 시세를 훑고 있었다.

"1달러는 4마르크 20페니…. 44.2 곱하기 20은…."

숫자를 계산하다 보니 어느새 내려야 할 역이었다. 엘자는 촬영소를 향해 허둥지둥 달려갔다.

팝스트 감독은 악역을 맡은 남자에게 "그리고 나서 그녀를 물어요"라고 지시했다. 실감나는 연기를 좋아하는 감독은 엘자를 보자 뛰어난 여배우도 잘 표현하지 못하는 공포와 고통을 이 여자는 그 순진한 얼굴로 해낼 수 있을 것이라는 생각을 했다.

"여자의 팔꿈치 위를 물어요!"

배우가 약간 난처한 표정을 지었지만 팝스트는 "당신이 문 그 자리에 달러를 주겠소"라고 남자배우를 설득했다. 그 대사는 시나리오에 씌어 있는 것이었으므로 그녀에게 다소 위안을 주었다.

"달러, 그것을 여자에게 주시오…."

엘자는 남자가 껴안기를 기다리며 얌전히 침대에 누워 있었는데 그것은 영화 촬영이었다.

그러나 그녀는 실생활에서 모든 것을 감수했다. 유명배우 프리취는 그녀를 거들떠보지도 않았고, 그녀는 중요한 역을 맡게 해주겠다고 약속한 소도구 담당자와 여러 밤을 함께 보냈다. 사랑이 끝난 후 그는 코를 골고 침을 흘리며 잠 속으로 곯아 떨어졌다. 그녀는 그의 감언이설에 속았던 것이다. 그것은 기억하고 싶지 않은 과거였다.

엘자는 남자배우가 물자 가볍게 소리를 질렀다. 그것은 단역배우로서가 아닌 배우로서의 첫 배역이었고 10마르크나 더 벌 수 있었다. 갑자기 악역을 맡은 남자가 그녀를 잔혹하게 물었고 그녀는 비명을 질렀다. 감독이 팔뚝 위에 생긴 반원의 멍을 손으로 문질러 주었지만 엘자는 화가 날 정도로 아픔을 느꼈다. 촬영은 계속되었다. 촬영이 끝난 후 반원의 멍자국에 초록빛이 감도는 지폐, 그것은 1달러, 진짜 1달러 지폐가 놓였다. 1달러를 보면서 엘자는 오늘 신문에서 본 환율 시세 '1달러는 4마르크 20' 그리고 '이 돈이면 일할 때 신을 스타킹을 살 수 있을 거야'라는 생각을 동시에 하고 있었다.

엘자는 돼지고기 가공식료품점 앞에서 걸음을 멈췄다. '참 맛있겠다!' 침을 삼키지만 이미 소시지 두 개를 사먹은 엘자는 그것을 살 엄두를 내지 못했다. 스튜디오에서 일하려면 파티복이 있어야 하는데 그녀는 돈이 없었다. 운이 억세게 좋은 해럴드 로이드는 2만 달러를 벌고 있지만 불운한 엘자는 슬픔, 견딜 수 없는 슬픔에 둘러싸여 있을 뿐이었다. 성미가 고약한 수위의 눈을 피해 그녀의 방으로 들어온 엘자는 지쳐 있었다. 침대 위에 쓰러진 그녀는 나무와 늙은 철학자들이 나오는 꿈속에서 울고 있었다. "엘자 아가씨, 왜 울고 있나요? 희망 없이 윌리 프리취를 사랑하기 때문인가요? 아니면 당신이 몰두하는 신성한 예술 때문인가요?" 엘자는 아무 대답이 없었다. 눈물을 흘리는 것은 단지 그녀의 직업이 배우이기 때문일 것이다. 단역배우들 대부분은 각막염으로 고생하고 있었고 그래서 그들은 자면서도 눈물을 흘렸다. 그들이 흘리는 눈물은 가을비처럼 오랫동안, 그리고 끈질기게 흘러내렸다.

바다는 길게 펼쳐진 해안에서 죽은 해초와 썩은 나무조각들을 휩쓸어 간다. 인생의 찌꺼기들을 어디로 가져갈 수 있을까? 여자들이 가야 할 길은 뻔하다. 갈라타의 좁은 골목길에서 짙게 화장을 한 여자들은 몸을 거의 드러내고 뱃사람들을 기다린다. 남자들이 할 수 있는 일은 외인부대에 자원해 프랑스군 무기로 아랍인들을 죽이거나 단역배우가 되는 것이다. 단역배우가 되려면 누굴 죽일 필요도 없이 촬영소 문앞에 모여 있기만 하면 된다. 그리고 고상한 생김새로 가상적군이 되거나 즐겁게 춤을 추거나 12, 14시간을 쉬지 않고 자연스럽게 대화를 나누는 역을 하면 되었다. 그렇게 사는 사람들은 노동자들이 아니라 인생의 찌꺼기들, 치우고 싶어도 그대로 남아 있는 찌꺼기 인생들이었다.

단역배우들 중에는 희망을 잃은 채 옛 제국의 유니폼으로 생계를 유지하는 러시아인들이 많았다. 그들은 그 시대에 유행했던 러시아 생활을 보여주는 영화에 출연했다. 인부들이 그리 많은 시간을 들이지 않고 널빤지로 집을 만들었다. 테오도지아 식당이라고 써 붙인 그 집에서는 번쩍거리는 견장을 단 군인들, 깃털이 달린 모자를 쓴 근위병들, 소매 끝에 수를 놓은 제복을 입은 멍청이들이 아양떠는 듯한 윙크를 하고 있었다. 취객들의 소리, 로맨스, 보드카를 배경으로 창문 옆에는 촌스러운 전화기 한 대와 사령부 지도가 있었다. "빨갱이들이 진격한다!"는 소리에 그곳에 있는 사람들의 얼굴에는 그늘이 드리워졌다. 그런데 사람들은 진정으로 걱정하지 않았으며 뚱보 집사가 잔에 가득히 따른 보드카를 들이키고 있었다. 탁자 위에는 반라의 여인이 앉아 있었다. 한 남자가 그녀가 걸치고 있는 숄을 잡아끌면서 그녀를 안아야 했는데, 아무래도 뭔가 어색했다. 육체적인 욕구가 표현되지 않아 처음부터 다시 찍어야 했다.

그러나 진짜 러시아 장교였던 배우들은 "본 지 오래요, 대령…." "실례

지만 어느 연대에 있었소?" 하며 맡은 역을 훌륭히 소화해 냈으므로 감독
은 만족했다. 진짜 장군이었던 흰 구레나룻이 있는 남자와 러시아의 옛 군인
들은 어떻게 여흥을 벌이며, 어떻게 컵을 깨는지, 어떻게 러시아식으로 즐기
는지를 잘 알고 있었다. 감독이 조감독에게 "저 사람들에게 통역을 해줘.
쾌활하게 즐기라고! 잘 즐기라고 말해. 다음에 그들을 다시 쓸 거야"라고
소리쳤다.

집사는 온순하게 보드카를 따르고, 대위는 컵을 바닥에 내던지고, 잘생긴
대령은 여자를 껴안았다. 감독이 여전히 천조각을 걸치고 있는 착한 여배우
에게 "엉덩이를 보이게 해! 관객은 엉덩이를 좋아한다고!" 하며 소리치자
여자는 망설였다.

"통역을 해. 부끄러운가? 바보 같은 짓이야! 해변가에 있다고 상상을 해.
처음부터 다시! 다 즐겨!"

감독은 계속 소리쳤다.

러시아 사람들은 감독의 주문대로 즐기는 역을 하고 그 대가로 15마르크
씩 받았다. 그들이 아직도 옛 러시아 제국의 군복을 소중히 간직하는 이유는
무엇일까? 왕정복고를 원하는가? 아니면 단역배우의 운명에 체념했는가?
그 이유는 아무도 알 수 없었다.

잠시 쉬는 시간에 그들은 수군거렸다.

"중국인들이 러시아인들을 찾는 것 같아. 수당 2백 달러와 여행비도 준
다는군. 그곳에 갈까?"

감독이 부르는 소리에 그들의 꿈은 깨졌다.

"즐거워해! 컵을 깨뜨려! 여자를 껴안아! 15마르크를 벌어!"

촬영이 다시 시작되었다.

"아마 다음 주에도 일자리가 있을 거야! 그들은 빨갱이를 촬영해야 하거

든. 군복이 지급되고, 우리는 이번에는 볼셰비키 당원 역을 할 수 있을 거야."

러시아 단역배우들의 꿈은 여전히 계속되었다. 중국에 가지 않더라도 그들은 다음 촬영에서 볼셰비키 당원의 역할을 하고 근위병 역을 맡게 될 것이었다. 그리고 귀족의 털코트를 입은 러시아 농민으로 춤을 추고 성호를 그을 것이었다. 노이바벨스베르크, 조왱빌이나 할리우드 어디든 그들은 상관하지 않았다. 일주일에 80프랑, 15마르크, 5달러를 벌 수 있다면 단 한 번의 반짝 출연이라도 그들은 행복했다. 근처에 있는 싸구려 음식점에서 고기 한 점을 안주로 싸구려 독주 한 잔을 마시고 깊은 잠에 빠져들 수 있으니….

그렇다. 영화는 큰 산업이었고 영화로 잃을 것이라고는 없었다. 찌꺼기 인생들은 아름다운 영화를 만들고 마르크나 프랑을 벌면서 긴 한숨과 함께 기나긴 저녁 시간을 보냈다.

IV

여덟 살인 찰리의 뺨은 통통하게 살이 쪄 있었으며 눈은 초롱초롱했다. 집에서는 엄마에게 야단맞으면서 징징거렸지만 이곳 파라마운트 스튜디오에는 야단치는 사람은 없었고 오히려 어른들이 어깨를 툭툭 치며 장난을 걸거나 사탕을 주었다. 매일 촬영소에서 일하는 찰리는 어머니를 돕고 가족을 부양했다. 모두들 어른의 눈빛을 가진 개구쟁이 찰리의 얼굴을 좋아했다. 회의주의자인 찰리는 목사님이 성경의 기적을 설교할 때 비웃었다. 그는 그 수작을 잘 알고 있었다. 어머니가 울고 있을 때 찰리는 말했다.

"엄마, 잘 울지 못하네. 헬렌 모건보다 울 줄을 몰라."

그는 절대로 울지 않았다. 시나리오에 우는 장면이 없는데 울 이유가 없지 않는가. 눈물을 흘리는 경우도 있었지만 그것은 장난이었다. 눈물이 나는 것은 강렬한 라이트 때문이거나 의사가 눈에다 안약 몇 방울을 넣어 줄 때뿐이었다. 제르트뤼드 로렌스 역시 눈물을 쏟을 때가 있었는데 그녀는 돈을 엄청나게 잘 버는 스타였다. 찰리는 많이 벌지는 못했지만 좀더 크면 중요한 배역을 맡을 것이고 허버트 헨리처럼 될 것이다. 찰리가 번 돈 3달러를 집으로 가져오면 어머니는 매우 감격해 그의 머리를 쓰다듬었다. 그리고 "찰리, 엄마 좋아하니?" 하며 그에게 속삭이듯 물으면 찰리는 "엄마는 연기할 줄 몰라"라며 어깨를 으쓱거렸다. 감독은 헬렌 모건에게 "날 좋아하세요?"라고 말할 때 눈을 감으라고 했는데 그 장면은 어린 찰리에게 너무 인상적이었다. 그리고 남녀 배우는 서로 껴안았고, 물론 실제로 애인이 있는 헬렌 모건은 상대역 존을 사랑하지 않았다. 그것은 트릭이었다. 목사님과 엄마 그리고 찰리…. 모든 것은 속임수였다.

찰리처럼 짧은 반바지를 입은 아이지만 늙은이의 눈을 갖고 있는 아이들은 많았다. 관객들은 스크린에 나오는 어린아이의 얼굴을 좋아했고 어린 배우들은 가짜 노동과 환멸을 배우면서 돈을 벌었다. 세 살 미만의 아이가 영화에 출연하는 것을 법으로 금지하고 있는 국가도 있지만 네 살 된 아이들은 배우라는 훌륭한 직업에서는 성숙한 나이에 속했다. 유치하게 눈물을 흘리며 울지 않는 아이들, 그들이 우는 것은 눈이 아프기 때문이었다. 그들은 우선 영화를, 그 다음에는 인생이 무엇인지를 배웠다. 영화는 좋은 학교였으며 인생은 스크린과 유사했다. 아역배우들은 나중에 신경쇠약에 걸리거나 도둑이 되기도 하고 그 중 몇몇은 범죄자가 되어 전기의자에서 생을 마감했다. 그렇지 않으면 대도시의 암흑가에서 들러리로 살면서 결국 목을 매 자살하거나, 약물을 복용하거나, 범죄자가 되어 철창 신세를 지게 마련이었다.

UFA는 자사(自社) 영화 「메트로폴리스」[74]를 매우 자랑스럽게 여겼다. 이 작품은 절로 얻어진 것이 아니었다. 흥분한 신문들은 '6백만 마르크라는 제작비가 든 대작이다. 파라마운트의 「벤허」는 그보다 세 배나 많은 제작비를 투자했지만 독일이 곧 미국을 능가할 수 있을 것이다'라고 보도했다. 유럽인들에게 「메트로폴리스」는 엄청난 투자였다. 환상적인 도시, 거대한 엘리베이터, 지하실, 수천 명의 사람들, 유토피아…. 그 영화는 독일인들의 장엄한 서사시였으며 거기서는 양키들의 직설적인 작품 「벤허」에 나오는 마차보다 더 심오한 어떤 것을 찾을 수 있었다. 신문, 책자, 포스터는 앞을 다투어 그 작품을 예찬했다. 이중으로 된 두 도시 — 지하에는 노예들, 지상에는 주인들이 있었다. 노예들이 반란을 일으키기 직전 사랑의 장난이 끼여든다. 브리지트 헬름이 순교자의 눈을 가진 젊은 처녀 역을 맡았으며, 지상의 도시에서 내려온 한 젊은 남자가 그녀의 눈빛에 감동했다. 지상의 도시와 지하의 도시의 화해의 사도가 된 그 젊은이는 이성의 승리자였으며 그녀의 좋은 남편감이었다.

"UFA 영화관에 빨리 가시오. 당신은 지상의 도시, 더 정확히 말하면 베를린 서쪽에 살고 있소! 빵에 굶주린 사람들, 스파르타쿠스[75] 단원들, 총성, 돌, 피로 얼룩진 혁명을 생각해 보시오. 당신은 완전히 밀폐된 창문과 신문의 급보들을, 이 모든 것을 지겹도록 경험했소. 당신은 그것을 브리지트 헬름의 눈과 6백만 마르크가 든 촬영세트와 함께 아름다운 이야기처럼 다시 체험할 것이오."

일류 영화관에서 영화가 일단 개봉되기만 하면 그 영화는 도처에서 상영

---

74) 1927년 프리츠 랑 감독이 만든 서사물. 거대한 지하 공장에서 일하며 별도의 구역에서 사는 미래 도시의 노동자들이 등장한다. 완전히 표현주의 양식으로 만들어진 이 영화에는 대형 무대장치와 750여 명의 일류배우, 4만여 명에 이르는 단역배우들이 동원되었다. 이 영화에 들인 엄청난 제작비로 UFA의 재정은 더욱 어려워졌다.

75) 1916년 공식 출범한 스파르타쿠스단은 온건 성향의 사회민주당 내에서 하나의 분파로 발전했다. 스파르타쿠스 단원들은 1917년 볼셰비키 혁명을 인정하였으며 제1차 세계대전 이후 불안한 정치 상황 속에서 국제 프롤레타리아 혁명을 실현할 기회를 엿보았다. 독일 공산당이 룩셈부르크의 안을 받아들이자 스파르타쿠스단은 1918년 12월 30일부터 1919년 1월1일까지 개최된 전당대회에서 독일 공산당으로 이적했다.

되었다. 최근 선동자들의 연설을 들으면서 배고픔에서 벗어나기 위해 혁명을 일으키려고 했던 지하 도시의 사람들 역시 그 영화를 보러 갈 것이다. 혁명을 생각한 그들은, 영화 속 순교자의 눈에서, 선택된 자의 아름다움에서, 화해자의 아름다움에서, 진실이 있다는 것을 알게 될 것이다. 그들은 영화 속에서 지상의 도시 사람들이 그들에게 내미는 손을 즐겁게 잡을 것이다. UFA가 제작비를 아끼지 않았던 만큼 영화는 화려하면서도 유익했다. 이 영화를 제작하는 과정에서 희생자가 몇 명 있었다는 소문이 조용히 거리를 떠돌고 있었다. 어떤 이들은 다섯 명, 또 다른 이들은 여섯 명이라고 했다. 6백만 마르크와 여섯 명의 죽음…. 죽은 사람은 당연히 없었고 경찰이 관여할 필요도 물론 없었다. 그것은 감독의 기발한 생각으로 인간 사회의 연약함을 이용해 자연스럽게 책임을 전가하기 위한 것이었다. 시나리오에 따라 강물이 범람한 도시에 수백 명의 아이들이 등장했으며 그것은 대단한 효과를 가져왔다. UFA 영화사는 실업자들의 자녀들에게 일거리를 주면서 실업자들을 구제했다. 아이들이 물 속에서 한 시간, 두 시간, 세 시간 머물러 있는 동안 카메라맨이 카메라를 움직이고, 감독은 각도를 맞추고, 조수들은 라이트를 이동시켰다. 촬영 후 집으로 돌아간 아이들 중 몇몇은 병에 걸렸고 그 중 몇 명은 죽었다. 대여섯 명이 죽었다는 소문이 떠돌았다. 그러나 아이들이 죽는 일은 허다했으며 더군다나 실업자들의 아이들은 더욱 더 죽는 확률이 높았다. 소문은 사망률에 관한 것이었을 뿐, UFA의 영화제작에서 비롯된 것은 아니었다. 영화 홍보라는 면에서 볼 때 이러한 소문은 그리 해롭지 않았다. "영화제작 과정에서 몇 사람이 죽었대"라고 수군거리는 관객들이 '우리가 들인 6백만 마르크를 다시 벌어들여야 한다'는 영화사의 음모에 가담하자 영화사의 수입은 증가되었다.

국제노동사무소, 권태로운 분위기에서 고명한 변호사들이 아동노동보호법에 관한 문제를 다루면서 영화산업에 몇 가지 지침을 내렸다. 독일 대표자는 만족스러운 미소를 지으면서 "우리나라에는 그런 일이 없습니다!"라며 가방에서 문서 한 장을 꺼내 읽었다.

"어린이 고용은 정신적이고 도덕적으로 어린이에게 해를 끼치지 않는 촬영에서만 허락됩니다."

회의는 끝나고 국제노동사무소의 회원들은 해산했다. 탐미주의자이며 철학자였고 교육적인 영화를 좋아했던 독일 대표는 "당신 나라에서 「메트로폴리스」가 상영된다고 알고 있소. 만족스럽습니다. 성공할 만한 영화입니다. 브리지트 헬름의 눈…. 그리고 물에 잠긴 도시 — 정말 대단한 장면이지요!"라고 다른 나라 대표자에게 자랑스럽게 말했다.

V

영화계는 작업에 대한 보수를 넉넉하게 지불했다. 찰리아핀의 영화 한 편 출연료는 20만 달러로 아름다운 목소리를 가진 명성 있는 배우인 그녀에게 걸맞은 액수였다.

비행기 낙하를 하는 단역배우에게는 80달러라는 정해진 가격이 있었다. 평범한 단역배우의 출연료는 8달러지만 비행기에서 낙하산을 타고 뛰어내리다 골절상을 당할 위험에 대한 수당으로 그는 80달러를 받았다. 그에게 걸맞은 출연료였다.

관객들은 목숨이 위태로운 상황에 처해 있는 사람들을 보는 것을 즐겼다. 예전의 관객은 서커스단의 묘기에 만족했었지만 오늘날 성숙해진 관객은 더욱 더 섬세한 장면을 보기를 원했다. 빠른 속력으로 달리는 기차의 지붕이나 비행기 날개 위에서의 격투, 부서진 교각이나 마천루 꼭대기에서 뛰어내리기, 폭발하는 대포알이나 물에 잠긴 지하실에서의 사랑 고백 끝에 키스…. 위험과 사랑이 뒤섞이는 것을 좋아했다.

찌꺼기 인생들

늦은 가을밤 하늘에서 별은 떨어지지만 할리우드의 별들은 절대로 떨어지지 않았다. 그들을 대신해 단역배우들이 허공에 몸을 날리거나 총싸움을 하기 때문이었다.

윌 헤이즈의 사무실에 매우 슬픈 내용이 담긴 사고 통계자료가 있었지만 영화의 황제, 종달새며 장로교 신자인 헤이즈가 그 내용을 살펴보는 경우는 거의 없었다. 할리우드에서는 하루 평균 15건의 사고가 발생했고, 지난 5년 동안 1만7백94건의 불의의 사고로 사상자들이 생겼다. 위대한 예술에는 항상 희생양이 있기 마련이었다.

스타는 목숨을 내놓고 연기를 하지 않았다. 세계 도처에 열성 팬들이 있는 유명한 스타는 일주일에 수천 달러에 해당하는 중요한 계약을 하는 사람이었다. 그들은 파라마운트나 폭스에 전속되어 있으면서 또한 관객들에게도 속해 있었다. 단역배우들의 삶은 그들과는 판이하게 달랐다. 낙하산 하강은 80달러, 비행기 날개 위에서의 격투 장면은 2백25달러, 그들의 역할에 따라 정해진 가격표를 가진 그들이 잃을 거라곤 아무것도 없었다. 인간 생명의 고귀함이 전혀 고려되지 않은 가격, 그들의 묘기에 비한다면 형편없는 가격이었으나 목숨을 거는 대가로 2백25달러를 받는다면 그런대로 괜찮은 편이었다. 허리가 부러지는 불상사가 일어나기도 하지만, 저녁식사를 푸짐하게 먹거나, 아내에게 옷을 사주고, 자신을 위해 구두를 살 수 있는 돈이었다.

관객들이 전쟁영화를 좋아하자 할리우드 주변은 참호, 탱크, 기관총, 대포알이 날아가는 소리, 위생병이 들고 가는 들것 등으로 가득 찬 전쟁터로 변했다. 그것들은 모조품이었지만 25만 달러라는 제작비가 들었고 ,그것은 55명의 가족 생계비와 맞먹는 액수였다. 그러나 진짜 전쟁의 대가는 그보다 훨씬 비쌌기 때문에 고가의 제작비는 별 문제가 되지 않았다. 게다가 전쟁영화를 통해 관객들에게 인간의 정신과 사랑을 교육할 수 있었으므로 아무도 55명의 가족 생계비를 안타깝게 생각하지 않았다.

꿈의 공장

기우세프는 오래 전부터 일자리를 찾고 있었다. 예전에 미국 사람들은 금, 석유 분야에서 일하면서 행복을 누렸지만 지금은 전환의 시대를 맞이했다. 토지는 황폐해지고 위대한 미국에는 더 이상 행복이 존재하지 않았다. 건축업에 종사했던 기우세프는 불경기를 맞아 일자리를 잃은 후 사과 장사를 시작했지만 사과를 사려는 사람들보다는 팔려는 사람이 더 많았다. 그는 굶주림에 지쳐 이곳 저곳을 떠돌아다니다가 마침내 꿈처럼 아름다운 요정의 나라 할리우드를 발견했다. 사팔뜨기도 아니었고 전통적인 악역들의 갈고리처럼 생긴 손가락도 없는 평범한 사내인 그는 스튜디오에서 일자리를 찾을 수 없었다. 매일 저녁 4시에서 8시까지 촬영소 사장들은 캐스팅 센터에 전화를 하고 전화 횟수만큼 단역배우들은 즐겁게 일자리로 달려갔다. 그러나 일자리를 찾은 사람은 불과 만 명으로 나머지 8만1천 명은 일자리를 찾지 못했는데 그들 중 기우세프가 끼어 있었다.

폭스-필름 코퍼레이션은 특별한 속임수를 사용하지 않았고, 출연료가 비싼 스타가 출연하지 않는 사랑, 이별을 다룬 평범한 영화를 상영했다. 악당이 한 처녀의 아버지를 납치하자 그녀의 애인이 아버지를 구하고 처음에는 자동차로, 그리고 비행기로 악당을 추격한다는 내용이었다. 조종사인 악당과 승객인 애인이 비행기 날개 위에서 격투를 하는 장면이 있었다. 물론 참신한 내용은 아니지만 영화는 그런 류의 이야기를 좋아하는 평범한 관객들을 겨냥해 제작되었다.

잽싸고 잔인한 가죽 점퍼 차림의 악당이 조종 장치에 손을 올려놓는 장면에서 오늘 촬영은 끝났다. 비행기 날개 위에서의 격투 장면은 내일 11시에 스턴트맨이 오면 찍을 것이고 주연배우는 휴식을 취할 것이다. 삶을 보장받은 주연배우는 그처럼 위험한 촬영에 출연할 의무가 전혀 없었다.

미국에서는 주커나 폭스처럼 누구나 일자리를 찾을 수 있었다. 드디어 불쌍한 기우세프가 2시간 일하면 2백25달러를 벌 수 있는 일자리를 찾았다. 물론 비행기에서 추락할 위험이 있었지만 재수가 없으면 사다리에서도 떨어질 수 있지 않은가. 뉴욕에서 건축 붐이 일어났을 때 기우세프는 줄에 매달려 20층, 30층으로 기어올라가 일했다. 그의 발은 허공에 익숙했고 바람소리에 익숙했으므로 망설임 없이 스턴트맨 계약서에 서명을 했다. 그것은 평범한 노동자와의 평범한 계약으로 번호표를 받고 내일 아침 11시에 다시 올 것을 약속했다.

그런데 8개월 동안 제대로 먹지 못해 다리의 힘을 잃었는지 발을 헛짚어 균형을 잃은 기우세프는 마네킹처럼 떨어졌다. 그러나 카메라맨은 당황하지 않고 마지막 순간까지 놓치지 않고 카메라를 움직였다. 악당이 추락한 후 승객인 애인에게 감사하는 마음으로 어쩔 줄 모르는 처녀는 결혼할 수 있었다. 격투라는 놀라운 장면으로 갑자기 영화가 빛을 발했고, 악역을 맡았던 배우는 열렬한 팬들로부터 여러 통의 편지를 받았으며 감독은 더 많은 보수를 받았다. 그런데 두 다리를 절단해야만 한 기우세프의 사고는 단 한 신문에서만, 그것도 조그마한 활자로 다루어졌을 뿐이다. 이같은 하찮은 사고는 영화제작에 관심이 없는 윌 헤이즈에게는 보고조차 되지 않았다. 윌 헤이즈는 사고에는 아랑곳하지 않고 영화관을 구입하고 영화를 파는 일에만 전념하고 있었다.

웅장한 영화관 앞에 잘 차려 입은 부인들과 사업가들이 새로 출시된 폭스 영화를 보려고 자동차에서 내렸다. 영화관 앞에서 목발에 의지한 기우세프가 자동차가 드나드는 문을 열어 주고 있었다. 감정이 풍부하고 사랑에 빠진 여자들은 그에게 동전 몇 푼을 주었다. 그러나 주식폭락에 상심한 신사는 자동차 문을 열어 주는 기우세프를 거칠게 밀었다. 그는 다급하게 몸을 움츠렸을 뿐이었다. 거리는 텅 비어 있었으나 영화관 안을 가득 메운 관객들은 영화의 재미에 푹 빠져 있었다. 조금 전 영화관 앞에서 기우세프에게 동전을

꿈의 공장

주었던 그 처녀는 영화 속 애인이 악당을 뒤쫓아가는 장면을 보자 몸을 떨면서 소리 없이 울었다. 그런데 하나님의 가호로 곤두박질친 사람은 애인이 아니라 바로 악당임을 알게 된 관객들은 안도의 한숨을 내쉬었다. 그리고는 달빛 아래서의 키스 신이 나오자 처녀는 붉어진 콧등에 분을 다시 바르면서 눈물자국을 지웠다.

텅 빈 거리에서 목발소리를 내면서 걷고 있는 기우세프 주변에는 희뿌연 안개가 도시를 감싸고 또한 인생을 감싸고 있었다.

10
이것이 인생이다

실제로 결혼한 해럴드 로이드와 밀드레드 데이비스

I

　노동자들은 코닥, 아그파, 웨스턴 일렉트릭, 클랑필름-토비 공장과 할리우드, 조욍빌, 노이바벨스베르크에서 일했다. 노동자들이 없다면 영화도 없을 것이며 삶 또한 없었을 것이다. 영화를 통해 배우들은 스크린에서 자동소총을 쏠 수 있었고, 크리켓을 할 수 있었고, 이스트만은 음악을 좋아할 수 있었고, 나탕은 주주(株主)들과 함께 주식투자에 거액의 돈을 걸 수 있었으며, 후겐베르크는 독일의 강대함을 꿈꿀 수 있었다. 그러나 그런 것들은 그들에게만 속한 것이었고 노동자들은 오직 노동만 해야 했다.

　평소 온순하고 걱정이 없던 사장은 갑자기 담뱃재를 떨어뜨리며 긴장된 얼굴이 되었다. 그는 새로 생긴 계층이나 벨기에인들의 음모에 대한 이야기가 아닌 노동의 존엄성을 말하고 있었다.

　"여러분, 노동의 위대함을 보여줍시다! 많은 노동자들이 공산주의자들이 발간한 신문을 읽고 있는 이상 신문이 하는 대로 내버려둘 수는 없습니다. 노동자들은 영화관을 자주 갑니다. 따라서 저는 탄광에서 일하는 광부들을 위한 홍보영화를 만들려고 합니다."

　부인이 그를 '게으름뱅이'라 부를 정도로 움직이는 것을 싫어했던 사장이 노동의 존엄성을 역설했다. 그는 신념에 가득 찬 목소리로, 그러나 조심스럽게 "광부들과 대항해 싸워야 합니다!"라고 덧붙였다.

여송연의 연기가 가득 차 열대지방처럼 달아 있는 사무실에는 비너스 상과 비둘기 상으로 장식된 문진(文鎭)이 있는 탁자가 있었다. 한 쪽에서는 숫자를 계산하기에 여념이 없었는데 한가한 탄광주들은 가죽의자에 푹 파묻혀 상상의 나래를 열심히 펼치고 있었다.

창문 너머로 곧게 뻗은 브루에이[76] 거리의 획일적으로 지어진 집들이 보이지만 사람 그림자는 보이지 않았다. 시커먼 먼지에 뒤덮인 나무들도 활기를 잃은 듯이 보이는 어느 가을의 슬픈 황혼녘이었다.

제안서는 받아들여졌다.

"우리는 진실을 담은 훌륭한 영화를 주문한다. 배우들과 사랑을 다루는, 그리고 수갱(竪坑)이 있는 영화를 주문한다. 반드시 수갱이 나와야 한다. 우리의 브루에이는 할리우드와 비교해 볼 때 전혀 손색이 없다!"

한적한 거리에는 석탄가루에 검게 그을린 집만 보이고 지하에서 일하는 브루에이 사람들은 거기에 없었다. 다른 도시들은 존재한다는 사실만으로 충분하지만 브루에이는 또 다른 중요한 임무를 맡고 있었다. 석탄을 채굴해 공장의 화로에 공급하고, 가난한 이들의 언 손을 녹여 주고, 석탄 주식 투자자들에게는 배당금을 가질 수 있게 하는 도시였다.

숨이 막힐 지경으로 무덥고 어두운 수갱 안으로 광부들이 희미한 빛을 발하는 램프를 가져왔다. 수갱의 분위기는 신화에나 나옴직한 이야기를 생각나게 하지만 그곳에서는 일상적인 일이었다. 수갱 안으로 내려오는 늙은이와 어린아이들, 아이들은 '어린 시절이라는 축복받은 시간'을 그렇게 지하에서 보내고 있었다. 수갱 안에서 거의 벗어부친 광부들의 몸뚱아리는 검은

---

76) Bruay. 프랑스 북부 파 드 칼래 지역의 탄광도시.

빛을 발하는 땀으로 뒤범벅되어 있었다. 간혹 램프 불이 꺼져 칠흑 같은 암흑이 되기도 하고 들이마실 공기도 충분하지 않았다. 사실 정강이까지 검은 석탄 진창이 차올라 오고 천정 위에서는 시꺼먼 물이 뚝뚝 떨어지는 그곳에서 맑은 공기를 찾는 것은 사치였다. 그렇게 하루종일 지하 탄광에서 일한 광부들은 저녁이 되자 삐걱대며 덜컹거리는 고물 승강기에 몸을 싣고 지상으로 올라왔다.

지상 세계에는 해가 솟아오르고 지는 시간이 있지만 광부들의 수갱은 항상 컴컴했다. 지상 세계에서 감독관은 반사하는 태양을 보며 흐뭇해 하고 사장은 산책하지 않는 딸의 건강을 걱정하고 있었다. 그렇게 지상 세계에는 낮과 밤이 있었다.

광부들은 검은 녹청으로 몸을 닦아내려 하지만 석탄 가루는 잘 씻겨지지 않고 몸 속으로 들어가 심장에 붙었다. 그들은 술집에서 얼마간 떠들다가 바느질하는 아내가 만든 배추 수프를 먹고 곯아떨어졌다. 그렇게 브루에이 사람들은 석탄을 채굴하면서 자신이 아닌 다른 사람들을 위해 살았다.

사장은 시나리오를 검토하면서 "흠, 이 부분을 약간 손봐야겠군. 수갱 사고로 영화는 더욱 흥미롭긴 해. 그러나 그렇게 우울한 이야기가 필요한가? 수갱 사고도 잘 처리되고…. 특히 좀더 낙관적인 이야기를 추가해 봐! 광부들은 무엇으로 살지? 희망…. 감옥에서 교도관에게 잘 보이면, 원래의 수형 기간보다 빨리 나올 수 있을 거야. 병사는 하사 계급장을 꿈꾸지. 우리는 광부들에게 희망을 보여주어야 해. 눈부신 미래가 그들을 기다리고 있다는 것을 보여줘. 젊은이들은 기술자가 될 수 있고, 노인들에게는 자식들이 사회적으로 지위를 갖게 될 것이라는 희망을 보여주는 거야. 광부들은 희망을 가질수록 열심히 일할 거야. 절망 속에서는 술에 빠지고, 파업을 하고 뒤죽박죽으로 살 뿐이야" 하며 마지막으로, "제발, 끝부분을 약간 바꿔 봐! 기분을 들뜨게 하는 것으로…" 라고 지시했다.

시나리오의 끝부분을 고치는 것은 매우 쉬운 일이었다. 예를 들어, 수갱 사고가 발생하자 젊은 여자가 광부옷으로 갈아입고 애인을 찾으러 탄광 속으로 내려간다. 아주 짧은 시간 동안 그들은 함께 파묻혔다. 즉시 구조대의 웅성거리는 소리가 들리며 그들은 구조되었다! 그것은 비극이 아니라 오히려 순정적인 사랑 이야기였다. 파묻힌 사람들이 서로 꼭 껴안도록 만들 수도 있었다.

재난 속에서 나누는 키스 장면은 감상적인 사장의 마음에 들었다. 제작비에 쓸 수표에 서명하는 사장의 입술은 키스 장면을 상상하며 탐욕스럽게 오물거렸다.

브루에이에서 야외촬영을 한 좋은 영화가 만들어졌다. 감독은 이 영화를 만들기 위해 다소 고생을 했다. 수갱 사고가 발생하자 여자들이 문앞에 소란스럽게 몰려들어 "남편에게 무슨 일이 생겼나요?"라고 물어댔다. 그게 아니라 파리에서 브루에이를 찍기 위해 온 촬영팀이라는 것을 알고 나자 "영화에 우리가 나온다!" 하며 흥분했다. 흥분한 브루에이 사람들을 진정시키는 것보다 수갱 사고를 촬영하는 게 더 쉬운 일이었다.

여배우는 능란한 몸짓으로 애인의 가슴에 안기면서 키스를 했고, 그녀의 매혹적인 팬티가 살짝 보였다.

영화에는 나이 든 광부가 등장한다. 그의 아들은 파리에서 공부하며 장래에 기사(技師)가 될 것이다. 나이 든 기술자도 등장한다. 그의 아들 역시 파리에서 공부했다. 광부의 아들은 열심히 공부하지만 기사의 아들은 공부를 게을리했다. 그런데 프롤레타리아 계급을 변호하는 공산주의자들이 말하는 평등, 현실에서는 좀처럼 보기 힘든 평등에 따라 둘 다 한 여자를 사랑했다. 그 여자는 화장을 짙게 하며 테니스를 치러 다니는 행실이 나쁜 여자였다.

기술자 아들은 광부의 아들에게 억지로 술을 먹이고 그 결과 둘 다 시험을 망친다. 광부의 아들은 브루에이로 돌아와 램프를 들고 수갱으로 내려간다. 세상을 저주하며 술을 퍼마시고 슬픔에 잠겨 있는 광부의 아들은 자멸할 수도 있었으나 행실이 바르고 수수한 브루에이 처녀가 그를 사랑했다. 그러는 동안 기사 아들은 파리지엔느와 결혼하면서 식사비로 4만 프랑을 낭비한다. 엄격하고 올바른 성격을 가진 기사는 이러한 낭비를 용서할 수 없었고, 아들이 3개월 동안 지하 탄광에서 일한다는 조건으로 그의 빚을 갚아 준다.

평생 동안 지하 탄광에서 일하라는 것은 저주였다. 그러나 기사는 아들에게 3개월이라는 적당한 기간 동안 탄광 일을 하게 하면서 돈의 중요성을 배우며 후계자인 아들이 아버지의 왕국과 친숙해질 기회를 준다. 미국에서는 존경받는 백만장자가 아들을 그가 경영하는 공장이나 탄광으로 보내는 일이 간혹 있었다.

그런데 수갱 사고가 발생하고 탄광에 묻힌 사람은 바로 기사의 아들로 사람들의 마음은 착잡했다. 사랑하는 브루에이 처녀와 함께 있는 광부의 아들이 아니면 그를 구조할 사람이 없었다. 사랑하는 연인들은 서로 껴안는 장면에서 영화가 끝날 수 있었다. 일반적으로 영화의 키스 장면은 마지막 장면이기 때문에 키스 장면이 나오면 출구 쪽으로 향하는 성급한 관객들의 발자국 소리가 들린다. 그러나 이 영화는 비천한 물질주의에 질식되어 있는 광부들을 위한 것이었다. 그러므로 이 영화는 키스 장면이 아닌 미래를 보여주면서 끝을 맺기로 했다. 기사 아들은 광부 아들에게 좋은 직장을 얻게 해 줄 것을 약속했다. 사장이 "병사에게 계급장을 보여주어야 한다!"라고 말하지 않았는가. 영화 속에 나오는 기사처럼 엄격하고 정의로운 사장에게는 낭비벽이 심한 아들은 없었고 운동을 싫어하는 딸이 있었을 뿐이다. 그녀는 의회 의원과 결혼하기로 되어 있었으므로 사장의 사위 역시 공기가 탁하고 진창 구덩이가 있는 탄광으로 내려갈 일은 없었다. 사장의 사위는 비너스와 비둘

꿈의 공장

기 상으로 된 문진이 있는 사무실에서 상세한 보고서를 쓰고 있을 것이다.

영화관이 없는 도시는 부끄러운 도시인 만큼 브루에이에도 영화관이 있었다. 이곳에서 「사랑의 뱃노래」 「난을 든 부인」 「베니스의 밤」 「공주의 태양」이 상영되었다. 광부들은 영화를 보며 한숨을 내쉬거나 낄낄거리면서, 연인들이 서로 껴안는 장면을 보면서, 탄광을 잊을 수 있었다. 하루 종일 지하에서 보내고 난 후면 기계적인 피아노 소리, 그을음, 배추 수프가 있는 지상도 지긋지긋해지는 광부들은 영화에서 어리석지만 재미있는 또 다른 인생을 발견했다. 그들은 아름다운 난(蘭)과 귀부인들이 나오는 장면을 보면서 웃을 수 있었다.

"오호, 오오! 수염 달린 녀석이 귀부인에게 굴러 떨어졌군! 난(蘭)도!"
지하의 밤이 깊어 갈수록 영화관의 웃음소리는 더 크고 무시무시해졌다. 포스터마다 '굉장한 볼거리' '토요일에, 광부들의 삶을 다룬 영화가 상영된다'라는 글이 씌어 있었다. 브루에이가 영화에 나온단다! 대단하군! 파리에서 온 사람들을 보러 가자. 철장 옆에서 발을 헛디딘 배우도 있었지. 사장은 낄낄대지 말라고 했지만…. 화면에서 그 우스꽝스러운 얼굴을 보아야 하나? 갈까? 영화는 브루에이 사람들의 화제거리가 되었고 영화관은 초만원을 이루었다. 조심스러움과 침묵, 간혹 나지막한 웃음소리가 들렸다. 자막에는 '모든 광부들의 노고를 치하하며 그들을 사랑한다'라는 말이 씌어져 있었다. 게으름뱅이의 아버지, 기사가 화면에 나타나자 누군가가 "얼간이"라고 소리쳤다. 관객의 욕설을 듣지 못한 기사는 여전히 엄격하고 정의롭게 아들에게 3개월 동안 탄광에서 일하도록 명령한다.

"아! 아! 우리는?"
영화관에는 소문이 떠돌았다.
"꺼져 버려! 수갱 사고? 그럴 리 없어! 붕괴 사고라니! 껴안고 있는 것들이 하는 말 알아들었나? 바보들! 그들은 쓴맛을 못 봤어! 저 계집애 팬티 입었네! 아, 엉덩이 두 짝을 잘 겨냥해! 좋은 자리를 줄 거라잖아! 망할 놈! 아 양떨고 있네! 걱정 마! 그건 속임수야! 그건 웃기는 소리야! 나에게 그딴 소리 해 봐라! 잠이나 자러 가자!"

그 이튿날 관객은 훨씬 양순해졌다.

"저 팬티 죽여주는군. 와! 껴안는다!"

감탄, 웃음소리, 박수소리가 몇 번 들렸다. 이웃 도시에서 이 영화를 보는 관객들은 조용했다. 인생을 아는 사장은 처음에 관객들은 생각 없이 소리치지만 그리고 나서 생각한다는 것을 알고 있었다. 어쨌든 그들에게는 죽을 때까지 공산주의자들의 글을 읽는 것보다 좋은 직장을 갖는 것이 훨씬 즐거운 일이었다.

파리에서도 이 영화는 성공을 거두었다. 파리지앵들은 난이나 귀부인들의 이야기에 싫증을 내고 있던 참에 이번에는 위험, 수갱 사고, 우울한 거리, 광부들, 검둥이처럼 검은 광산 이야기였다. 촌스러운 사랑 이야기가 있는 정말 좋은 영화였으며 게다가 자극적이었다. 그 영화에서는 하얗게 분칠한 파리 여자가 아닌 시골여자가 등장하는데 그녀는 남자 팬티처럼 넓은 팬티를 입고 있었다.

광부의 삶을 다룬 영화는 노동을 주제로 교육적이고 사회적인 작품을 전문적으로 제작하는 노르 사(社)가 맡았다. 노르의 이사진에는 여러 건실한 회사의 이사로 활약하고 있는 상원의원 줄 엘비가 있었다. 그는 육체를 위해서는 석탄, 전기, 철, 대차표, 배당금을 말하는 브루에이 광산, 카르뱅 광산, 파-드-칼레 화력발전소, 사르와 모젤 석탄회사, 둔커크 전기, 제강회사, 벨빌 공장, 리베르쿠르 농산업회사, 제철공사, 라 베투노와즈, 북서 전기, 폴리오와 쇼송 건설, 파-드-칼레 북부 조개탄·석탄 아프리카 수출사, 프랑스

생선저장회사, 라 로셸-라 팔리스 해상 냉동저장소를, 영혼을 위해서는 영
화를 제작하는 노르를 갖고 있었다.

광부의 삶을 다룬 영화가 대성공하자 노르에 주문이 쇄도했다. 철도원들
의 작업을 널리 알리기를 원했던 북부 철도회사를 위해서 철도원과 기사 딸
의 사랑 이야기인 「철로」라는 영화가 만들어졌다. 제사 공장에서 일하는
공장직원들의 노동을 칭송하고 싶은 제사 공장주들의 주문에 따라 기사가
직공의 딸을 사랑한다는 줄거리의 「마(麻)」라는 영화가 나왔다.

푸조 자동차에서는 자동차, 속도, 사랑을 다룬 「경사길」이란 영화를 주
문했다. 사랑 이야기가 없으면 영화가 아니었다. 푸조에 이어 시트로앵, 그
리고 전철회사… 타이어 공장에서 직공들이 웃으며 일하고, 사랑에 빠지고,
결혼한다는 내용의 영화가 줄지어 만들어졌다. 영화제작은 서정적이고 유
익했으며 각 회사들은 자사의 상표를 선전하기 위해 영화를 이용했다. 푸조
는 「경사길」에 푸조 자동차가 최고라는 내용을 조심스럽게 슬쩍 끼워넣
었다. 후버가 "영화는 외판원이 되었다"라고 말했지만 그것은 미국인의
유머일 뿐이었다. 윌 헤이즈에 따르면 영화는 외판원이 아니라 사도-노동
이라는 복음을 전하는 사도였다.

하나님은 '생육하고 번식하라!'고 말씀하셨다. 군인이 거의 없고 외국
노동자들이 많은 프랑스에서 장군과 기업가들은 '생육하고 번식하라'는
말을 되풀이했고, 영화에 대한 열기는 시들해질 수도 있었다. 최근 여자를
상품화한 1백37번째 영화 「남아메리카를 위한 무희를 찾는다」가 출시되
었다. 관객들은 속임을 당한 젊은 여자의 눈물과 현실과는 동떨어진 사창가
의 소설과 같은 삶을 좋아했지만 그런 류의 영화는 여유가 있고 편안한 사람
들을 위한 것이었다. 그래서 중요한 의무를 게을리 하지 않고 '번식하라'
는 메시지를 완벽하게 전하는 영화 「모성애」가 나왔다.

이것이 인생이다

사과나무에 꽃이 피고, 사과가 열리며, 신부는 젖소와 새끼를 낳은 어미 젖소에게, 그리고 노동자에게 축복을 내린다. 그 노동자는 자녀를 6명이나 낳았으나 자녀들의 구멍난 신발을 보면서 심란해 한다. 그러나 잠깐 마음이 약해진 것뿐이었다. 다시 그는 강해지고 웃으며 행복해진다는 매우 서정적인 내용의 영화였다.

기업가들에게 이해되지 않는 단어가 있다면 그것은 사랑, 평온이 아니라 박애주의란 단어였다. 방적기계 소리가 붕붕거리는 가운데 직공들이 일하는 제사 공장을 무대로 한 영화가 있었다. 그 영화에서는 여직공들 중 한 명이 공장 탁아소에서 아기에게 젖을 물린다. 젖을 먹인 후 행복한 미소를 지으며 재빨리 일터로 돌아오는 장면이 있었다. 여공의 행동은 근무태만으로 볼 수 있었지만 공장주들은 박애주의자이며 게다가 그들은 프랑스에는 병사가 필요하고 노동자들이 필요하다는 선견지명을 갖고 있었다.

'왜 노동자들은 힘들게 일해야 하는가?'라는 질문에 기계공들은 모든 악은 자본주의자들에서 비롯된다는 따위의 바보 같은 이야기를 해대고 있었다. 자본주의자들은 끊임없이 노동자들의 복지에 신경을 쓰고 있는데도 말이다. 게다가 돈으로 행복을 만들 수는 없었다. 매일 저녁 보는 영화에서는 다이아몬드를 도둑맞거나 딸이 장발을 한 화가와 결혼했거나 자기가 좋아하는 팀이 3점을 잃었기 때문에 불행한 백만장자들이 눈물을 흘리지 않던가. 그러나 노동자들은 행복했다. 넓은 어깨를 가진 건장한 남자가 공장에서 집으로 돌아오면 식탁이 차려져 있었고 아내가 빵을 내왔다. 난로불을 지피고 휴식을 취하면 그것이 성서에서 말하는 번영이었다.

노동자들의 생활이 고되다고 하면 그것은 오로지 그들의 잘못으로 게으름을 피우거나, 술을 마시거나, 질 나쁜 사람들을 자주 만나기 때문이었다. 그래서 불쌍한 아내는 집을 나와 물에 빠져 죽기로 결심하는데, 착한 경찰이나 남편이 일하는 공장장이 지나가다 그녀를 구해 준다. 공장장은 수치심을 느끼며 뉘우치는 노동자에게 다시 일자리를 주고 그는 열 명의 일을 혼자 도 맡아 할 정도 열심히 일하며 행복감에 젖어 있었다.

「동심(童心)」이라는 영화에서는 두 가족의 운명을 객관적으로 볼 수 있었다. 바브래 가족 — 온순하고 부지런한 남편과 부인은 아침에서 저녁까 지 끊임없이 씻고 닦고 다림질한다. 베르리에 가족 — 남편은 따지기 좋아하 는 게으름뱅이로 감독관과 싸움이 잦으며 일과를 마치면 술집에 간다. 부인 은 빨래를 하는 대신에 여러가지 바보스러운 짓을 상상한다. 자선사업을 주 재하는 부인들이 누추한 집에서 사는 두 가족에게 밝고 깨끗한 집을 주기로 했다. 바브래 가족은 왕이 된 듯이 행복해 하며 열심히 살지만 베르리에 가 족은 전보다 나아진 것이 없었다. 자선사업을 주선하는 부인들이 두 가족이 사는 집을 방문하자 바브래 가족은 미소로 맞이하고 자선가들은 반짝반짝 윤이 나는 냄비를 감격스럽게 바라본다. 그러나 베르리에 가족은 "여긴 우 리집이다! 감시자들은 지옥으로 꺼져라" 하며 소란을 피운다. 그래서 베르 리에 가족은 햇빛이 들지 않는 누추한 집으로 다시 쫓겨간다. 베르리에의 자 녀 한 명은 결핵으로 죽고 다른 아이도 병에 걸린다. 게다가 베르리에는 감 독관과 욕설을 하며 싸우다가 일터에서 쫓겨났고 가난에 지친 딸도 불건전 한 댄스홀에 나간다. 베르리에 가족의 불행이 그들의 잘못된 태도에서 비롯 되었다는 것을 의심하는 사람은 아무도 없었다. 그 사실을 깨달은 베르리에 의 아들이 부모를 구해야겠다고 결심한다. 그는 정숙한 바브래의 딸을 사랑 하는데 감독관의 아들 역시 그녀에게 눈독을 들이고 있었다. 그런데 감독관 의 아들이 자동차 사고로 심하게 다쳐 수혈을 해야 한다. 감독관이 헌혈하는 사람에게 1천 프랑의 사례금을 주겠다고 하자 베르리에의 아들은 질투심을 버리고 그를 위해 헌혈한다. 아들을 위해 헌혈하는 베르리에 아들의 행동에 감격한 감독관은 베르리에를 다시 고용했고, 자선사업을 주선하는 부인들이 뉘우친 죄인들에게 깨끗하고 밝은 집을 준다. 진정한 행복이 시작되었다. 베르리에의 자녀들은 2부, 3부에서 죽을 수도 있었지만 그것은 큰 문제거리가 되지 않았다. 사과나무가 사과를 맺기 위해 만들어졌듯이 부인이 아이를 또 낳을 것이다. 그렇게 두 가족은 번성했다.

「동심」은 "잘 보고 배우시오! 영화는 단순한 오락이 아니라 인생을 가르쳐 주는 학교입니다. 수혈은 그리 흔한 수술이 아니며 더구나 혈액검사도 없이 즉시 수혈하지는 않습니다. 수혈을 하는 전문병원 의사가 있지만 모든 것을 곧이곧대로 이해해서는 안 됩니다. 윗사람에게 당신의 피를 주시오. 옷차림이 단정한 부인들에게 미소를 보내시오. 감독관과 싸우지 마시오. 일하시오. 일을 많이 할수록 당신은 진정한 행복을 찾게 될 것이오. 불행한 백만장자보다 훨씬 더 행복할 거요!"라는 교훈을 주면서 대중을 위한 영화관에서 상영되었다.

어두운 영화관에서 사람들은 질식할 지경이었다. 피곤에 지친 사람들은 하품을 하거나 신음소리를 내고 몸을 긁적이고 있었다. 고상한 감독관이 스크린에 비치자 관객 중 한 명이 노해서 침을 뱉었으나 부인은 눈물을 흘렸다. 영화가 끝났다. 자러 가자!

가로등이 아직도 켜져 있는 새벽에 공장의 사이렌 소리가 울려 퍼졌다. 저쪽으로! 빨리! 일하시오! 일하시오! 일하시오!

노동자들은 낮에는 일하고 저녁에는 영화를 봐야 했다. 그들이 이 계명을 지키지 않는다면 천상의 권력자들이 고무 곤봉을, 때로는 권총을, 그리고 기관총을 사용하면서 관여한다. 일상적인 언어로 말하자면 천상의 권력자들은 '경찰'이었다. 그러나 '경찰'은 천박한 단어로 천상군대의 기본적인 우아함을 조금도 표현하지 못했다. 경찰을 중상모략하며 즐기는 범죄자들은 그들 나름대로 경찰을 부르는 '젖소' '황소' '파리' '평발' … 등의 불명예스러운 별명을 열 가지도 넘게 만들어냈다. 그러나 경찰의 이미지를 아름답게 노래하는 영화가 있었다.

영화는 무엇보다도 유익한 발명품이었다. 데모가 일어나고 있는 동안 베를린 경찰서장은 '사진은 항상 쓰일 수 있다!'는 생각으로 공산주의자들을 촬영하도록 명령했다.[77] 국제연맹의 후원으로 발간된 『국제영화기구 리뷰』는 자랑스럽게 스크린의 새로운 유용성을 알리면서 영화를 문명화하는 역할을 담당했다. 영화가 문명화에 대항하는 모든 적을 전멸하려는 것을 보면서 어찌 즐거워하지 않을 수 있겠는가!

그러나 영화의 역할은 범죄자를 촬영하는 데 그치지 않고 경찰을 찬양하고 경찰복을 입은 사람을 영웅으로 만드는 데에도 능수능란했다. 윌 헤이즈가 말했던 '자연과 인간의 법'을 애매모호한 박애주의로 생각할 수도 있지만 사실은 아니다. 그것은 호루라기를 불면 단번에 경찰모를 쓴 건장한 남자가 나타나는 것을 뜻했다.

경찰을 다룬 영화는 6백82편이나 되었다. 멋진 선글라스를 낀 젊은이들, 천사 같은 미소를 짓는 기사(騎士)들은 누구인가? 스크린에는 범죄자와 경찰, 두 부류의 사람들만 등장했고 평범한 사람들은 영화관에 앉아 있었다. 비열하고 냉소적인 범죄자들이 젊은 여자의 목을 조르거나, 아이에게 잘못을 저지르거나, 가난한 사람을 약탈하거나, 노인을 우롱하면 천하무적 경찰들이 나섰고 연약한 과부나 고아들을 위해 그들의 삶을 희생했다. 전세계의 소녀들은 멋진 눈을 가진 경찰들을 보며 '저런 사람을 만났으면!' 하는 꿈을 꾸고 있었다. 사랑으로 본다면 그들은 로미오였고, 봉사로 본다면 그들은 성인(聖人)이었다. 그들은 챙 달린 모자를 쓰고 있는 1백 퍼센트 미국인이

---

77) 주49를 보라.

었고 유명한 배우들이었으며, 그들의 후견인은 주커였고 그들의 협력자는 헤이즈였다. 영화 속에서 경찰모를 썼지만 생기가 없어 보이면 프랑스 경찰이었고, 철모를 썼다면 그들은 독일 경찰이었다.

영화는 꿈꾸는 소녀들을 매료시켰고 경범죄자들에게 겁을 주었다. 경찰은 기분 좋은 연인일 뿐만 아니라, 또한 거의 타이탄이며 항상 정복자였다. 「안드리아 하메」에는 다른 영화와 마찬가지로 사랑이 나오고, 아름다운 엉덩이가 나오고, 키스 신이 있었다 신문들은 '이 영화는 우리 경찰의 힘을 보여준다'고 자랑스럽게 평했다. 경찰과 경찰견, 스키를 타는 경찰, 트럭을 타고 있는 경찰, 체력을 단련하는 경찰, 무기를 장전하는 경찰의 모습이 보여지고, 마침내 금발머리 파올라가 사랑하는 경찰 안드레아의 가슴에 바싹 몸을 붙이는 장면이 나왔다. 근무중인 안드레아는 모자를 벗지 않았고 나폴레옹 식으로 키스를 했다. 사실 그는 경찰 중의 경찰이었다!

경찰들이 비행기를 타고, 최루탄을 뿌리며, 카우보이보다 더 멋지고 재빠르게 초원을 가로지르면서 무전기로 통신을 했다. 자연의 모든 힘을 손아귀에 거머쥐고 있는 경찰에 대항한다는 것은 몰상식한 사람들이나 하는 짓이었다.

'누가 예쁜 여자들에게 사랑받나?' '누가 가장 유명한 할리우드 스타들의 키스를 받나?'라는 질문의 답은 당연히 경찰이었다! 「알리비」란 영화는 사회에서 멸시받는 한 젊은 여자가 범죄자와 사랑에 빠진다는 내용을 다루고 있었다. 정숙한 미국의 젊은 여자들에게 간혹 일어날 수 있는 일로 그녀는 자신의 잘못을 즉시 깨달았다. 그녀를 사랑하게 된 한 형사, 그보다도 부패에 대항하여 싸우는 한 돈키호테는 범죄자는 범죄자일 뿐이며 아름다움과 죄는 양립할 수 없다는 것을 증명해 주었다. 사랑으로 황홀해진 젊은 여자는 고상한 형사를 껴안는다.

뉴욕의 밤을 지키는 이들로는 1만6천 명의 정복경찰관들 외에도 경찰복을 입지 않는 사복경찰이 있었다. 영화 「잠자는 도시」에서는 부르주아인 경찰들의 자기희생을 다룬 감동적인 이야기가 펼쳐진다. 유니폼을 입지 않고 곤봉도 없이 검소한 양복을 입은 경찰은 겉으로 신분을 드러내지 않은 채 양복 안쪽에 경찰 신분증과 관대한 마음을 숨기고 있었다. 예쁜 매리는 서기로 일하는 한 남자를 좋아하고 사복 경찰이 그녀를 사랑한다. 서기가 나쁜 놈들과 결탁되어 있다는 것을 아는 경찰은 질투심이 아닌 직무수행을 위해 서기를 감시한다. 드디어 그는 범죄자들을 체포하고 서기를 구하지만 어떤 보상을 원하지 않는다. 매리와 서기는 결혼하고 경찰은 또 다른 범죄자를 잡기 위해 떠난다. 이 영화를 보면서 젊은 여자들은 "정말 멋진 경찰이야, 정말 멋진 사랑이야…" 하며 손수건을 적셨다.

영화에는 영웅의 미소, 젊은 여자의 측은한 눈물, 배지가 아닌 숭배할 가치가 있는 상징이 있는데 그것은 구두였다. 닳고 더러운 구두, 작업구두. 통탄할 정도로 닳아빠진 반장화로, 「경찰관의 구두」라는 영화도 있었다. 경찰관의 구두는 인류를 위해 닳아서 뒤꿈치가 찌그러져 있었고 다갈색으로 변한 구두를 신고 자기희생 정신에 투철한 경찰관이 범죄자를 잡기 위해 온 도시의 거리를 뛰어다녔다. 구두…. 자연스럽게 그것은 다른 것을 생각하게 한다. 똑같이 닳은 구두, 그것은 경찰관의 구두가 아니라 불행한 방랑자의 구두였다. 스크린에서 한 경찰관이 거지를 방어하려 하면 우선 그의 고된 생활이 보이고, 닳아빠진 구두가 나오면서 그는 훈장을 받는다. 「찰리 경(卿)」에서는 경찰의 다른 모습을 보여주었다. 경찰이 바보같이 실수를 하는 장면이 나오는데 그래서 경찰은 보통사람들 중 한 사람처럼 가깝게 느껴졌다. 부랑자의 구두는 수백 켤레의 다른 구두들, 신뢰받는 경찰관 구두들의 삼엄한 감시 하에 있었다.

경찰은 6백82편의 영화에 등장하면서도 조심스럽게 존재했다. 추격과 범인 검거, 권총과 가스, 키스와 수갑…. 범죄자의 손에는 어김없이 수갑이 채워져 있었다. 그렇게 영화는 '그 누구도 규율을 벗어나서는 안 되며 사람들이 법을 무시하면, 법이 그를 무시한다. 돈, 그것은 거의 추상적인 것이고 그것은 대차표의 제로며, 그것은 정치며 그것은 절대로 보여져서는 절대 신(神)이다. 그러나 신은 천상의 군단을 보유하고 있으므로 복종하고 온순하게 행동하면 당신은 편히 잠잘 수 있고 우리의 훌륭한 개들이 당신의 잠을 지켜 줄 것이며 아무도 당신을 해치지 못할 것이다. 당신은 병과 가난에서도 평온하게 죽을 수 있으나 반항하거나 절망하는 사람에게는 불행이 따른다'라는 교훈을 담고 있었다. 그 규율을 무시하는 사람들의 뒤에 전능한 그림자들이 바싹 따라붙는다. 그들 뒤에는 경찰견이 냄새를 쫓고, 반짝이는 경찰모를 쓴 경찰이 있으며, 탐조등이 어둠 속을 환히 비추고, 요란한 프로펠러 소리가 들리면서, 악당들의 소굴에 가스가 분사된다. 가련한 배신자는 환한 불빛 아래에서 마침내 쓰러졌다. 6백83번째 영화 속의 경찰은 범죄자에게 수갑을 채우고 애인에게 씩씩하게 입맞추었다.

III

범죄자를 감옥에 가두는 것은 간단하고 분명한 일이었다. 인생에서 제자리를 찾지 못한 사람들은 관습적이고 추상적인 세계에 살아야 한다. 그래서 그들이 머무는 감옥에는 사람이 아니라 규격에 맞는 바지들, 괴상한 노동과 번호만 있을 뿐이었다. 누가 감옥의 목표를 규정할 것인가? '인생에서 배낭과 감옥은 항상 곁에 있다'는 러시아의 속담이 있듯이 감옥에 가는 사람들은 운이 없는 사람들이었다. 그들은 아침에 일터로 가지 않으며 저녁에 영화관에 가지 않았다. 그들은 인생에서 밑바닥으로 추락한 사람들로서 화물수송차에 실려 빛이 없는 곳으로 끌려 온 사람들이었다.

클라크는 폭스를 파산시켰고, 이스트만은 몇몇 기업가들을 거지로 만들

었다. 나탕은 많은 수의 유제품 상인과 제빵업자를 골탕먹였고 ,후겐베르크
는 여색을 탐했으나 영화 배급사들은 아랑곳하지 않고 그들의 상품을 고객
들에게 제공하는 데 급급했다. 감독들은 단역배우들을 타락시켰고, 데이빗
사르노프는 반트러스트법을 우롱했지만 그 누구도 감옥에 가지 않았다. 그
들은 물건을 훔치지 않았고, 사취하지도 않았고, 강간도 하지 않았으며, 사
람을 죽이지 않았다. 그들은 다만 그들의 조국을 수호하고 경쟁자들과 싸웠
을 뿐이다. 정확히 말해 인생을 향유했을 뿐이다. 사람들은 그들을 아카데미
명예회원으로 추대하고 훈장까지 수여하면서 존경했다. 그들은 문명화된
인류의 자랑이었으며 행운아들이었다. 천상군대는 햄을 훔치거나, 연적(戀
敵)을 칼로 찌르거나, 금고를 훔친 사람들만 잡아 감옥에 넣었다. 그렇게 운
이 나쁜 사람들은 밀짚모자를 만들고 자신의 이름을 잊은 채 번호로 불리웠
다. 천상군대야말로 미국이 가진 거대한 힘이었다. 미국은 진정으로 진보하
는 국가였으며 영화, 헤이즈, 침례교, 심지어는 감옥으로부터 긍지를 끌어내
는 위대한 국가였다.

　싱싱 형무소에서는 죄수들에게 화려하고, 게다가 말을 하는 미국 유성영
화를 보여주었다. 최근 웨스턴 일렉트릭은 최신 기계들을 형무소에 제공했
고, 밤낮으로 불행한 이들을 생각하는 성실한 장로교 신자인 윌 헤이즈는 형
무소마다 기록영화와 코미디 영화를 보냈으므로 저녁마다 죄수들은 보통
미국인들처럼 스크린을 쳐다볼 수 있었다.

　싱싱 형무소는 낭만적인 배경의 암벽 속에 지어져 있었지만 그곳에서 죄
수들은 빨리 죽었다. 공기도 빛도 들어오지 않는 감방에서 그들은 회한을 안
고 죽는 것이 아니라 폐병으로 죽어 나갔다. 죄수들의 입장에서 보면 빨리
죽으면 죽을수록 불안은 적어지기 때문에 그나마 다행스러운 일이라고 생
각할 수 있었다. 1875년 싱싱 형무소는 감찰에서 위생적인 면이 문제가 되어

이것이 인생이다

철거하는 것이 좋다는 판결을 받았으나 57년이 지난 지금까지 싱싱 형무소는 존재한다. 정부는 박애주의 정신에 입각해 형무소에 전기의자를 설치하는 데 30만 달러를 지출했으며, 유성영화를 상영하기 위해 방을 마련했지만 공기와 빛이 들어오는 감방을 만들기 위한 돈은 없었다. 그 대신 수감자들은 스크린을 통해 능숙하게 모든 벽을 통과하는 해럴드 로이드를 볼 수 있었다. 그러나 여기에 있는 그 누구도, 안경을 낀 사람조차도 해럴드 로이드처럼 벽을 통과할 수 없었다! 여기서 빠져나가는 것은 불가능했다. 탈주범이 있으면 즉시 3초마다 우—우—우 사이렌이 울리고 탐조등이 켜지고 총성이 들렸다. 그리고 또 다시 사이렌 소리가 울렸다.

수감자들은 「불타는 태양 아래서」나 「초원의 바람」을 볼 수 있었다. 그러나 그들이 있는 감옥에는 바람도 태양도 없었으며 벽 뒤편 암벽 아래에는 거대한 허드슨 강이 흐르고 있었다. 그리 멀지 않은 곳에서, 같은 허드슨 강의 석양을 바라보며 감탄하던 주커의 영화사는 형무소 생활을 배경으로 흥미진진한 멜로드라마를 만들었다. 그러나 형무소에서 수감자들은 습기, 어둠과 기침소리에 둘러싸여 참혹하고 부질없는 노동으로 하루 1.5센트씩의 수당을 받으며 규격화된 식사와 정신적인 양식 — 예배와 영화를 접하고 있었다.

형무소에서 오락거리가 제공되는 곳은 예배당이었다. 가톨릭 신자, 개신교 신자와 유대인들을 위해 세 칸으로 나뉘어져, 그들이 믿는 침례교의 신, 이스라엘의 신, 교황의 신을 찬양할 수 있는 예배당은 저녁이 되면 영화관으로 변모했다. 신이 클라라 보우나 아니타파주에게 자리를 양보하는 셈이었다. 싱싱 형무소에서 종신형을 선고받은 1백34명의 수감자들은 저녁마다 클라라 보우의 곧게 뻗은 다리와 해럴드 로이드의 매력을 맛보면서 살고 싶다는 욕망을 키워갔다.

수감자들 사이에서 '빨래방망이'라는 평범한 이름으로 불리는 '죽음의 집'에 수감된 죄수들을 제외하고 모든 수감자들은 영화를 볼 수 있었다. '죽음의 집'은 예배당에서 보이지만, 예배당에 있는 수감자들은 옆을 쳐다보는 것이 금지되어 있어 신 아니면 클라라 보우의 장딴지와 스타의 눈에 감탄할 수밖에 없었다. 예배당은 실험실과 흡사하여 의자와 가래침을 뱉는 타구가 반짝이고 있었고, 문마다 '조용히'라는 푯말이 붙어 있었다.

스위트 박사가 신호를 보내자 로베르 엘리오가 손잡이를 조작했다. 엘리오는 미세한 손의 움직임으로 2분 만에 끝나는 작업의 대가로 150달러를 받았다. 그 작업이란 천박한 교수형이 아니라 영화를 발명한 천재 에디슨이 관대함과 동정심으로 고안한 훌륭한 발명품, 전기의자를 조작하는 것이었다. 에디슨은 스크린을 만들고, 그리고 2천 볼트의 사형대를 만들면서 로베르 엘리오에게는 쉽게 돈 벌 수 있는 방법을 마련해 준 세계적인 인물임에 틀림없었다.

관객들은 형무소의 생활을 다룬 영화를 좋아했다. 시체 주변에 구경거리를 좋아하는 얼간이들이 모여들듯 관객들은 다른 이들의 불행을 게걸스럽게 탐했다. 높은 벽에 갇힌 죄수들이 어떻게 살고 있을까? 관객들의 호기심을 충족시키기 위해 파라마운트와 메트로-골드윈-메이어의 공장은 쉬는 날이 없을 지경이었다. 매년 영화사들이 이목을 집중시키는 상품들 — 수감자의 노스탤지어, 수감자의 반항, 수감자의 탈주, 수감자의 죽음. 철창 너머의 사람들 — 을 시장에 내놓으면 관객들은 기분 좋은 전율을 맛보았다.

워너 브러더즈는 극장주들에게 수감자들의 생활에 대한 영화를 위해 가장 효과적인 광고를 할 것을 지시했다. 매표소와 극장 개찰구에는 형무소 감방을 본 따 철창을 설치했고, 입장권을 받는 극장 직원들은 혹독한 간수의 복장을 했으며, 샌드위치맨들은 수감자의 복장을 하고 등 뒤에는 '센세이셔널한 영화'라는 푯말을 달고 거리로 나섰다. 할리우드에 칙칙한 복도, 두

이것이 인생이다

꺼운 문이 있는 지하 감방이 가설되었고 천사처럼 선한 미소를 띤 간수들이 등장했다. 관객들은 기억을 더듬어 그들이 다른 영화에서 경찰로 출연했던 배우들이며 복장만 바꿔 입었다는 것을 금방 알아차렸다.

한숨을 쉬고 신에게 기도하는 수감자들은 길 잃은 양이었다. 그들은 곧 자유롭게 될 것이며 결혼할 것이 분명했다. 눈을 내리깔고 욕설을 하며 탈옥을 꿈꾸는 수감자들은 야수인 단역배우들의 몫이었다. 그들은 철창과 같이 독특한 배경의 일부일 뿐 그 누구의 관심을 끌지 못했다.

스크린에 나오는 형무소에는 전기의자도 종신형도 없고 결핵으로 죽어나가는 수감자들도 보이지 않았다. 싱싱 형무소와는 딴판으로 교회와 학교만 보이는 가운데 수감자들은 기도하고 노래하며 자기반성을 하고 있었다.

「저주받은 사람들」이라는 영화는 폭력적이고 무신론자인 한 소년이 신을 믿는 친구와 논쟁하던 끝에 이성을 잃고 친구를 살해하는 사건으로부터 시작된다. 감옥에 갇힌 살인자가 자신의 실수를 뉘우치면서 자유를 되찾고, 약혼을 하고, 성경 공부를 한 후 목사가 된다는 내용을 담고 있었다.

영화 속의 형무소는 재능 있는 사람들을 발굴하는 곳이기도 했다. 형무소에 가기 전까지 단순한 밀수업자였던 제리 브래들리는 그곳에서 아름다운 로맨스 「웨리 강」을 작곡하고 수감자들로 구성된 오케스트라를 지휘하게 된다. 탐미주의이자 천사 같은 착한 마음씨를 가진 간수장이 제리의 재능을 높이 평가했다. 간수장의 주선으로 수감자들이 연주한 로맨스가 라디오에서 방송되자 제리의 여자친구 앨리스는 그것을 들으면서 감동의 눈물을 흘리고 새로운 인생을 결심한다. 형무소에서 성실한 생활을 하고 있는 제리의 몇 년간의 수감생활은 헛되지 않을 것이다. 석방 후 그는 뮤직홀에서 일자리를 찾을 수 있을 것이다. 마침내 제리는 목사가 되고 인내심을 가지고 기다렸던 앨리스와 결혼한다.

흥미로운 것은 스크린에 등장하는 수감자들은 모두 독신이라는 것이었다. 사실 남편을 기다리는 부인 이야기는 자연의 법칙에 어긋나는 일이지만 약혼녀가 기다린다면 오히려 서정적으로 느껴진다. 관객의 호감을 사는 수감자들에게는 어김없이 기다리는 약혼녀가 있지만 눈을 내리깔고 있는 반항적인 범죄자에게는 기다리는 사람이라곤 없었다.

또 하나 흥미로운 것은 수감자의 약혼녀가 나이를 먹는 법이 없다는 것이다. 「할렐루야」라는 영화에서는 동료를 살해한 죄로 수감된 한 흑인이 속죄하는 심정으로 돌 다듬는 일을 한다. 몇 년간 속죄의 시간이 흐른 후 약혼녀가 기다리는 고향으로 그가 돌아 왔을 때 — 그것이 몇 년인지 형벌 조항을 모르는 관객들은 알 길이 없지만 상당한 시간이 흐른 것만은 사실이었다 — 약혼녀는 조금도 변함없이 예전처럼 젊고 아름다웠다. 키스 신으로 끝나는 영화에서 주인공 남자가 늙은 여자를 껴안는다면 관객의 재미는 반감될 터이니…. 행복에 젖은 죄수를 바라보면서 관객 역시 행복했다.

영화 「큰 집」을 보면 썩은 고기를 먹은 수감자들의 불평이 터지고 난동이 일어난다. 지하 감옥에 갇힌 그들 중 눈을 내리깔고 반항하는 야수들은 탈옥을 준비한다. 그들에게 기관총이 난사되고 탱크도 등장하는 등 야수들을 몰살하는 대학살이 벌어진다. 아름다운 여자를 사랑하는 한 착한 수감자가 파렴치한 동료들을 배반하며 간수를 구해 준다. 당연히 그는 석방된다. 형무소의 문이 열리고, 그 앞에는 자동차가 보이고, 차 안에는 그를 기다리는 아름다운 약혼녀가 있었다.

낙관론자인 윌 헤이즈는 영화 속의 젊은 신랑 신부를 쳐다보며 미소지었다. 그가 형무소 생활을 배경으로 영화를 제작한 것은 헛된 일이 아니었다. 죄수들은 그들의 행실을 반성하고 고친다. 바로 그것이 우리가 영화를 제작하면서 기대한 것이 아닌가! 게다가 관객은 입장료를 내고 박수갈채를 보내며 만족했다. 윌 헤이즈는 신을 향해 소리쳤다.

"여보세요, 시편 17! 당신이 내게 구원의 방패를 주셨으니 당신의 오른쪽이 날 지켜 주시네!"

IV

사형수를 처형하기 위해, 전통적인 방식을 고수하는 영국에서는 교수형에 처하고, 프랑스에서는 민첩하게 머리를 자르지만, 미국에서는 전기의자를 사용한다. 각 민족마다 제각기 정신과 전통이 있지만 한 가지 분명한 것은 법을 지키지 않는 사람은 죽어야 한다는 것이다.

로베르 엘리오가 손잡이를 두 번 조작하자 사코와 반제티는 숨을 멈추었다. 이날 로베르 엘리오는 한 번에 150달러씩 총 3백 달러를 벌었다. 하노이에서 한 남자는 프랑스인들에 대항하여 무례하게 폭동을 일으킨 혁명가 30명에게 프랑스 혁명의 유산을 가르치기 위해 전기의자 손잡이를 30번 조작했다. 그날 밤 그 역시 상당한 액수의 돈을 만질 수 있었다.

헤이즈의 법령에 따르면 숭고한 처형을 보여줄 때는 고상한 취향에 따라 조심스럽게 다루어져야 한다고 되어 있었다. 전기의자, 단두대와 같은 세부적인 것을 보여주면 관객들의 신경이 날카로워질 수 있었기 때문이다. 관객들에게 범죄자는 사형에 처해진다는 사실을 알리는 것만으로 족하고, 사형장면에서는 단두대의 흐릿한 실루엣이나 전기의자 옆에 있는 의사의 근엄한 얼굴만 보여주도록 되어 있었다.

처형장을 관전할 수 있는 사람은 신문기자, 목사, 신부, 의사, 재판관 그리고 몇몇 특권층으로 제한되어 있었고, 카메라맨들에게는 처형장 접근이 금지되어 있었다. 사형은 지나치게 단호한 인간 교정법이기 때문에 뜻밖의 결과를 가져올 수 있었다. 그러므로 일반대중에게는 신문의 기사를 읽게 하거나 희미한 실루엣만 보여주는 것이 더 낫기 때문이었다.

루시엥 헤이에는 대형 영화사에서 잡지, 경마, 재난에 관한 시사물을 만드는 사람이었다. 그는 아무도 촬영하지 않은 것을 촬영하려고 온갖 난관을 마다하지 않은 카메라맨으로 영웅, 영화를 위한 순교자의 정신을 지녔다. 하노이에서 그는 프랑스인 정육점 주인을 살해한 죄로 베트남인 3명이 그 이튿날 아침 5시 30분에 처형된다는 정보를 입수했다. 동이 틀 무렵, 그는 숨어 촬영하기에 알맞은 장소, 사형수를 잘 볼 수 있는 형무소 정면에 위치한 법원의 화장실을 찾았다.

정확히 일하는 데 익숙한 헤이에는 그때 상황을 이렇게 회상했다.

"변기 위에 앉아 기다리는 동안 매우 흥분되었어요. 경찰, 병사, 장교, 경찰서장 등이 들어오고, 형무소의 문이 열렸습니다. 그러나 나는 서둘지 않았지요. 첫번째 사형수가 처형되는 것을 보았고 그리고 두번째…. 너무나 긴장한 보초병, 병사, 서장 들이 단두대만 쳐다보고 있을 때…. 나는 카메라를 계속 돌렸습니다. 세번째 사형수가 단두대 위에서 흔들리더니 그게 끝이었습니다. 촬영하려는 욕구가 잔혹한 광경에 대한 두려움보다 더욱 강하게 작용했으며 미소를 띤 사람은 나뿐이었지요."

시체들이 치워졌고, 헤이에는 필름을 현상했고, 전시를 위해 확대본을 만들었다. 3년이 지난 후 대형 영화사 대표가 단두대 처형 장면을 찍은 사진을 살 용의가 있다며 그를 찾아왔다. 그는 겸손하게 "생각해 봅시다" 하며 고개를 끄덕였다. 루시엥 헤이에는 단순한 카메라맨이 아니라 영화의 정신을 가진 카메라맨으로 인간의 마지막 순간까지 따라가는 사람이었다. 감독관, 시장, 경찰, 간수, 백정 들의 사진 — 그것이 인생이었다. 그것을 보면서 눈물을 흘리는 사람도 있었고 견디지 못해 고개를 돌리는 사람도 있었다. 그러나 루시엥 헤이에는 인생을 보면서 미소지었다.

11

문명의 혜택을 받지 못한 우리 형제들을 위하여

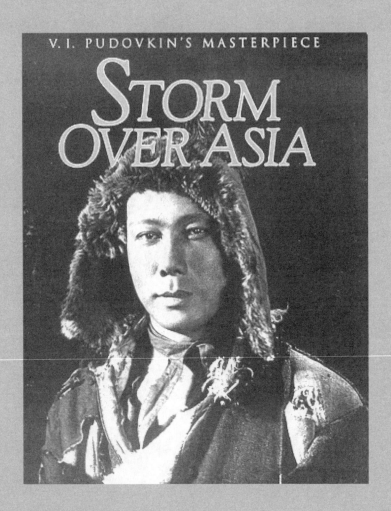

영화 「아시아의 돌풍」의 포스터

I

제네바에 훌륭한 기구, 국제연맹 본부가 있다는 것은 잘 알려진 사실이었다. 여러 회원국들이 아편과 전쟁을 벌이는 동안 아편 독점으로 식민지 예산을 충당했던 국가의 대표는 머리를 조아리며 한숨을 쉬고 있었다. 중국인이 정말 아편을 많이 남용한다는 사실에 모두들 동감했다. 또 한편에서는 부끄러운 일 — 매춘과의 전쟁을 선포했다. '고상한 만남의 집도 있는데 비천한 사창가에 병사들이 드나드는 것을 묵인할 수 있는가?' 하는 의견에 대해 몇몇 군사시설에서는 규율을 유지하기 위해 꼭 필요하다는 군인들의 궁색한 변명이 있었다. 그러나 제네바의 회원들은 항상 고상한 결의안을 만들었다.

스타가 되기를 원했던 국제연맹이 영화에 반감이 없는 것은 당연했다. 할리우드의 스타가 아닌 '희망의 스타(국제연맹이 만든 영화 제목)'가 되기를 원했던 그 기구는 수단과 방법을 가리지 않고 고상하고 아름다운 기구의 목표를 대외적으로 알렸다. 그렇지만 주커도 폭스도 국제연맹을 맡으려 하지 않았으므로[78] 그 기구가 '스타'가 되는 길은 그리 평탄하지 않았다. '촬

---

78) 1920년, 국가간의 협력과 평화를 유지하려는 목적으로 베르사이유 조약에 의해 창설된 국제기구. 평화주의자였던 미국의 윌슨 대통령이 구상했으나 정작 미국은 국내여론의 반대로 가입하지 못했다.

영하는 것'을 중단한 국제연맹은 국민들의 교육에 전념하기로 하면서 '국제영화기구'를 로마에 설립했다. 정말 탁월한 장소 선택으로 이탈리아인들은 십여 편의 영화를 제작했다. 한 편은 검은 셔츠를 입은 행렬을 다루었고, 다른 영화들은 단순히 여자, 눈물, 키스가 주 내용이었는데 그것을 '영화의 르네상스'라고 불렀다. 게다가 이탈리아인들은 신중을 요하는 시사물을 주제로 「비르질의 생애」라는 대작을 준비하고 있었다. 이 대담한 계획에 특별한 관심을 가진 국제영화기구는 『리뷰』에 그 시나리오의 본문을 실었다.

"장면 51. 지옥의 구렁텅이. 입구에는 '후회'와 '회한'이 펼쳐져 있다. 그 안에는 '창백한 질환' '노화'가 있다. 시나리오에는 '피곤' '죽음' 죽음의 형제인 '잠'과 '장례의 기쁨'이 무시무시하게 의인화되어 있다.

장면 52. 투명한 대기 속 꽃이 만발한 낙원, 언덕과 숲이 연이어 나오는 아름다운 풍경. 이곳에 사는 사람들은 전생에 그들이 좋아했던 것을 하고 있다."

그러나 국제기구가 무엇보다도 우선 추구하는 중요한 목표는 교육이었다. 하급 학년의 아이들을 위한 영화, 문명의 혜택을 받지 못한 우리의 형제들 ─ 황인종과 흑인종을 위한 영화를 만드는 것이었다. 예전에 총과 곤봉으로 식민지 원주민을 다루었던 유럽인들이 지금은 계약을 통해 노동자들에게 일자리를 주고, 음식을 먹여 주고, 기분전환도 시켜주려 했다. 유럽인들이 마법상자를 가져와 원주민들에게 진실하고 감동적인 삶이 무엇인지를 보여주면 그들은 그것을 보면서 눈물을 흘렸다.

잠시 아편과의 전쟁을 잊어버리고 식민주의자들이 보여주는 영화 ─ 문명의 혜택을 받지 못한 우리 형제들을 위한 영화에 대해 이야기하자.

국제기구는 잡지에 비르질의 문제와는 별도로 고무나무에 관한 기사를 위해 지면의 상당 부분 할애했다. 고무는 서정성이 결여되었지만 타이어를 만드는 데 꼭 필요한 재료였다. 감상주의로 가득한 영국은 로제티[79], 브라우닝[80]이 있는 나라로서, 하이드 파크에서는 아침부터 저녁까지 바싹 마른 처녀들이 사랑에 대하여 떠들어대고, 범죄자를 교수형에 처할 때도 영국인들은 가슴속 깊이 그의 영혼을 구원하기 위해 기도했다. 영국인들은 고무 재배가 가장 부드러운 감정과 관련있다는 것을 처음으로 이해한 국민이었다. 그들은 쿨리[81]를 채찍으로 위협하면서 강제계약을 맺었다. 쿨리가 대농장에서 나무껍질을 자르고 수액을 채집하는 동안 그들은 나무를 조심스럽게 자르라고, 빨리 일하라고 재촉하며 채찍이나 소의 힘줄, 등나무 줄기로 사정없이 내리쳤다. 영국인이 아닌 쿨리는 근거 있는 이러한 관습에 반발할 수 없었다. 그런데 영국인들이 '마구 때리기보다 교육을 시켜야 한다. 낮에는 채찍으로, 저녁에는 교육으로 다스리면 쿨리는 더욱 더 일을 잘할 것이다. 수액을 많이 채집할수록 그는 도망가려고 하지 않을 것이다. 차차 그는 의식 있는 쿨리가 될 것이다' 하고 생각을 바꾸었다.

'루버 기구'는 미국인에 맞서기 위해 고무 수확을 증대시킨다는 '스티븐슨 계획'을 실행하는 무거운 책임을 맡고 있었다. 루버 기구는 원주민에게 무엇이 선(善)이고, 무엇이 악(惡)인지를 가르쳐 주는 방법으로 흰색 스크린과 코믹한 영화를 보여주기로 했다. 영화를 제작하는 국제기구는 문명의 혜택을 받지 못한 우리의 형제를 위해 일한다는 소명감에 흥분되어 있었다. 「비르질」은 순백의 영혼과 피부를 가진 재능 있는 백인들만 이해할 수 있는 영화였으므로 황인종을 위해 그들에 걸맞은 고무농장에 관한 이야기를 만들어야 했다.

---

79) Rossetti, Dante Gabriel(1828-1882). 단테, 셰익스피어, 브라우닝에 영향을 받은 영국의 화가이자 시인.
80) Browning, Robert(1812-1889). 영국의 시인.
81) 중국, 인도, 동남아 등의 품팔이 일꾼.

꿈의 공장

대농장의 힘든 노동으로 쿨리는 매우 지쳐 있었다. 나무 3백여 그루에서 수액을 채취해 공장으로 나르느라 그의 등은 아프고 머리는 어지러웠다. 그는 짚 위에서 잠을 자거나 한숨을 내쉬고 있을 때조차도 앞으로 다가올 죽음을 연습하고 있었다. 그곳에는 길이 하나로 나 있었기 때문에 탈주는 생각조차 못하는 쿨리는 오로지 맞지 않기 위해 열심히 수액을 채취했다. 감옥까지가 본 적이 있는 그가 경험해 보지 못한 것이라고는 싸늘한 죽음뿐이었다.

캉카니(감시인)가 쿨리를 깨울 때 '밤인데 다시 일해야 하나?' 하는 착각에 잠시 빠졌다. 캉카니는 쿨리를 하얀 천과 전등이 있는 막사에 밀어 넣었다. 여기에서 문명의 혜택을 받지 못한 형제들은 무엇이 선인지, 무엇이 악인지를 배웠다.

「비르질의 생애」를 비교적 쉽게 만들었던 시나리오 작가는 고무농장에 관한 시나리오를 쓰기 위해 더 많은 생각을 해야 했다. 영국인이 아닌 쿨리들을 위해 그는 그들의 무지함에 수준을 맞춰 성경의 교훈남처럼 단순하지만 감동을 주는 영화를 만들어내야 했기 때문이다. 작가는 2천년 전에 태어났더라면 복음을 전하는 사도가 될 수 있었을 만큼 재능이 뛰어났다. 지금 그는 루버 기구에서 일하고 있다.

스크린에는 쿨리처럼 피멍으로 얼룩진 등의 상처를 잘 감춘 '닮은 꼴 쿨리'가 등장했다. 그 '쿨리'는 나무에서 아무렇게나 수액을 뽑아내고 수액을 땅바닥에 쏟는 등 작업이 매우 서툴렀다. 게다가 작업이 끝난 후 그는 술을 마시고 싸움판을 벌인다. 그 장면을 보고 있던 쿨리는 '영화 속의 쿨리'는 어떻게 많은 돈을 가지고 있을까?' 하고 의아해 했다. 그러나 아시아에서 태어난 쿨리는 꿈을 믿는 데 익숙했다. 영화 속에 나오는 '나쁜 쿨리'가 감옥에 가자 관객인 쿨리도 자신의 감옥생활을 떠올렸다. 그러나 그의 '닮은 꼴 쿨리'는 운이 좋아 천국과 흡사한 감옥에 들어간다. 감옥에서 쿨리는 구타당했지만 영화 속의 감옥에서는 '쿨리'를 때리는 사람이 없다. 오히려 간수장은 '쿨리'를 격려하고, "슬퍼하지 마라. 꼭 자유의 몸이 될 것이다"라고 다독거려 준다. 쿨리는 영화 속의 '쿨리'가 감옥에 있는 것을 왜 슬퍼하는지 이해할 수 없었다. 그는 아침부터 저녁까지 캉카니의 감시와 체벌 속에서 일하지 않아도 되었던 감옥 생활이 더 좋았던 것이다.

영화 속 '쿨리'는 감옥에서 나오면서 회개하고 착한 사람이 되겠다고 결심한다. 그는 눈 깜짝할 새 나무를 잘랐다. '저렇게 빨리 나무를 자를 수 있을까? 저건 쿨리가 아니라 신이다!' 쿨리는 생각했다. 저녁마다 영화 속 '쿨리'는 그가 받은 돈을 셈하고 모두 은행에다 저축한다. '그는 신이다. 분명 신이다. 먹지 않고 살다니! 그는 곧장 하늘나라로 갈 수 있을 것이다' 하고 쿨리는 생각했다. 그리고 영화 속 쿨리는 캉카니로 승진되었고 행복한 그가 공손히 경의를 표하는 장면에서 어두운 막사 안에 있던 2백 명의 쿨리들은 한숨을 내쉬었다. 그들의 삶에는 어떤 기적도 생기지 않을 것이다. 그들은 정말 지쳐 있었다. 영화가 끝난 뒤 그들은 무거운 다리를 끌며 숙소로 돌아가 잠을 청했다.

잠자리에 든 쿨리는 아무도 수액을 채취하지 않는 나무 아래에 있었다. 더위도 등의 아픔도 느끼지 않은 쿨리가 "어디에 있는 거지?" 조심스럽게 묻자 캉카니는 "지금 감옥에 있어"라고 속삭였다. 간밤에 쿨리는 기쁜 마음으로 죽음을 맞이하는 기분 좋은 꿈을 꾸었다. 아침이 되자 쿨리는 또 다시 땡볕 아래에서 캉카니의 곤봉을 맞으며 3백 그루나 되는 나무의 수액을 채취하느라 땀에 범벅이 되었다. 혜택받지 못한 형제는 지난밤에 본 이상한 영화도, 그가 잠자면서 꾼 꿈도, 머리에 떠올릴 틈이 없었다. 그것들을 기억한다는 것은 죽음을 재촉하는 것만큼이나 불가능한 일이었다. 죽음에는 때가 있기 마련이었다.

쿨리가 다시 농장에서 일하고 있을 때 영국인들은 다른 농장에서 일하는 문명의 혜택을 받지 못한 형제들에게 보여줄 필름통을 옮기고 있었다.

II

컬럼비아 픽처는 파라마운트와는 비교도 되지 않는 보잘것없는 영화사였다.[82] 그럼에도 불구하고 컬럼비아 픽처는 작년에 코미디, 오페레타 등 30편이 넘는 영화를 제작했다. 열정적인 컬럼비아 픽처의 부사장 해리 콘은 무언가를 열심히 찾았다.

"무언가를 찾아내야 한다! 워너는 「콘리돌」이라는 바보 같은 영화로 엄청난 돈을 벌지 않았는가! 그것은 운이 좋았다. 전쟁, 모두 전쟁을 생각하고 있으니 참호가 나오지 않는 영화는 없다. 그러나 관객들은 더 이상 속임수를 쓰는 죽음을 믿지 않는다. 그들에게는 숨이 끊어지지만 도덕성이 지켜지는 그런 죽음을 보여주어야 한다."

드디어 그가 해야 할 일을 찾은 것 같았다.

영화촬영팀이 검둥이들이 춤추고 야수들이 날뛰는 것을 촬영하기 위해 중앙아프리카로 향했다. 원정팀의 목적은 야만인들의 춤이나 미친 듯이 날뛰는 하마 사냥과 같은 진부한 내용이 아니었다. 원정팀장 회플러는 "컬럼비아 픽처의 미래는 밝습니다. 돈이 있으면 이 신진회사의 주식을 빨리 사시오. 분명히 엄청난 돈을 벌 수 있소"라고 자신감에 찬 어조로 말했다. 식민지 관리인이 쓰는 헬멧을 쓰고 묘하게 미소짓는 회플러가 고된 여행을 결심한 것은 분명히 무언가를 찾기 위해서였다. 평온한 덴버에서, 사자들이 으르

---

82) 컬럼비아는 1924년 잭과 해리 콘 형제 그리고 조셉 브랜트가 모여 설립한 영화사였다. 경제공황 기간에도 비교적 건실한 운영을 해 적자를 면하고 흥행 체인 문제로 법정에 서지 않은 유일한 회사였다. 냉혹하지만 경영능력이 탁월했던 해리 콘의 지휘 아래 컬럼비아는 1930년대 최고의 전성기를 맞았다.

렁거리고 골프도 할 수 없는 그리고 아이스크림도, 소다수도 없는 우간다까지는 너무나 먼 거리였다. 그러나 "엽서를 보낼게"라며 자신만만하게 손을 흔드는 회플러는 16세기 멕시코를 정복한 스페인 사람의 모습과 닮아 있었다.

덴버는 영화관이 36개나 있는 문화의 도시지만 우간다에는 영화관이 한 개도 없었다. 우간다의 검둥이들은 지루해지면 팽팽한 가죽을 나무막대기로 두들겼고, 윌 헤이즈의 대원칙을 아는 검둥이는 한 명도 없었다. 간혹 메뚜기떼가 날아들고, 때로는 축제가 있어 모두 춤을 추지만 슬픈 인생이었다. 그것을 소재로 잘 팔릴 영화를 만든다는 것은 어려운 일이었다.

우간다에는 숲, 늪, 화씨 1백30도의 열기, 모기, 못생긴 검둥이 여자들, 노스탤지어만 있을 뿐 원기를 회복할 약을 파는 약국도 없었다. 그렇지만 '미래는 우리의 것이다!'라는 신념에 차 있는 회플러는 활기를 잃지 않고 원주민들에게 다정하게 미소를 지으면서 명령했다.

이상하게 긴 목을 가진 동물 — 기린들의 행렬을 촬영했지만 기린은 동물원에서도 볼 수 있었고 고원에 사는 검둥이들도 교과서에 이미 나와 있었다. 검둥이를 촬영해 '우리는 미지의 신비스러운 부족을 발견했다!'고 거짓말을 해볼까? 그들은 운좋게도 메뚜기떼를 촬영할 수 있었으나 메뚜기떼만으로는 대단한 작품을 만들 수 없었다. 어떻게 관객들에게 메뚜기떼를 보며 저녁 시간을 보내라고 할 수 있겠는가? 회플러는 아직 '흥미거리'를 발견하지 못했다.

회플러는 창을 사용해 능숙하게 야생동물을 사냥하는 검둥이들과 사자들이 살고 있는 나라에 와 있었다. 카메라맨들 주변에는 덤불로 바리케이드를 쳐두고 창을 든 검둥이들이 지키고 있었으므로 회플러와 함께 일하는 백인들은 안전했다. 사자들이 영양을 먹는 장면을 촬영했지만 '그것이 정말 흥미거리가 될까? 대단한 구경거리가 될까?' 하는 의구심이 앞섰다. 미국인들이 비프 스테이크를 먹듯이 사자들이 영양을 먹는 것은 약육강식이라는 질서에 속하는 현상이었기 때문이다. 사자들이 용맹한 모습에 걸맞게 "으르렁" 소리를 내면 웨스턴 일렉트릭 기계는 그것을 완벽하게 녹음했다. 먹은 것을 소화시키기 위한 사자의 한바탕 소란이 으르렁거리는 소리와 함께 촬영되었지만 그것 또한 대단한 구경거리가 될 수 없었다.

피부가 당연히 검은 검둥이는 이름이 있었지만 누가 이 벌거벗은 남자의 이름에 관심을 갖겠는가? 회플러는 그를 고용해서 기계를 나르게 하고 야생동물들에게 총을 쏘게 했다. 검둥이는 회플러가 그를 쳐다볼 때마다 입술을 지그시 깨물었다. 야생동물을 무서워하지 않는 검둥이지만 백인은 더없이 공포스러운 존재였다. 백인은 인간미가 있다고 알려진 대영제국의 국민이며 런던에는 백인이든, 황색인이든, 흑인이든 상관없이 모든 영국 국민의 생활을 걱정하는 관대한 맥 도널드[83]가 있는데도…. 그러나 이 사실을 전혀 모르는 검둥이들은 무턱대고 백인을 무서워했다. 덤불로 된 바리케이드 저 편에서 사자들이 으르렁거렸고, 그것을 촬영하기 위해 카메라가 설치되었고, 조명도 적당했다.

"빨리 뛰어!"라는 회플러의 명령이 떨어지자 검둥이는 "사자가 저기 있는데!"라며 망설였다. 그는 훌륭한 사냥꾼이었지만 맨손으로 야생동물에게 다가간 적은 없었던 것이다. 그의 아내는 못생겼지만 그래도 그에게는 좋은 아내였고 비록 검은 피부였지만 그는 같이 살고 싶었다. 회플러의 명령에 멈칫거리는 검둥이의 얼굴은 겁에 질린 채 일그러져 있었다. "빨리 뛰어!" 회플러의 외침이 다시 들리자 무시무시한 사자보다 백인을 더 무서워

---

83) Mac Donald, James Ramsay(1866—1937). 영국 정치가. 노동당 창설자이며 노동당 총수를 역임. 평화주의 정책을 실현하고자 했으나 국민들의 지지를 받지 못했다.

했던 검둥이는 사자 우리로 뛰어갔다. 그가 덤불로 된 바리케이드를 교묘히 넘어 야생동물들 옆으로 다가가자 사자가 그를 덮쳤다. 사자는 발톱으로 검둥이의 몸을 갈기갈기 찢고 조금 전 영양을 먹었을 때처럼 게걸스럽게 먹어치웠다.

카메라맨들은 재빨리 그 장면을 찍고 으르렁거리는 소리, 검둥이의 울부짖음, 신음소리 등 모든 소리도 함께 녹음했다.

'불쌍한 검둥이! 짐 나르던 검둥이가 사고를 당했다고 쓰자.'

14개월 동안 열대의 열기에 고생하고 모기에 물리면서 6만 피트나 되는 필름을 소비한 보람이 있었다.

"영화 사상 최초로 산 사람을 게걸스럽게 먹는 사자를 스크린에서 볼 수 있다. 침례교도들과 감리교도들은 사자에게 먹힌 사람은 미국인이 아닌 하찮은 검둥이기 때문에 승인할 것이다. 우리는 평화스럽게 덴버로 돌아갈 수 있다!"

회플러는 묘한 미소를 지었다.

"누가 우리가 한 일을 알겠는가? 검둥이의 아내가 우간다에서 울고 있을까?"

그의 머릿속을 스쳐 가는 죄책감은 나쁜 꿈, 악몽이고 열대병의 징후일 뿐이었다.

"그 장면은 속임수야. 단역배우를 고용한 것이고…. 사자는 동물원에 있는 사자래"라고 속삭이면서도 관객들은 사실 강한 충격을 받았다. 회플러는 "우간다 또는 할리우드, 피 또는 돈, 분명함 혹은 꿈? 그것은 같은 부류가 아닌가? 그것은 단순히 영화고 스크린이며 두번째의 삶이다"라며 묘한 미소를 지었다.

그러나 우간다에 있는 검둥이의 아내는 분명히 울고 있었다.

영화가 상영되자 "절대적으로 확실한 자료다! 감동적이다! 교육적이다! 보러 가자!" 놀랄 만한 성공을 얻었고, "아프리카는 우리에게 말한다!"며 그 반응 역시 대단했다. 가장 신랄한 비평가들조차 "이 영화에서 가장 인상적인 장면은 사자가 원주민에게 달려들어 갈기갈기 찢는 장면이다. 자세히 볼 수 없었지만 카메라의 위치를 보면 흑인의 운명을 알 수 있다. 우리는 분명히 사자가 검둥이를 박박 찢는 것을 보았고 그 불쌍한 남자의 신음소리를 들었다. 우리는 이 영화가 모든 사람에게 즐거움을 줄 것이라 확신한다"라며 약간의 측은함을 표했을 뿐이다.

실제로 모든 사람들은 이 영화를 좋아했다. 검열에 통과됐을 뿐만 아니라 성인은 물론 아이들에게도 관람이 허락되었고, 탐미주의자들은 이 영화가 멜로드라마보다 낫다고 확신했으며, 과학영화를 만드는 사람들도 세부적인 정확성에 감탄했다. 회플러는 열렬한 박수갈채를 받았으며 영화에 대한 긴 보고서도 출간되었다. 뉴욕에서 영화가 6주째 상영되고 있었으며 미국 전역에서 저녁마다 그것을 보려는 관객들이 몰리고, 유럽에서도 곧 상영될 것이라는 소문과 함께 컬럼비아 픽처의 주식은 급속히 상승했다. 해리 콘은 대만족했다.

미국 전역에는 흑인 전용 영화관이 4백 개 있었다. "옆자리에 검은 피부와 검은 영혼이 있다면 어떻게 '스타들'이 보여주는 교훈적인 번민을 볼 수 있겠는가?"라며 남부에서는 백인들이 드나드는 영화관에 흑인들의 출입을 금지하고 있었다. 그러나 뉴욕은 자유의 도시였다. 뉴욕에서 흑인들의 영화관 출입은 금지사항이 아니었으므로 영화관 매표소에서 흑인들은 입장권을 살 수 있었다. 다만 매표소 직원은 어떤 좌석을 원하느냐고 묻는 법이 없었고 흑인들은 이층에서만 관람이 허용되었다. 혹시라도 흑인이 항의를 하면 정중히 "아래층에는 좌석이 없습니다"라고 대답하기만 하면 되는 일이었다.

모든 권리를 누리는 미국 시민, 흑인 잭슨은 「아프리카는 말한다」를 보러 갔다. 당연히 아프리카가 모국인 그는 위층에 흑인들과 함께 자리를 잡고 그의 모국 아프리카가 무엇을 말하는지 들었다. 그는 기린과 종려나무가 나오는 첫 장면을 보면서 감탄했다. 아프리카는 아직 말이 없었고 뒷좌석에서 하품소리가 간혹 새어 나왔다. 흥미거리는 사자의 으르렁거리는 소리, 신음 소리가 들리는 맨 마지막 장면이었다.

"불쌍한 검둥이…."

한 남자의 동정하는 소리가 백인들의 웃음소리에 덮여 버렸다. 그것은 재미있는 장면이었다. 사자는 잔인하게 움켜잡았다! 검둥이가 내는 소리는 얼마나 이상야릇한가! 잭슨의 옆에 앉아 있는 흑인들도 함께 웃었다. 그들은 멀리 떨어져 있는 아프리카도, 그들이 받고 있는 치욕도 생각하지 않은 채 영화관에서 재미있는 영화를 보면서 즐거워했다. 양복을 입은 흑인으로서 그들은 사자에 대한 두려움도 없이 그저 유쾌하게 웃었다. 아무말 없이 영화관을 나온 잭슨은 한참 동안 직선으로 곧게 뻗은 거리를 걸었다.

'어떻게 할까? 영화관에 폭탄을 던져? 14층 내 집에서 목을 매달고 죽어? 백인을 죽일까? 종려나무와 사자들이 있는 곳으로 도망을 가?'

그의 눈은 노여움으로 불타고 있었다. 그러나 그는 아무것도 하지 않았으며 여전히 모든 사람이 자유로운 뉴욕 거리에 있었다. 뉴욕에서 불법행위를 범하면 형무소에 가게 된다. 그곳에서 로베르 엘리오라는 전기기사도 전류의 힘을 확인하고 전기의자에 앉아 죽음을 맞이하지 않았던가?

「아프리카는 말한다」는 런던, 베를린에서도 상영되었고, 상영시간에는 사무실들이 문을 닫을 정도의 전례 없는 흥행에 성공했다. 관객들은 사자가 나오는 장면에서 겁에 질려 몸을 움츠리면서도 웃었다. 입장료가 아깝지 않았다!

유럽의 화려한 UFA 극장에 한 흑인이 백인들 사이에 앉아 있었다. 그는 법률을 공부하는 학생으로 잠시 머리를 식히기 위해 영화관에 왔다. 메뚜기떼를 보며 '재미있다'고 생각하던 그가 갑자기 벌떡 일어나 "부끄러운 일이다! 당신들, 이 영화는 백인들의 수치다!"라고 소리쳤다.

깜짝 놀란 주변 사람들은 "무엇 때문에 충격을 받았을까?" 하며 그를 쳐다보았다. 영화관은 개인적 감정을 표현하는 곳이 아니기 때문에 관객들은 나지막하게 웃거나 눈물을 삼키는데…. 그런데 이 흑인은 아마 미쳤거나 심한 모욕을 느낀 것 같았다. 그가 옳을 수도 있었다. 위에서 누군가 덩달아 "부끄러운 일이다!"라고 소리치자 영화관 직원들이 달려왔다.

"참으시지요." 정중하게 말했다.

그 이튿날 신문들이 이 사건을 보도하자 크리츠의 얼굴이 불쾌감에 일그러졌다.

"독일의 복잡함으로도 모자라서! 흑인들과 무얼 하자는 말인가? 우리의 식민지도 뺏겼는데…."

그러나 컬럼비아 픽처의 대표는 스캔들을 잘 수습했다.

뉴욕으로 전화, 뉴욕으로 전화, 전화…. 사람들은 해리 콘에게 "어떻게? 무슨 까닭으로? 런던에서 스캔들이?" 바보 같은 질문을 해대며 성가시게 굴었다.

"감수성이 예민한 유럽인들이 어떻게 영양에게 연민이 없겠소? 잘 보시오. 사자가 씹고 있는 것은 불쌍한 새끼 염소요."

그가 "모든 것은 빠르게 지나갔소. 그가 먹혔다고? 물론 그는 먹혔소! 우리 영화는 정확히 사실을 촬영한 과학적인 영화요"라며 잘난 체 한 것은 그리 오래 전 일이 아니었다.

지금 콘은 각국의 지점장들에게 "잘 빠져나가시오!"라고 조언하고 있었다. 신문사들은 다음과 같은 친절한 보고를 받았다.

"그것은 트릭이었고 사자가 먹은 것은 영양이었다. 검둥이는 야생동물이 있는 곳에서 멀리 떨어져 있는 오두막집으로 달려갔다. 우리는 두 필름을 겹쳐 그 장면을 만들었다. 새로운 기술을 사용했고 제작과정은 비밀이다."

흥분을 가라앉힌 대중들은 다시 극장으로 모여들었다.

"보러 가자. 검둥이가 진짜로 잡아먹혔다면 더 재미있었을텐데…."

그러나 옛 영화를 상기하는 사람은 아무도 없었다.

만족한 해리 콘은 「아프리카는 말한다」를 결산해 보았다. 올 초반기 석 달 동안 순이익이 55만 달러로 증가되었다. 그러나 덤불로 된 바리케이드 주변을 어슬렁거리는 사자처럼 컬럼비아 픽처의 곁에는 윌리엄 폭스가 으르렁거리고 있었다. 그는 컬럼비아 픽처라는 먹음직스러운 고기덩어리를 먹어 치울 때를 기다리고 있었다.

III

식민지와 고무나무를 좋아했던 옥타브 홈베르그는 답답한 도(道)의 정치로는 성에 차지 않아 세계 5대륙을 이끄는 프랑스를 꿈꾸고 있었다. 그는 강한 정신력의 소유자로 통이 큰 사람이었다. 야비한 양키들이 영화 「하얀 그림자」에서 프랑스 식민주의자들을 중상모략했기 때문에 미국인들에게 좋지 않은 감정을 가지고 있었다.

'우리 공무원들이 술을 마시고 원주민들을 타락시켰다고 주장했으나 그것은 말도 안 되는 거짓말이다! 문제는 메트로 골드윈 사장인 센크의 고약한 성미가 아니라 미국인들의 욕심이다. 미국인들은 서인도제도를 원하고 있다. 그들에게 서인도제도는 구미가 당기는 해군기지가 될 것이지만 프랑스에게는 프랑스 예산의 중요한 항목이다. 프랑스는 입지를 좁힐 생각이 추호

도 없다.'

오히려 홈베르그는 세계의 5대륙을 지배하는 프랑스를 꿈꾸고 있었다. 이 중상모략을 반박해야 했고 옥타브 홈베르그의 프랑스보다 더 확실한 후원자는 없다는 것을 원주민들에게 증명해야 했다. 프랑스는 정다운 어머니였기 때문이다.

내셔널 필름이 범죄와 춤, 낭만을 다룬 평범한 영화 「무희와 단도」를 제작했다. 그러나 이 영화사가 '과학적이고, 산업적이고 상업적인 프로파간다 영화'라는 정의를 내린 「무희와 단도」는 고상한 생각으로 가득 찬 영화였다. 알제리, 튀니지, 모로코 사람들에게 프랑스 경찰이야말로 그들의 후견인이라는 것을 보여주는 영화의 주인공은 당연히 젊은 프랑스인이었다. 경찰서장이자 유명한 아랍인들의 친구인 그는 "우리는 여러분의 매우 오래된 전통을 존중합니다"라고 말하며 회교도 율법을 따랐다. 그는 피부 색깔이 어떠하든 신은 항상 질서를 지켜준다는 것을 알고 있는 프랑스인이었다. 영화에 나오는 범죄자들은 웜스키, 비스코프, 게릭 같은 수상쩍은 이름을 가진 사람들로 볼셰비키 당원이거나 적어도 독일인들이었지 프랑스인은 아니었다. 경찰서장 곁을 항상 따라다니는 프랑스 문명화의 자랑거리인 경찰견의 이름은 영국식으로 '셜록'이었지만 진정한 프랑스 개였다. 또한 침대 위에 그리스도의 수난상이 걸려 있는 수녀들이 운영하는 병원이 나오는 장면도 있었다. '그리스도가 부모 없는 고아들을 위해 수녀님들을 보냈다!'는 메시지는 매우 감동적이었다. 이 장면에서 아랍인들은 감격의 눈물을 흘려야 했다. 경찰서장은 개가를 올리고 아름다운 무희와 결혼을 한 후 마르세이유로 휴가를 떠난다는 내용이었다.

영화 시사회는 도르만의 주재로 진행되었다.

"이 영화는 프랑스 경찰과 식민지 주민들과의 밀접한 협력을 보여줍니다."

시사회가 끝난 후 초대객들은 파리 회교사원에 있는 카페로 갔다. 파리는 터키인들을 위해 회교사원을 짓도록 지원했고 그곳에 카페가 있었다. 회교 사원에서 아랍인들이 프랑스를 위해 기도하면 프랑스는 그들에게 어머니의 모습을 보여주었다. 파리지앵들이 터키 커피를 마시고 동양음악을 들을 수 있는 이 카페의 이익금은 상당했다. 그러므로 카페를 임대한 아랍인들이 곱 절의 정성으로 프랑스를 위해 기도한 것은 당연했다.

카페에 초대받은 사람들은 선택받은 부류로 커피와 터키 과자를 공짜로 먹을 수 있었다. 부자 회교도들 외에 세 명의 원수 — 모로코 회교 군주의 전 권공사인 시 커두르 벤 가브리트, 이집트의 장관인 파크리 파샤, 페르시아의 장관인 미르자 후세인 칸 알라라 — 가 배석했다. 그리고 외무부장관, 식민 지국, 예술부의 대표자들과 같은 유명인사들도 볼 수 있었다. 회교사원의 중 심에 위치한 카페에서 샴페인을 마시는 것은 불가능했으므로 프랑스인들은 "우리는 오래된 전통을 지킵니다! 그러므로 샴페인이 없더라도 여러분들 과 기쁨과 연민을 나누며 취할 수 있습니다. 우리와 당신들! 당신들과 우리! 우리는 당신들을 좋아합니다. 당신들은 우리를 좋아합니다!"라고 말했다.

카페의 탁자 위에는 손님이 두고 간 신문이 놓여 있었다. 신문의 증권거래 난에는 '알제리 철도 2백83, 모로코의 전기에너지 3천7백85, 모로코의 과린 산 비료 2백79, 알제리의 화학품 1백57, 모로코의 시멘트 2백79' 등의 내용 에 빨간 색연필로 줄이 쳐져 있었다. 아랍 종업원이 그것을 멍청하게 바라보 았지만 진정한 문명화에 도달하지 못한 그가 이해할 수 있는 거라고는 아무 것도 없었다. 그는 국가원수도, 회교도 재판관도, 성자도 아닌 단지 불쌍한 아랍 종업원일 뿐, 카페를 청소하고 프랑스를 위해 기도했다.

파리에 있는 라 보에티 로(路)는 아름답게 장식되어 있는 화랑 골목이었

다. 여기서는 비누나 치즈가 아닌 훌륭한 예술작품을 팔았고 각 상점의 진열
장에는 마티스와 피카소의 그림들이 진열되어 있었다. 그곳은 매우 문명화
된 골목으로 인도차이나를 홍보하는 대리점이 있었으며 영화관도 있었다.
사람들은 매일 그곳에서 코끼리, 논, 고무의 원료가 되는 파라고무나무와 차
를 마시는 행복한 인도차이나 원주민의 생활을 엿볼 수 있었다.

파리의 신문들은 별 생각 없이 기사를 실었다.

"6월 17일 아침 5시, 베트남의 국민당 지도자 13명이 처형되었다. 처형 30
분 전 메쉐 신부와 드로네 신부 덕분에 사형수 여러 명이 세례를 받았고, 신
부들은 그들의 혓바닥에 소금 한 알을 넣어 주었다."

"2월 16일, 콤 마을을 징벌하는 것이 필요하다고 판단한 프랑스 정부는
다섯 대의 비행기로 마을을 폭격했다. 57개의 폭탄이 투하된 후 기관총 사수
들은 콤 주민들을 일소했다. 21명의 사살자 중 남자는 열 명, 여자 다섯 명, 어
린 아이 여섯 명…"

"제사 공장 감독관이 열일곱 살 된 소녀를 발로 찼다. 그녀의 이름은 티-
바. 그녀는 평생 불구자로 지내야 한다. 이 사건에 이어 노동자들은 체벌을
없애달라는 탄원서를 제출했으나 사장은 그것을 거부했다."

"한 광산에서 감독관이 쿨리인 쿰을 채찍으로 때려 죽였다. 하노이 법원
에서 이 사건을 재판했다. 감독관은 일 년 징역을 선고받았으나 집행유예로
풀려났다."

"고무 추출 농장에서 탈주를 시도했던 쿨리 리 반 투오가 잡혔다. 그는 처
형용 기둥에 밤새 묶여 있었고 그 이튿날 감독관은 이 죄수를 일벌백계했다.
쿨리의 몸에는 27군데의 상처자국이 선명했다. 노동 검열관은 감독관을 조
사하고 재수사했지만 그는 규율에 따라 스무 대만 때렸을 뿐이라고 주장했
다."

라 보에티에 있는 영화관 또한 불행한 이야기와는 무관한 채 고무나무에서 수액이 흐르고, 행복한 원주민들이 차를 마시고, 채찍도, 살해된 여자들도, 교수대도 보이지 않는 스크린만 보여주었다. 스크린에 보이는 인도차이나의 삶은 이웃 화랑에 전시된 그림에 나오는 풍경들처럼 아름답기만 했다.

폴 모랑[84]은 뛰어난 통찰력과 예민한 정신을 가진 작가였다. 그는 많은 곳을 여행하고 많은 것을 경험했으므로 라 보에티에 전시된 풍경들과 프랑스에게 인도차이나가 얼마나 중요한지를 잘 알고 있었다. 그는 검소하며 인정이 있는 사람으로 "나를 '잘 차려 입은 속물'이라고 볼셰비키 경향을 띤 신문들은 평한다. 그들은 시대에 뒤떨어져 있나 보다. 진정한 속물은 스웨터를 입는데…. 나는 저녁마다 정장하는 것을 싫어한다. 나는 초라한 복장과 지성인들과의 잦은 만남으로 사교계 인사들을 실망시킨 적도 있었다"라고 토로했다.

로베르 칸은 파라마운트의 발전을 위해 문학위원회를 만들기로 결정했을 때 그 누구보다도 먼저 폴 모랑에게 제의했다. 폴 모랑은 감수성이 예민하고 영화의 운명에 관심을 갖고 있었다. 그는 뛰어난 작가이므로 조윙빌에서 아름다운 영화를 제작할 것이다!

폴 모랑은 다양한 영화들 — 소비에트 영화까지 관람했다. 세상을 모두 섭렵한다는 것은 유익한 일이지만 동시에 피곤한 일이었다. 그런데 「아시아의 돌풍」[85]을 관람한 후 폴 모랑은 불쾌해 견딜 수 없었다.

"어떻게 황인종이 백인종을 쫓아낼 수 있는가? 그러면 정의는 어디에서 찾을 수 있는가? 알렉산더처럼 훌륭한 정복자들, 베니스의 대사들, 천문학자인 제수이트 교도들, 리딩이나 샤롯 같은 관대한 총독들, 상하이 병원에서

---

84) Morand, Paul(1888－1976). 프랑스 작가이자 외교관.
85) 1928년 푸도프킨 감독이 만든 소비에트 몽타주 운동의 대표작.

봉사하는 미국 의사들, 고문을 폐지시킨 프랑스 선교사들, 수도, 전기와 라디오를 가져다준 영국 기술자들은 기억 속에서 사라졌다. 사람들은 국적 없는 몇몇 중상주의자들만 기억할 뿐이다"라고 한탄했다. 기억력이 좋은 폴 모랑은 백인들이 황인종들에게 가져다준 것을 생각하면서 인간의 무례함에 몹시 슬펐다. 너무도 섬세한 영혼을 지닌 그는 교수대나 고무, 아이들을 죽인 폭탄, 쿨리와의 불평등 계약, 채찍, 등나무 줄기, 기관총, 발진티푸스, 독가스, 아편의 독점, 감옥에 갇힌 죄수들의 숫자, 소금을 넣어 준 훌륭한 신부들은 떠올리지 않았다. 그를 비판하는 사람들은 폴 모랑이 뛰어난 작가였지만 또한 외무성 공무원이라는 사실을 지적할 것이다.

그러나 "스무 살 때 내 친구들은 나를 개인주의자라고 했지만 난 상관하지 않았다. 내게 기대를 거는 두 사람의 판단이 중요하고 그들의 생각만 받아들일 뿐이다"라고 토로한 적이 있는 폴 모랑은 그러한 비판에는 아랑곳하지 않았다. 폴 모랑이 말하는 두세 사람만이 왜 소비에트 영화가 폴 모랑에게 고통을 주었는가를 이해할 것이다. 황인종이 백인종을 쫓아낸다는 사실은 황인종에게도 불행한 일이기에 그는 견디기 힘든 슬픔에 빠져들었다.

12
국기 사용

영화 「빅 퍼레이드」

I

판자로 지은 허술한 가건물에서 낮에는 미사가 진행되고 저녁에는 「찰리, 결혼하다」 혹은 「맥스, 샤워하다」 등과 같은 영화가 상영되었다. 가건물의 벽에는 '우리는 조국과 법을 위해 싸운다' '부인과 약혼녀를 생각하시오. 그리고 질병을 조심하시오' 'YMCA 기증' 등의 글이 씌어 있었다. 가건물 막사에서 병사들은 찰리나 맥스가 나오는 재미있는 영화를 보고, 시편을 노래하고, 벽에 씌어 있는 글을 읽으면서 조국과 가족과 함께 했던 저녁시간을 떠올렸다. 비극적인 죽음을 난생 처음 경험한 그들은 습기와 암흑에 지쳐 있었으며, 오랫동안 격렬한 소음에 시달리고 있었다. 죽음과 함께 있는 시간이 길면 길수록 마치 치통을 겪듯이 죽음에 진저리치게 마련이었다. 동료와 독일군의 시체들이 쌓여 있는 참호 주변에서는 찌는 듯한 밤의 열기로 썩은 냄새가 코를 찌르고 있었다. 병사들은 숭고한 정의를 잊은 채 썩은 냄새만 기억했다. 그들은 웃음을 잃었고 면도도 제대로 하지 않은 덥수룩한 얼굴로 문명화를 위한 투쟁 따윈 잊고 있었다. 기계에 윤활유를 칠하듯이 그들에게도 윤활유가 필요했다.

가건물 안에는 미사를 집전하는 신부와 영화가 있었다. 스크린에 지나치게 큰 신발을 신은 배우가 미끄러지고 넘어지는 장면이 나오자 병사들은 웃

251

음을 터뜨렸다. 우스꽝스러운 신발이 병사들에게 삶을 되돌려 준 것 같았다. 병사들은 전쟁, 피카르디 촌락의 폐허, 악몽의 시간이 아닌 떠돌이 서커스에서 보는 불빛과 웃음소리로 뒤덮인 어린 시절의 어느 즐거운 저녁시간 속에 있는 듯했다. 기도를 하고 웃는 병사들이지만 고통을 겪어야 하는 분명한 이유를 보여주는 시간이 다가오면 술을 들이켰다. 장교의 호루라기 소리가 들리면 마침내 공격이라는 회오리바람이 시작될 것이다. 지금은 영화라는 윤활유를 통해 병사들의 사기를 북돋워 주고, 적에 대한 반감을 주입시키고, 내일이면 총검을 들고 싸워야 한다는 것을 상기시켜야 했다.

스크린에 나타난 거대한 그림자는 샤워하는 맥스가 아니라 야비한 프러시아인이다. 그는 집 문을 부수고, 여자를 강간하고, 목 졸라 죽인다. 겁에 질린 아이들이 "엄마를 살려주세요"라고 간청하지만 그는 험상궂은 얼굴로 비웃는다. 한치의 동정심도 없는 프러시아인이 여자의 몸을 더럽힌 후 죽인다. 아이들이 울고 있다. 그 순간 가족과 밀리 떨어진 참호에서 그녀의 남편은 부인의 사진을 보고 있다. 그녀의 사진을 가슴에 품고 다니는 그는 총검으로 나쁜 프러시아인을 죽이지만 그의 부인을 능욕한 바로 그 프러시아인은 아니다. 그렇지만 그들은 같은 종족으로 불한당이고 야수 같은 놈이다.

막사에 있는 병사들은 "바로 악마다!" "나쁜 자식들!" 욕을 퍼부었다. 아내를 생각하며 "두고보자" 몇몇 병사들은 이를 드러내며 각오를 다졌다. 그러나 또 다른 몇몇은 "여자를 저렇게 쓰러뜨리는 것도 괜찮은데…. 우리도 곧 하게 될 거야. 참호에서 벗어나 공격하고 즐기고…" 웃었다.

신부는 "주여…. 진실…. 가까이 있는 사람들의 사랑…" 하며 설교를 했다. 내일이면 병사들은 전선에 투입된다. 휴식 시간은 끝났고 기계에 윤활유가 부어졌다.

국기 사용

전선에서 멀리 떨어진 시골에서 여자와 아이들, 노인들은 저녁마다 영화를 보러 갔다. 달리 할 일이 없었다. 남자가 없는 도시는 슬픔에 차 있었고 사람들은 불안에 떨고 있었다. 생기가 없는 여인네들은 우체부를 기다리며 아이들의 기분을 바꿔 주려고 노력했다.

영화관에서 「독일인의 광기」라는 재미있는 영화가 상영되고 있었다. 벨기에에 주둔하는 독일 군인들이 시민들을 죽이고, 약탈하고, 강간한다. 독일인 뮐러는 마리라는 처녀를 붙잡아 지하실에 감금한다.

"오빠가 어디 있는지 말해!"

그러나 알베르트 왕[86]을 섬기는 충직한 시민 마리는 온갖 고문을 당하면서도 굴하지 않는다. 그러는 동안 연합군은 공격을 준비한다. 관객들은 "제발 빨리!" 마음을 졸이고 있었다. 벨기에 어느 도시에 연합군이 집결해 있다. 그들 중 한 명인 젊고 잘생긴 피에르가 마리를 구해 준다. 그때 나타난 그의 오빠는 어린 나이에도 불구하고 국가를 위해 목숨을 바치고자 군에 지원한다. 관객들 모두 즐거워했다. 피에르는 무릎을 꿇고 잘못을 비는 뮐러를 죽이지 않는다. 관객들의 얼굴에는 실망하는 빛이 역력했다. 그러나 진정한 프랑스인이면서 이성적인 피에르는 독일인을 네 발로 기게 했다.

"넌 사람이 아니라 짐승에 불과해. 두 발로 걷지 마!"

마리는 피에르를 껴안는다. 연합군이 베를린을 탈환하면 그들은 곧 결혼할 것이다.

그 장면에서 "전선으로부터 보름 전부터 편지 한 장이 없네" 하며 여자들은 눈물을 흘렸다. "네 발로 기어다니는 꼴이 정말 재미있잖아"라며 웃는 여자들도 있었지만 한쪽에서는 "저런 녀석을 왜 죽이지 않는 거야?" 하며 분개하고 있었다. 그들이 영화관을 나올 때 독일 포로들을 실은 트럭

---

86) Albert Ier(1875-1934). 벨기에의 왕.

한 대가 지나갔다. 늦은 시간 비가 내리는 거리에서 여인네들은 트럭을 뒤쫓아가며 "죽여!" "죽어라!" "짐승 같은 놈들…" 악을 썼다. 트럭에 타고 있던 10여 명의 독일 포로들은 그 말뜻을 알 리가 없었다. 그러나 그들은 공격적이라는 것을 짐작하면서 겁에 질린 몸을 움츠렸다. 세차게 내리는 가을비 속에 가로등은 음산한 불빛을 발하고 있었다. 도시에, 이 세계에 무겁고 어두운 밤이 찾아왔다.

같은 날 저녁, 마드부르크에서 독일 여자들은 「하나님은 영국을 벌하노라」라는 영화를 보았다. 영국 부자가 위스키를 들이키며 히죽히죽 웃는 동안 독일에서는 어린이들이 굶주림으로 죽어간다. 조그마한 관이 보이고…. 여자들은 욕지거리를 퍼붓고 스크린의 인물에게 손가락질을 하면서 "죽여! 죽이는 것보다 고문을 해야 해!"라며 분노했다. 마드부르크 위에는 프랑스와 똑같은 하늘과 밤이 있었다.

「세계의 중심」 「미국의 응수」 「페르싱의 십자군」 「4개의 깃발 아래서」 「프랑스군에 대한 복수」 「죽음 혹은 승리」 「신의 없는 영국」 「위대함과 마지막」 「조국과 황제를 위하여」 「코사크의 쾌거」 「위대한 이탈리아」 「독일은 겁낼 게 없다」 「황제의 그늘」 「징벌의 시간」 「야만인이여 덤벼라」 「마주리 호수의 영웅들」 「총검」…
전쟁영화들이 줄지어 제작되었다.

병사들은 전쟁이 무엇인가를 잘 알고 있었다. 전쟁터에는 해충, 발진티푸스, 이질, 유산탄, 기관총, 폭탄, 가스, 잘려나간 다리, 죽어가는 사람들이 헐떡거리는 소리가 있었다. 그곳에는 철조망 사이에 시체들이 널려 있었고, 어둠과 악취로 가득 차 있었다. 그러나 영화에서는 별이 그려져 있거나 줄이 쳐진 자랑스러운 국기가 어김없이 펄럭거렸고, 도망치는 법이 없는 병사들

은 열심히 싸우고 있었다. 카메라에 수십 개의 훈장을 주지 않고 필름 상자
들을 개선문 아래에서 행진하게 하지 않은 까닭은 영화가 인간이 아니었기
때문이다. 영화는 정신이었고 보잘것없는 보상을 필요로 하지 않는 정신은
이익금을 받고 그의 의무를 다한 것으로 만족했다.

러시아에서 병사들이 "빵과 평화를 달라!"고 소리치기 시작하자 연합
군은 긴장했다. 문명화된 연합군은 위협만으로 사태를 수습할 수 없다는 것
을 알고 있었다. 프랑스인들은 러시아에 사회주의자를 보내 러시아 노동자
들에게 연합군의 대의를 위해 죽는 것이 가장 유익하다는 것을 증명하려고
했다. 그러나 웅변가의 능변을 믿지 않고 오직 영화만 신뢰했던 미국인들은
용감한 전사들과 기사다운 포기를 다룬 영화의 필름 6만4천 미터를 러시아
로 보냈다. 그러나 선물은 너무 늦게 도착했다. 영화에 더 이상 관심이 없는
러시아인들은 고래고래 소리를 지르고, 서로 총질을 해대고, 이상한 연설을
들으면서 세상을 다시 만들고 있었다. 그들은 굶주림으로 죽어가면서도 세
상을 다시 만드는 일을 계속했다. 미국이 보낸 선물 상자에 관심을 갖는 사
람은 없었으므로 상당수의 영화는 무용지물이 되어 버렸다. 미국인들은 서
둘러 「지옥의 러시아」 「짐승의 오솔길」 「붉은 두려움」과 같은 영화
를 제작해 적자를 메울 수밖에 없었다.

독일의 패배로 전쟁이 끝났다. 독일인들은 굶주림으로 죽어갔고 침울하
게 침묵을 지켰다. 그러나 그들이 언젠가 다시 일어날 수 있다는 생각에 영
국인들은 평온할 수 없었다. 그래서 그들은 「훈족(유럽을 정복한 흉노족.
여기서는 야만인을 가리킨다)은 항상 훈족으로 남는다」라는 영화를 만들
었는데 그것은 슬픈 차용이었다. 독일인들은 렝스(프랑스 북부도시) 성당
을 파괴했고, 무고한 도시에 폭탄 세례를 했으며, 수백 명에 달하는 영국 여
자들을 익사시킨 자들이었다.[87]

꿈의 공장

'독일 제품을 절대로 사지 말자! 단순한 재봉틀, 칼, 자명종처럼 보이는 제품들이지만 그것을 구입하면 독일인들은 돈을 벌고 그 돈으로 또다시 대포나 잠수함을 만들 것이다. 그들은 악마처럼 교활하다. 훈족은 항상 훈족으로 남을 것이다'라는 교훈적인 영화는 영국 기업가들이 갹출한 돈으로 제작되었다. 도리(道理)가 우세한 시대였다.

II

이른 아침 수천 개의 방과 지붕밑 다락방에서 기상나팔 소리가 요란스럽게 울리면 사람들은 투덜대면서 혐오스러운 눈으로 주위를 둘러보았다. 다시 화요일, 수요일…. 하루가 시작되면서 사람들은 질식할 것 같은 지하철이나 콩나물시루 같은 버스에 몸을 싣고 일터로 향했다. 기계가 돌아가고 상자, 계산대, 소음으로 가득 찬 생활, 노력하고 쉴새없이 움직이지만 죽은 것과 다름없는 생활의 연속이었다.

참전한 사람들은 이(蝨), 비참했던 참호의 시궁창과 악취를 어느새 잊어버렸다. 그들은 위험한 사선(死線)을 넘나들던 기억, 편안한 삶에 대한 향수, 여자, 불타는 도시, 전선에서 조금 떨어진 싸구려 술집에서 취하는 즐거움을 더 이상 기억하지 않았다. 그들의 삶은 활기를 잃었다. 전쟁이야말로 그들이 겪은 유일한 모험이었으며, 증오보다는 꿈을 꾼 듯한 공포로 전쟁을 떠올리곤 했다. 전쟁은 그렇게 삶을 두 동강이로 갈라 놓았다. 스크린에서 전쟁을 보면서 즐거워하고, 항의하지도 않고, 욕설을 퍼붓지도 않는 그들의 얼굴에는 혼란스러운 미소가 있었다. 그들이 회상하는 것은 영화와는 다른 것이었다. 그들은 인생에서 무언가를 경험했다. 그들은 자신들이야말로 지

---

87) 1915년 영국 정기여객선 루시태니아 호는 독일군의 공격으로 1200여 명의 희생자를 낸 바 있으며 그 후 애러빅 호도 독일군의 잠수함 공격으로 격침당했다.

옥의 구렁텅이에서 빠져 나온 생존자로서 그 사실을 인정하고 웃을 권리가 있다고 생각하면서 한편으로는 "우리와는 상관없다. 전쟁은 범죄인가? 물론 그것은 범죄였다. 그렇지만 받아들여질 수 있다"며 총검 공격이 스크린에 비칠 때마다 박수를 보냈다.

　참호도, 앰뷸런스도 본 적이 없는 젊은이들은 일상생활에 아직 익숙하지 않았다. 그들은 손이 근질근질하고 화가 머리끝까지 뻗쳐 있었다. 계산대나 작업장에서 인생을 보내는 것이 정말 가능할까? 일제사격도, 모험도, 여자들의 웃음도 없이 오직 숫자와 시간, 그리고 지긋지긋한 삶뿐이었다. 스크린에서 남자들은 죽음을 감수한 채 폭탄을 던지고, 넘어지고, 다시 일어나고, 매혹적인 여자와 사랑도 나누고, 버려진 집에서 좋은 포도주를 발견하고, 군중 앞에서 행진을 한다. 스크린에는 남자들의 매력적이고 근사한 삶이 펼쳐진다. 그게 전쟁인가? 그렇다면 그리 나쁜 것도 아니잖아…. 그들은 비행기, 기관총, 여자 들을 꿈꾸고 있었다. 그리고 지겨운 자명종 소리를 들으며 수요일 목요일…. 또 그렇게 하루하루를 보냈다. 그렇게 남자들은 새로운 전쟁을 위해 성숙해 갔다. 이번에 전쟁이 일어나면 그것은 당연히 '대전'이고 '마지막' 전쟁이 될 것이다. 그래서 어떤 이들은 1백 퍼센트 유성영화로 착실하게 그것을 '촬영'하면서 몇 백만 프랑을 벌 것이다. 그렇지 않은 사람들은 보잘것없는 삶 말고 또 무엇을 잃겠는가.

　메트로 골드윈이 제작한 「빅 퍼레이드」는 전쟁영화였다. 마침내 전쟁이 터지자 성실한 미국인들은 서둘러 입대한다. 군대에서는 백만장자의 아들이든 노동자의 아들이든 모든 사람이 평등하다. 흥분! 그리고는 전쟁터. 전쟁터에서 사랑은 무엇보다 우선이었다. 병사들이 대포알이 터지는 최전선에 배치되는 장면은 운동경기를 생각하게 했다. 주인공 남자는 손을 흔드는 젊은 여자에게 카우보이보다 더 멋진 자세로 이별의 선물을 던진다. 영화

꿈의 공장

관에 있는 젊은 여자들은 겁에 질려 얼굴을 찡그렸지만 연일 영화관은 초만원을 이루었고 영화는 전국적으로 흥행에 성공했다. 전쟁은 끝났지만 스크린에서 전쟁은 두번째 생을 살고 있었다.

헤이즈가 "우리는 민족의 화합에 참여할 것이다! 우리는 젊은이들에게 정당한 영웅주의 정신을 심어 줄 것이다"라고 말하자 신문기자들은 그것을 기사화했다. 다른 한편에서 영화제작자들은 묵묵히 그들의 이익금을 계산하고 있었다. 전쟁중 아돌프 주커는 "감격하고 다른 이들을 감격시키는 게 무슨 소용이 있나?" 하며 전쟁영화보다 전원 생활을 다룬 영화에 집중했다. 그런데 지금 그의 영화사는 "대포를 쏴라, 탱크를 움직여라, 죽어라, 껴안아라!" 하며 전쟁영화 제작에 몰두하고 있었다. 파라마운트가 「부도덕한 꿈」「불타는 가슴」을 제작하는 동안 다른 영화사들도 「황실의 저택」「노아의 방주」「새벽 바다」「그의 삶은 내 것이다」「노스트럼 연못」「세계 종말의 기사들」「지옥의 천사들」을 제작하면서 발을 맞추었다. 프랑스에서는 「큰 시련」「리저의 십자가」「날개」「전선에서의 저녁」을, 영국에서는 「파크랜드 섬」「이프르」를, 독일에서는 「엠덴」「조국을 위하여」를 만들었다. 할리우드, 조윙빌, 노이바벨스베르크에서는 대포소리가 들리고, 산탄이 터지고, 용감한 단역배우들이 전쟁터에서 신음하고 있었다.

모든 전쟁영화에는 포탄 소리는 물론 부드러운 입맞춤 소리와 함께 항상 사랑이 있었다. 따따거리는 기관총 소음 속에서 사랑의 꽃은 더욱 숭고하고 서정적으로 피어났다. 「포기된 꿈」에서 행실이 가벼운 여자가 미국 병사를 사랑한다. 그녀는 즉시 자신의 잘못을 깨닫는다. 한 신부가 헤어지기 전날 그 두 사람의 혼배 성사를 해준다. 십자가와 국기가 펄럭이고…. 그 다음 무슨 일이 일어날까? 아마도 젊은 신랑은 윌슨 14구경 총에 맞아 쓰러졌을까? 사려 깊은 군 당국이 마련한 사창가에서 삶의 기쁨을 맛보았을까? 다른 여자와 결혼했을까? 어쨌든 전쟁영화는 모든 사람을 정화시켰다.

「전선에서의 저녁」을 제작한 오소는 나탕의 라이벌로서 미국을 능가하려는 프랑스인이었다. 참호에서 4년 간 계속되는 전쟁, 노스탤지어, 썩은 시체, 임종의 고통, 그리고 여자 스파이, 몇 발의 포성과 불로 뒤덮인 하늘이 보인다. 한 여자가 부상당한 장교를 구한다. 사랑이 싹트지만 불행하게도 여자는 유부녀였고 게다가 그녀의 남편은 알자스[88] 사람이었다. 여기서 관객은 비극을 보았다. 영화에서 부부간의 도덕은 지켜지고 천박한 이혼은 이루어지지 않는다. 그런데 다행히도 남편은 독일 스파이였다. 스파이는 부인과 장교의 사랑 앞에서 자신의 비열함을 스스로 깨닫는다. 독일 장교복을 입은 남편이 전열(戰列)을 시찰할 때 프랑스인이 그를 죽이면서 사건은 수습된다. 이 모든 것은 공격과 영웅적 행위를 보여주었다.

총성이 들리는 영화관에 앉아 있는 남자들은 "참호에 병사들이 있어서는 안 되는데. 총알이 떨어지는 곳으로 가는군" 하며 자신들의 전쟁경험담을 나지막하게 주고받곤 했다.

이 영화가 상영되자 사소한 오해로 관객들 중 일부가 야유를 던졌다. 러시아 태생이지만 프랑스 애국자인 오소는 "4백만 달러를 들였는데 관객들이 이해하지 못하다니…"라며 분개했다.

경찰서로 연행된 소란군 중 한 명이 유명 신문에다 그것은 평화주의 캠페인이었다고 제보했다. 그는 어렸고 순진했다. 신문을 보고 사람들은 "그것은 우리와는 상관없는 거야!"라며 어깨를 으쓱했을 뿐이다. 그 신문은 오소와 계약이 되어 있었다. 오소는 신문에다 광고를 내고 있었고, 신문은 그 사건을 게재하지 않는 배려를 보여준 것이었다.

---

88) 프랑스와 독일 국경에 있는 지역으로 1815년 비엔나 협정에 의해 프랑스령이 되었다가 1871년 프랑크푸르트 협정에 의해 다시 독일령이 되었다. 1918년 제1차 세계대전 중 프랑스는 이 지역을 되찾았다.

전쟁은 사랑을 키웠다. 또한 전쟁은 정신을 키웠다. 「노아의 방주」에서 한 여자가 스파이 혐의를 받는다. 그녀를 처형장에 데려간다. 애국심에 불타는 그녀의 남편이 총살집행부대에 소속되어 있었다. 그는 아내가 무고하다는 것을 알지만 조국과 군인의 의무가 무엇인가 또한 잘 알고 있었다. 독일 대포알이 처형장 위로 떨어지자 남편과 부인과 신부 세 명이 매장된다. 신부는 '야벳'[89]과 그의 아내는 구원받지만 이교도들은 멸망했다'는 성경의 노아의 대홍수를 인용한다. 실제로 사람들은 빛을 보고 매장된 사람들도 본다. 무지개가 나타나고 때마침 휴전이 체결된다.

스크린의 전쟁에서는 가스를 사용하지 않았다. 그것은 너무나 평범했기 때문이었다. 그러나 공중전은 달랐다. 독일 비행기 한 대가 하강하자 영국 비행기들이 추격한다. 살아남은 조종사는 항복하고 영국 조종사들은 적의 비행기에 경의를 표한다. 그것은 아름다운 결투였다. 경솔함, 선회하강, 맹목적 숭배, 기사도적인 예의, 죽음의 위기일발, 미소를 보면서 관객들은 조종사들이 왜 하늘을 날았는지를 추측하기가 어려웠다. 아마 그들은 단순히, 더 높이 하나님과 별에 가까이 가려고 했는지도 모른다. 어쨌든 그들은 도시에 폭탄을 떨어뜨리지 않았고, 아이들을 죽이지 않았고, 사랑하는 여인의 사진을 조심스럽게 껴안았고, 적의 명예를 지켜 주었다. 장군은 격추왕인 조종사에게 십자가를 주면서 포상한다. 약혼녀는 "당신은 나의 영웅이예요"라고 속삭인다.

매주 새로운 영화가 출시되었다. 4년 동안의 전쟁이 사람들의 뇌리에서 잊혀지면서 상이군인들도 조금씩 사라졌다. 그런데 스크린에서 전쟁이 다시 시작되었다. 스크린에서 병사들이 적을 향해 돌진할 때마다 영화관에 모인 젊은이들은 "죽여!"라고 고함을 질렀고 박수를 쳐댔기 때문에 포탄소

---

89) 노아의 아들.

리가 들리지 않을 지경이었다. 국제연맹의 기관지인 국제영화기구 리뷰는 코티의 '국민의 친구'라는 기사를 호의적으로 실었다. 향수 제조업자이며 용맹스러운 용사였던 코티는 '…전(全) 인류의 삶을 사회적 현상이 아닌 그 중 일부분만 풍자하는 데서 오는 위험을 생각하지 않고 스크린에서 전쟁의 비극적인 면을 보여주는 것은 적절하지 않다!'라고 썼다. 그러나 풍자가 문제될 수는 없었다. 전쟁영화는 양순한 예술가에 의해 주름도, 처진 볼도 없이 아름답고 사려 깊은 시선과 선천적인 고상함을 보여주는 초상화로 만들어졌기 때문이다.

외교관, 화학자, 트러스트의 거물들이 마음의 준비를 하고 있었다. 평범한 사람들을 준비시켜야 했다. 오늘도 그들은 서둘러 영화관으로 간다. 내일이나 징집영장이 날아올까? 신문기사의 제목과 벽에서 '전쟁'이라는 단어를 본다면 그들은 전율할 것이다. 그리고 그들은 스크린에서 보았던 놀이를 혼란스럽게 상기하고 징병소를 향해 씩씩하게 갈 것이다.

III

사람들은 전쟁을 두려워하면서도 전쟁을 기다리며 준비하고 있었다. 그들은 어린이들이 놀이를 하다가 "그만 두자, 나 안 놀래" 하는 것 같았다. 각국 지도자들은 '죽은 영웅을 명예롭게 하고 기념관을 축성하자. 우리는 단지 인간이고 평화의 당원이다'라고 하며 비밀결사를 만들어 화학자들로 하여금 가스를 만들게 하고 있었다. 제너럴 일렉트릭은 AEG를 합병했고, 코닥은 아그파에 대금을 미리 지불해 주었다. 후겐베르크까지도 퇴각나팔 소리가 들리자 그 곡조에 합류하는 등 휴식시간이 연장되었다. 평화주의자들은 마이크 앞에서 침을 튀기며 연설을 했으며 제네바 호수 위에는 '희망의 별'이 떠 있었다. 이때 영화는 격렬한 비판자가 아니라 오히려 외교적인 역할을 했다. 모두 평화롭게 좋은 영화를 만들 수 있었다.

꿈의 공장

칼 램믈은 매우 신중한 사람이었다. 독일인들은 전쟁에서 패배하자, 그들의 황제까지 추방한 불행한 독일인들에게 미국 군복을 입힌다는 것은 불가능하며, 그렇게 하더라도 국가적인 특성에 어긋나서 일은 진행되지 않을 것이라고 생각했다. 독일인, 그것은 또 다른 이야기였다. 예컨대 애국주의자뿐아니라 사회주의자들까지, 모든 사람들이 좋아하는 작가가 있다고 하자. 그가 쓴 소설을 토대로 영화를 만들 수 있지 않겠는가? 독일에서 그 영화가 금지된다 할지라도 다른 거대한 시장 즉 모든 동맹국들의 시장은 여전히 있을 것이다.

전기와 철강류는 물론 화학물질을 생산하는 트러스트들이 화합했다. 동쪽에는 구름이 끼어 있었지만 그것은 전문가들이 다루어야 할 문제로 대중과는 아무 상관이 없었다. 칼 램믈은 키스 신이 없는 전쟁영화를 만드는 모험을 감행하기로 결정했다.

런던에 있는 상류사회의 영화관에는 크리켓과 테니스를 하는 만능 스포츠맨의 명성과 최고기록을 가진 젊은 부자 영국인들이 있었으나 스크린에서는 죽어가는 독일인들이 절망적으로 소리를 지르고 있었다. 젊은 영국인들은 젠체하며 어깨를 으쓱거렸다. 스포츠맨으로는 고상하지 않은 행동이었지만 그들은 독일이 전쟁에서 졌다는 것을 알고 있었다.

잭슨의 곁에 앉아 있던 부인이 "비참해요. 다리가 잘리다니"라고 말하자 담대한 그는 "걱정 말아요. 이건 영화일 뿐이오"라고 웃으며 말했다. 아프리카에서 사자 몇 마리를 죽인 적이 있고, 캘커타에서 소년들을 여러 명 죽인 경험이 있는 그는 인간이 죽기 전에 어떻게 소리지른다는 것을 잘 알고 있었다.

파리에서는 미쳐 날뛰는 병사들을 보고 중고등학생들이 분개했다. 스크린에서 인간은 용감해야 하듯이 실제에서도 마찬가지였다. 포탄, 아수라장

…. 프랑스 병사가 정적(靜寂)을 깨뜨리며 나비를 향해 총을 쏜다.[90]

"나비들이 우리와 무슨 상관이람!"

관객들은 흥분으로 상기된 얼굴로 영화관에서 나왔다. 그들은 죽은 독일인들을 동정하지 않고 오히려 너무나 지겨운 삶을 연명하는 그들 자신을 동정했다.

프라하에서.

전쟁터의 나비를 보면서 군수품 회사 사장은 묵묵히 손수건을 꺼내 흐르는 눈물을 닦았지만 제조업자는 "저것은 속임수다"라고 외쳤다. 양조업자들과 돼지고기 가공업자들은 "우리는 승리자이며 독립된 국가에서 장사는 잘 되고 있다. 화가 나 있는 독일인이나 헝가리인들을 우리의 관대함으로 감싸 줄 수 있다" 하며 박수를 보냈다. 서둘러 집으로 돌아온 군수품 회사 사장은 루비(화폐 단위)로 지불하는 모든 이들에게 — 적군이든 동맹국이든 아홉 국가에 군수품을 판매하느라 매우 분주했다.

독일에서는 영화 초반부에 박수갈채가 나왔다. 복수를 꿈꾸는 사람은 없었다. 독일 관객들은 '물론 폴란드인들은 나쁜 놈들이지만 그건 사소한 문제다. 프랑스인들도 우리와 같은 사람이다. 좋은 사람도 많고 잔다르크, 좋은 포도주, 유행과 향수, 귀여운 여자들과 예술이 있는 나라다. 라인란트 해방이 그것을 증명했다. 미국에도 좋은 사람들은 있다. 자르 지방을 보면 알수 있지 않은가? 우리는 평화를 원한다!'라고 생각했다. 성실한 사업가와 외교관들 그리고 IG 사장도 그렇게 생각했다. 그러나 후겐베르크는 달랐다.

"무언가를 얻기 위해서는 많은 것을 요구해야 한다! 스캔들 없이 우리는 아무것도 얻을 수 없을 것이다. 프랑스인들은 용감한 사람들이지만 그렇다

---

90) 「서부전선 이상없다」의 유명한 마지막 장면으로 주인공 류 아이레스가 나비를 잡기 위해 참호에서 나오는 순간 총에 맞아 죽는다.

고 해서 그들에게 겁을 주지 말란 법은 없다."

후겐베르크의 무례함은 어디서 나온 것일까? 독일인들이 겁이 나 소리를 지르는 것일까? 그 무례함은 국가의 위엄에 대한 저항이었으며 전쟁터에서 죽은 영웅들에 대한 모욕이었다! 미국인들과 프랑스인들은 가만히 있는데 독일인들은 무슨 까닭으로 소리를 지르는 것일까? 절대로 겁에 질려 소리를 지르지 않는 독일인들이 두려워하는 것은 오직 하나님이었다. 독일인들은 "후아" 소리지르면서 승리를 쟁취했던 것이다.

충직한 모든 사람들, 즉 떠들썩한 젊은이들, 은퇴한 군인들, 분개한 공무원들, 굶주린 실업자들이 징집되었다. 군대는 활동을 개시했고 대기(大氣) 속에서는 기억할 만한 해의 7월의 악취가 났다. 군대는 리에주가 아닌 수치스러운 영화를 상영하는 극장의 스크린 속에서 행진을 했다. 행진 선두에는 독일 하나님의 대사인 뮌히마이어 목사가 있었다.

분개한 애국자들은 영화관에 쥐를 풀어놓았다. 관객들은 소리를 지르며 자리에서 일어나는 등 야단법석을 떨었고 가스가 분사되자 두려움에 소리를 질렀다. 독일인은 겁에 질려 소리를 지르는 법이 없었다. 그러나 그들은 독일인이 아니라 단지 입장료를 낸 관객일 뿐이었다. 그들은 전쟁을 반대하고 가스에 반대했다. 처음에 이 영화는 검열을 통과했으나 그것은 잘못된 것이었다. 쥐 소동이 난 후 영화상영은 금지되었다. 독일인들은 겁에 질려 소리를 지르는 법이 없다. 그것은 악의로 꾸며낸 이야기였을 뿐이다.

램믈은 몹시 슬퍼했다. 우선 그는 독일 태생으로 그의 옛 조국을 생각하며 비탄에 빠져 있었다. 또한 독일인들은 작년 한 해 동안 미국 영화를 4백20만 달러 어치나 샀기 때문에 독일과 싸울 생각이 없었다. 유니버설은 '독일의 검열을 통과하기 위해 어떤 부분을 삭제해야 할까?' 하는 아이디어 대회를 개최하기도 했다. 검열은 '이 부분! 그리고 저 장면…' 하는 한가한 사람들의 못이었다. 뮌히마이어 목사는 램믈의 고약한 성미를 탓하지 않았다.

검열관들은 쉬지 않고 일했다. 프랑스인들은 독일 병사들이 프랑스 처녀들을 껴안는 것을 원하지 않았고, 체코인들은 독일 병사들이 평화에 대하여 도가 지나치게 말하는 것을 바라지 않았다 영화의 길이는 길었으므로 그런 부분을 삭제하면서 상영시간을 줄이면 되었다. 그러나 군대에 해를 끼친다는 이유로 이탈리아인들은 그 영화의 상영을 금지했고 그 예를 폴란드, 불가리아, 유고슬라비아, 그리스가 따랐다.

'우리 국민들은 단순하기 때문에 군복을 보면서 잘 판단하지 못하고, 겁에 질려 소리를 지르는 것이 바로 우리 병사라고 믿을 것이다!' 하고 생각하면서. 룩셈부르크의 대공까지도 자신의 군대의 정신을 위해 군인들의 소심함을 보여주는 영화를 금지시켰다.

그런데 룩셈부르크의 대공이나 이탈리아가 말하는 중요한 질서란 무엇인가? 뉴욕, 런던, 파리, 시카고 곳곳에서 영화관은 초만원으로 여자들은 눈물을 흘리고, 아이들은 웃음을 터뜨리고, 신중한 사람들은 '평화 그것은 전쟁보다 훨씬 낫다! 전쟁이 없기를!'이라는 메시지에 동의하는 한숨을 내쉬고 있었다. 일본인들은 그들의 오만불손함에 대한 대가를 치르고 있었고 이탈리아를 이성적으로 행동하게 해야 할 때였다. 소비에트를 붕괴시키지 않는한 우리는 인도와 전쟁을 해야 한다고 생각할 때였다. 그러나 그것은 우리와는 상관없는 일이었다. 다른 사람들은 나비를 잡으려고 총을 쏘는 병사를 불쌍하다고 생각했다. 전쟁? 좀 기다립시다! 이제 놀이를 그만 합시다! 놀이 그만!

IV

그렇지만 장교들은 오락을 즐기지 않고 설득이 아닌 교육을 하면서 전쟁을 준비하고 있었다. 병사들에게는 그들의 의도에 맞게 특별히 제작한 영화들을 보여주었다. 영화는 경찰이 범죄자를 찾는 데 도움을 주며, 노동자들에게 합리화와 생산 라인을 준비하게 하는 등 전통적인 순사의 역할을 했다. 프랑스에는 각 군대마다 촬영과 편집을 하며 영화를 만드는 영화 부서가 있으며 각 연대에는 영사기와 시리즈 영화가 비치되어 있었다. 나탕의 사업보다 더 탄탄한 프랑스 군사영화는 34개국에 팔렸다.

미국과 영국은 바다를 배경으로 공격하고, 잠수함을 추격하고, 수상비행기의 조종을 보여주는 등 특별히 해전을 다룬 영화를 만들었다. 미국은 국가예산에 '해병의 전문교육 활성화를 위하여'란 항목을 만들고 해군기지에 1백15개의 영화관을 갖추었다. 공군의 전투상도 다루면서 「비행」을 촬영하는 동안 순양함, 항공모함, 수상비행기와 공중비행기가 동원되었다. 공중전에 대한 이론과 실제를 보여주는 이 영화는 런던에서도 상영되었다. 시사회에 참석한 국방부장관은 영국인의 조심스러움을 벗어버리고 아낌없는 박수를 보냈다.

벨기에와 스웨덴에서도 군사영화를 제작하는 데에 많은 경비를 투자했다. 그것은 오락거리가 아니고 스타도 사랑도 나오지 않았지만 중요한 사업이었다. 전쟁의 선과 악을 판단하기보다는 단지 '가스를 어떻게 뿌리고 도시에 어떻게 폭탄을 투하하는가? 배를 어떻게 전복시키는가?'를 가르치는 교육영화였다.

오늘날 '전문 교육'의 한 방법이 된 영화는 미래에는 모든 사람에게 의무적으로 부과되는 삶이 될 것이다. 한 병사가 명령을 받고, 경례를 하고, 땅 위에 포복한다. 그리고 폭탄 소리와 함께 그는 이 세상에서 사라진다. 땅에서 약간 떨어진 곳에서는 줄이 쳐져 있거나 별이 그려진 천 조각 하나가 자랑스럽게 펄럭이고 있다. '영화는 예의를 갖춰 국기를 사용해야 한다!'고 윌 헤이즈가 늘 말했듯이.

13
기쁨의 씨를 뿌리는 사람들

영화 「서부전선 이상없다」의 포스터

I

고딕 풍으로 지어진 고색찬연한 성당에서는 빛을 볼 수가 없었다. 무지했던 시대에 빛은 기도를 방해했으므로 사람들은 빛 한 줌 없는 거친 바닥에 엎드려 비참함과 곤궁 속에서 신을 찾았다. 그러나 파리에 있는 마들렌느 성당은 오페라나 증권거래소처럼 빛으로 가득 차 있었다. 그곳에는 학식이 있는 사람들이 기도하러 왔으며, 그들은 아침에는 사업을 의논하고 저녁에는 파라마운트 영화를 보러 가면서 햇빛도 과학도 무서워하지 않았다. 바티칸 위에 안테나가 세워졌으며 교황은 전화를 이용해 신도들과 대화를 나누었다. 교황은 영화를 즐겨 보았으며 스크린을 통해 테레사 수녀의 생애와 팔레스타인의 풍경을 보았다. 그가 비행기를 타지 않은 것은 나이 탓일 것이다. 예전에 교황들은 세속적인 볼거리를 비난했다. 특히 이노센트 12세[91]와 브노와 14세[92]는 성자 오귀스틴을 예로 들면서 '연극 상연은 악마의 흉계다!'라며 배우들에게 저주를 내린 적도 있었다. 그러나 베니토 무솔리니와 협정을 맺지 않았던 교황 피 11세[93]가 영화와 평화협정을 맺었다. 그는 "영

---

91) Innocent XII(1615~1700). 240대 교황.
92) Benoît XIV(1675~1758). 245대 교황.
93) Pie XI(1857~1939). 257대 교황.

화를 건전한 교리로 다스린다면 교화와 교육의 확대에 유용한 방법이 될 수 있지만 그렇지 않을 경우 그것은 불행히도 나쁜 격정을 부추기는 것이 될 것이다"라는 의견을 밝혔다.

　그는 새로운 포교 활동을 위해 추기경들과 주교들에게 축복을 내렸는데 그들은 영화의 영혼을 장악해야 했다. 아무도 스크린에 반대하여 투쟁하리라는 생각은 하지 않았다. 영화를 즐겨 보는 파리의 대주교조차 "가톨릭 교회는 어머니로서 그 자녀인 어른과 어린아이들에게 오락이 필요하다는 것을 알고 있다"고 논평했다. 영화를 한 편 본 후 그는 곱절의 열정을 갖고 사회주의자의 이론과 여성해방, 파업, 이혼을 비난하는 새로운 회칙을 생각해냈다. 또한 마들렌느 소교구의 신자들의 취향에 따라 전통을 진보와 교묘하게 연결시켰다. 교황은 증권거래소나 주식회사, 경찰을 절대로 비난하지 않았다. 유행에 민감한 마들렌느 성당에서는 선량한 기독교인들과 영광스러운 전쟁에 참전했던 장군들, 믿음이 깊은 화류계의 여자들, 집사들과 퇴역 도지사들을 위한 장례행사와 특권층의 결혼식이 거행되었다. 베로 필름이라는 배급사 사장과 가난한 후작 딸과의 결혼식이 있었을 때 많은 축하객들이 마들렌느 성당에 모였다. 사장은 나이가 들었고 가발에다 의치까지 했다. 그가 신부의 팔을 잡고 음산하게 얘기할 때면 의치가 보일 뿐만 아니라 입에서는 악취를 풍겼다. 그러나 그는 잘 나가는 배급사 사장이었으므로 초대객들은 축하의 말을 건넸고 회랑에서는 한 무리의 카메라맨들이 이 장엄한 순간을 포착하려고 야단법석이었다. 베로 필름 사장은 첫날밤에 대한 두려움에 긴장되어 있는 젊은 신부의 팔을 끼고 절뚝거리며 하객들에게 인사를 했다. 그는 감격한 성녀 마들렌느의 눈물과 성수(聖水)로 흠뻑 젖어 있었다.

　오늘 마들렌느 성당에서는 하얀 베일의 결혼식도 검은 옷차림의 장례식도 없었지만 많은 사람들이 모여 있었다. 오늘 거행된 웅장한 미사에 영화계

기쁨의 씨를 뿌리는 사람들

와 관련된 사람들 — 당연히 그들은 단역배우가 아닌 촬영소 사장이며 영화관 소유자들이고 배급사 사장이거나 대주주인 사람들이 참석했다. 향로에서 나온 감미로운 향이 퍼져 있는 성당에서 필롱 대주교는 영화 관계자들에게 "여러분, 그대들은 향락의 씨를 뿌리는 사람들이니 그대들에게 교회의 은총이 있기를!"이라고 말했다.

이 미사는 참사원(가톨릭의 행정관) 레이몽의 열띤 노력으로 개최된 가톨릭 영화학회 개막식 전에 행해졌다. 로마 가톨릭 교회의 독실한 신자인 참사원 레이몽은 영화가 교회에 도움을 주기를 바랐다. 외설스러운 영화는 어떤 도움을 줄 수 있는가? 영화는 국가를 위해서 그리고 주커와 기업가들과 경찰서장, 간수, 식민지 주민, 사형집행인 들을 위해 봉사했다. 또한 영화는 헤이즈와 전기산업, 사창가와 국민에게 봉사했다. 앞으로 영화는 하나님을 위해 일해야 한다!

학회에는 프랑스 정부 관료들과 나시옹 회사 대표자들, 예술부 차관과 카스엘루의 용감한 장군들 그리고 대형 영화사 사장들이 참석했다. 겸손한 미소를 지으면서 참사원 레이몽은 사장, 부사장과 주주들에게 말했다.

"여러분은 산업체를 운영하고 우리는 포교활동을 합니다. 그러나 여러분 사업의 이익과 우리의 대의를 위해 함께 일해야 합니다. 그러면 모든 사람이 자신의 이익을 찾을 수 있는 좋은 계약이 이루어질 겁니다."

겸허하게 눈을 내리깔고 있던 고용주 조합회장은 소리를 쳤다.

"여러분, 프랑스 영화계는 여러분에게 감사를 드립니다!"

학회는 여러 날 계속되었다. 교회 지도자들은 신자들이 겪고 있는 정신적 갈등에 대하여 말하고 영화 지도자들은 이러한 신앙심으로 할 수 있는 것이 무엇인지를 말했다. 열성적인 가톨릭 신자인 해군의 한 회계 장교는 모두가 이해할 수 있도록 "우리는 영화를 산업으로 생각해야 합니다. 돈 역시 하나님을 숭배합니다!"라고 말했다.

꿈의 공장

1년 전 파테-나탕 촬영소를 시찰한 적이 있던 가톨릭 신자들인 회의 참가자들이 이번에는 고몽-오베르-프랑코-필름을 방문했다.

스튜디오에서 한 여배우가 맨 다리를 드러내자 회의 참가자들은 민망해하며 고개를 돌렸다. 촬영소 대표가 조명의 강도에 대해 설명하자 시골 출신의 한 참석자가 호기심을 갖고 질문했다.

"어떤 종류의 영화를 만드나요?"

"모든 종류를 망라합니다. 예를 들면 「가장 기막힌 애첩들」과 「소유」가 있습니다."

난처해진 시골뜨기는 겸연쩍게 웃었다. 성인 바울은 '서로 공통점이 없다면 기도하지 말라'라는 말은 하지 않았던 것이다.

그러나 이러한 제작 외에 고몽-오베르-프랑코-필름은 온건보수파적인 영화 「잔다르크의 기적의 생애」를 완벽하게 만들었다. 영화를 제작한 감독은 어린 시절에 가톨릭 분위기에서 자란 경험이 없었기 때문에 유감스럽게도 거기에는 옥의 티가 있었다. 그러나 고몽-오베르-프랑코-필름은 신부들에게, 영화를 검토하고 삭제할 부분을 알려 달라고 부탁했다. 그렇게 교회와 영화산업의 활발한 협력이 시작되었다.

일주일이 지난 후 파리의 영화관에서는 「루드르 성지순례」가 상영되었다. 성지순례자들이 몸을 비틀고, 병자들이 완치되자 태양은 빛나고, 행복한 사람들의 후광은 빛났다. 영화는 새로운 주인을 찾았다. 그는 주커도, 나탕도, 헤이즈도 아닌 하나님이었다!

학회의 폐막식에서 릴의 대주교 리에나르는 숫자를 말하려 하지 않았다. 그는 미심쩍어 하는 사업가들을 진정시키는 방법을 알고 있었다.

"당신들의 노력은 헛되지 않을 것입니다. 산업의 목표는 부를 위해 생산한다는 것입니다. 옳은 말입니다. 나는 합법적인 이익을 얻으면서 진실과 선을 섬기려는 당신들의 의도를 치하합니다. 우리 가톨릭 신자들은 여러분을

272

이해합니다. 우리는 여러분의 산업과 협력하여 우리의 사명을 지켜 나갈 겁니다. 우리는 여러분에게 우정 어린, 그리고 자비로운 봉사를 할 것입니다."

용맹스러운 장군이 사회를 맡고 추기경이 축원을 했다. 영화를 열렬하게 지지하는 사람들, 주식 투자자들, 사업가, 지도자, 검열관과 편협한 신앙심을 가진 사람들이 낸 돈으로 교회의 지붕이 만들어졌고 스타들, 마들렌느 성당의 교구 사람들과 사창가를 드나드는 독실한 신자들 모두 고개를 숙였다. 삭발한 수도승의 머리와 부자의 대머리가 함께 빛나고 있었다.

교회가 공식적인 검열을 일임할 수 있을까? 질서와 도덕을 지킨다고 검열관들은 말하지만 그들을 구슬리기는 매우 쉬운 일이었다. 열성적인 교회가 건전한 열의를 가지고 임할 때만이 영혼을 순화시킬 수 있다는 생각으로 가톨릭 신자들은 두번째 검열을 만들었다. 그들은 관람 가능한 영화의 목록을 작성했는데 특히 참사원 레이몽은 새로 출시된 영화들의 목록을 만들고 거기에다 알쏭달쏭한 문자 'P, S, T, R, D, M' 을 추가했다.

P— 이 영화는 기숙사에서든 청소년의 집에서든 어디서든지 상영될 수 있다.

S— 이 영화는 청소년의 집보다는 대중을 상대로 하는 영화관에서 상영하는 것이 적합하다.

T— 이 영화는 영화관에서 상영될 수 없지만 가족끼리는 볼 수 있다.

R— 이 영화는 교육을 받은 사람들만 볼 수 있다. 그들에게 이 영화는 해가 없고 도움이 된다.

D— 이 영화는 교육을 받은 사람들에게도 위험하다.

M— 이 영화의 비도덕성과 반종교성은 명백하다.

참사원 레이몽은 영화의 등급을 여섯 가지로 분류했을 뿐만 아니라 어떤 이유로 이러이러한 영화를 비난해야 했는가를 설명했다. 레이몽의 탁자 위에는 성경책 한 권이 놓여 있었는데 그 속에서 '사랑은 죽음처럼 강하다. 질투는 죽은 자의 지옥처럼 완고하다'는 구절을 찾을 수 있었다. 레이몽은 사랑은 인간이 가진 모든 능력 중 가장 높은 위치에 있다는 것을 잘 알고 있었다. 그는 '목욕 타월을 두른 한 여인…' '오랫동안 다리를 보여준다…' '지나친 키스…' '2부에서 어깨를 드러내 보였다…' '남자가 샤워를 한다…' '가슴이 너무 파인 드레스…' '옷을 거의 걸치지 않은 원주민…' 등의 장면이 나오기 때문이라는 설명을 달았다.

영화 속에는 항상 벗고 사는 것처럼 보이는 흑인들이 나왔다. 그들은 정숙한 가톨릭 신자들에게 노출될 위험이 있다! 그 영화는 레이몽처럼 교육 수준이 있는 사람들에게 적합한 영화였다. R로 매기자.

솔로몬은 60명의 아내와 80명의 첩을 거느린다고 뽐냈다. 그는 그의 아내가 아닌 수라미트를 불렀다고 성서에 씌어 있었다. 게다가 우리는 오래 전부터 신자들에게 그것은 상징적인 사랑이고 향락주의자들이 자주 사용하는 '유방'이라는 단어도 우의적인 표현으로 받아들여야 한다고 설명했다. 성관계는 결혼을 통해서만 인정할 수 있었다.

참사원 레이몽은 '도덕법령'을 만든 윌 헤이즈와 닮아 있지 않은가? 어떤 영화는 짜증날 정도로 잘못 된 곳이 많았다. 화가 난 참사원 레이몽은 검열을 계속했다.

'사랑은 늘 정당한 듯이 보입니다…' '부인은 남편이 사랑하는 여자에게 남편을 보낼 준비가 되어 있군요…' '이혼에 대한 암시…' '부적절한 관계의 두 남녀가 서로를 여보·당신이라 부르고…' '망신당하고 웃음거리가 된 남편…' 이 영화는 교육을 받은 사람들은 물론 참사원 레이몽에게도 위험하다. 그러므로 D등급.

부자가 천국에 가는 것은 낙타가 바늘 구멍으로 들어가는 것보다 어렵다는 성서의 이야기에는 의심스러운 부분이 있었다. 그 이야기는 매우 불분명한 비유였다! 그 이야기만 보면 쉽게 공산주의자가 될 수 있으니 가장 좋은 방법은 그 이야기를 더 이상 생각하지 않는 것이었다. 그러나 어떻게 등급을 매기나?

'사회적 법과 관습이 인간을 고리에 매고…' '돈이 우선인 가증스러운 부르주아 층에서는…' '재판은 공정하지 않았고 감옥에서의 생활은 가난한 자의 불행했던 생활보다도 더 나을 수 있었다…' '경찰의 사회적 역할이 감소되었다…' '러시아 이민자들은 그들에게 불리한 날 출두했다…' '부자의 생활과 빈자의 생활을 강조하여 대립시킨다…' 이 영화의 작가는 볼셰비키 당원이 아니었을까? 어떻게 가난한 사람들이 불행하다고 단정지어 말할 수 있는가? 천국을 기다리는 그들은 행복해야 한다. 영화는 가난한 자들이 타인의 행복을 찬양하고 죽은 후에 천국의 행복을 가질 것이라는 믿음을 보여주어야 한다. 부자들을 우롱하는 것은 거의 벌거벗은 검둥이를 보는 것보다 더 위험한 일이므로 그는 망설임 없이 이 영화에 M등급을 매겼다. 착실한 가톨릭 신자라면 이렇게 불경한 영화를 봐서는 안 된다!

지칠 줄 모르는 참사원 레이몽 앞에서 풍경과 얼굴들은 섬광을 발했다.

"또 키스! 여전히 불륜이! 바닷가 장면이 또 나오다니!"

그는 한숨을 내쉬며 M이라고 썼다. 그는 헤이즈보다 더 엄격했다. 헤이즈는 공을 들여 법령을 만들었지만 레이몽은 양피지로 된 책 — 오래 전부터 M 또는 R이라고 판정해야 할 — 의 법령을 따랐다. 성경책 외에도 참사원은 교회 신부들의 성서 연구, 교황의 칙서, 군주질서의 연대기와 같은 참고가 될 만한 책들을 가지고 있었으며, 도미니크 교도와 예민한 제수이트 교도들의 도움을 받고 있었다. 그의 조상들은 장작더미에 위에다 위법적인 책들을 태웠으나 필름의 재료인 셀룰로이드는 인화성 물질이기 때문에 레이몽은 그것을 태울 생각은 추호도 없었다. 그는 가슴속에 끓어오르는 불을 안고 불경스러운 장면을 없애 버리는 것으로 만족했다.

윌 헤이즈는 이단자이며 죄인으로 전화기를 좋아하고 아이스크림을 즐겨 먹었지만 레이몽은 사도가 전하는 교회에 대한 참사랑 외에는 어떤 정열도 갖고 있지 않았다.

깊은 밤 R, D, M… 표시를 계속하던 레이몽의 입에서 음울한 신음소리가 새어나왔다. 맨 다리… 노출된 등… 화장기 없는 얼굴…. 그는 교회에 대한 사랑으로 자신을 소모하고 있었다. 그것은 성서에 알쏭달쏭하게 씌어진 구절이었다.

'아름답구나 친구여…. 날 쳐다보지 말라. 너의 눈이 날 혼란시키는구나 ….'

쾡페에서 「서부전선 이상없다」[94]가 상영되었다. 감동적인 이야기에다 노래가 나오는 유성영화로 세계적으로 흥행에 성공했다. 그러나 참사원 레이몽의 보고서를 정기적으로 보는 라세르 신부는 갓 제작된 포스터를 우울하게 바라보았다. 그 영화에 대해 레이몽이 쓴 보고서는 '가장 무시무시한 진실의 한 면만 볼 수 있다. 몇 가지 자유…. 종교적인 관점에서 자막은 신중하게 처리되어야 한다. 분명히 R'이라고 했기 때문이다.

그런데 도시 전체는 그 영화를 말하고 있었다. 영화에서 전쟁의 참혹함을 본다고 상상해 보라. 그것은 사회주의자들과 프리메이슨단의 음모가 분명했다. 전쟁중 인간은 신에게 귀의한다는 내용에 자유사상가들조차도 감동이 가득한 눈으로 신부를 쳐다보았다. '전쟁은 교회법전을 조금도 어기지 않는다. 카스텔로 장군을 보라. 그는 용맹한 전사이며 착실한 가톨릭 신자였

---

94) 레마르크의 소설에서 영감을 받아 루이스 마일스톤이 감독하고 유니버설이 제작한 1930년 영화. 독일 병사들에 관한 이야기를 그들의 관점에서 이야기하는 내용이다. 아무것도 모르는 채 그저 애국심에 불타는 일단의 청년들이 군사훈련을 받고 마침내 실전에 뛰어들어 죽음과 폐허 속을 헤매게 된다. 대부분의 전쟁영화들은 영웅주의와 승리를 기약하며 환호하는 데 반해 「서부전선 이상없다」는 전쟁에 대한 환상을 깨는 데에 초점을 맞췄다.

다. 장군들 중에는 얼마나 많은 신자가 있는지!'라고 생각할 수도 있었다. 참사원 레이몽은 건실한 정신을 가진 사람들에게 적합한 영화 R로 판정했다. 그러나 쾽페에는 라세르 신부를 제외하면 건실한 사람이라곤 없었다. 그런데 신부는 영화팬이 아니며 저녁시간에는 불경한 이미지로 가득 찬 책을 읽고 있었다. 갑자기 신자가 찾아오는 돌발적인 사건이 없다면 독서로 즐거운 저녁시간을 보낼 수 있었다. 그 시간에 하녀는 신부님이 기도하고 있다고 생각하며 방해하지 않으려 애썼다. 그러므로 라세르 신부는 이 영화를 봐서는 안 된다고 생각했다.

라세르 신부는 사회적 지위가 있는 신자들과 담소하고 고해성사에서 방탕, 죄인, 지옥의 불을 속삭였다. 한 공증인의 미망인 쉐레 부인이 아이들과 함께 이 영화를 보러 갈 생각이 있다고 하자 라세르 신부는 극구 말렸다. 디자이너인 비조 부인은 종업원들에게 이 혐오스러운 영화를 보는 것을 금지시켰다. 이 영화 때문에 샤베른 가족은 아수라장이 되었다. 아들은 욕지거리를 퍼붓고 딸들은 울고불고 했지만 부모들은 신부님의 말씀을 따라야 한다며 완강했다. 그 다음 주에 다른 영화가 상영되었지만 그 또한 전쟁영화인 「케벨 양(孃)」이었다. 그것은 못된 독일인들에게 고문당하는 간호사 케벨의 이야기였다. 신부는 그 영화를 추천했고 많은 신자들은 「케벨 양」을 볼 수 있었다.

프랑스에는 도시들이 많으며 그 도시에는 신부들도 많았다. 고딕 풍의 성당을 지탱하는 돌은 풍화되었으나 로마 성직자들의 마음은 젊은 혈기로 꽉 차 있었다. 그들은 경계를 늦추지 않았고 훈계했고 제명했다. 참사원 레이몽의 열정 덕분에 거의 벌거벗고 지내는 검둥이들이 살고 있는 카메룬에서조차 그가 만든 보고서를 읽을 수 있었다. 참사원 레이몽이 밤을 새우면서 쓴 보고서는 시골 아낙네들뿐만 아니라 조심스러운 기업가들을 위한 법이 되었다. 굳이 위험을 무릅쓸 필요는 없다고 생각한 극장주들은 "우리의 이익을 생각합시다" 하며 D 혹은 M으로 매겨진 영화는 아예 상영하지 않았다. "돈 역시 하나님을 찬양한다"고 뒤푸르가 말한 것은 옳았다.

레이몽과 같은 참사원들이 세계적으로 늘어났으며 로마 교황청은 유태인과 같은 이교도들을 인정하지 않았다. 18개 국가에는 국제 가톨릭 영화학회에 대표단을 보내 많은 문제들을 검토했다. 교훈을 주는 영화를 제작하고, 검열에서 보충해야 할 점을 토론하고, 가톨릭 영화관에 대하여 말하며 영화 제작자들과 협정을 맺었다. 당연히 학회 참가자들은 교황, 추기경과 국제연맹의 축복을 받았다. 국제학회에서는 비교적 사소한 문제들도 다루었는데 그 중 하나는 무지한 부류들의 어둠이 아니라 영화관의 어둠에 대한 안건이었다. 서로 껴안기 위해 연인들이 영화관으로 간다는 것은 잘 알려진 사실이었다. 대도시에서 삶은 잘 화합되어 모든 것이 정리되어 있었으므로 사랑을 나눌 적당한 장소가 없는 가난한 연인들은 영화관으로 갔다. 「눈 속에서의 사랑」 또는 「사막에서의 사랑」이라는 영화에서는 사랑을 나눌 방이 있어 영화관으로 갈 필요가 없는 연인들이 편안히 껴안는다. 영화관 관객석에서 입맞추는 소리가 나지막하게 들렸다. 그것 또한 유성영화의 한 부분이었다. 말하자면 그것은 주거에 관한 문제였고, 노동자들의 우중충하면서도 쓰라린 청춘이었고, 회색빛의 순정적인 사랑이었으며, 일시적인 사랑에 관한 문제였다. 가정과 영업세를 내는 여관에서만 사랑을 나누는 것을 허락했던 교회는 흥분하면서 영화관에서 껴안는 것을 금지했다.

참사원은 "거의 벌거벗은 검둥이들이 나오는 비종교적인 영화들을 보여 준 결과가 바로 이것이다!"라고 소리쳤다. 그러면 샤워 장면은 어떡하나? 남자가 샤워한다는 것을 잊었는가? 바바리아 신부는 영화관의 조명을 밝게 하고 영화를 상영하면 문제가 해결된다고 장담했다. 그것은 기술적인 문제로 가톨릭 교회는 항상 진보를 추구하고 있었다. 우리가 밝은 교회에서 기도

를 하듯이 영화도 밝은 곳에서 상영되어야 한다고 주장했다. 네덜란드 주교
는 신음소리를 내면서 말했다.

"어머니를 생각하시오! 어머니들은 참고 견디지 않습니까? 자녀들이 영
화관에 가고 악마의 소굴처럼 어두운 그곳은 경험이 없는 어린 관객들에게
별 생각 없이 죄를 보여줍니다."

이탈리아 추기경은 신의 가호를 빌었으며 학회 참석자들은 "영화관의
어두움 때문에 어머니들이 겪는 불안함을 확인합니다. 따라서 조치가 취해
져야 하고 필요하다면 공권력을 사용해 영화관의 조명을 더 밝게 해야 합니
다"라고 발의했다. 그렇게 그들은 영화관에서 마귀를 몰아내는 동시에 상
상의 세계도 몰아냈다.

'지나치게 오랫동안 하는 키스….'
참사원 레이몽은 쉴 틈이 없을 것이다!

가톨릭 신자들은 죄의 씨가 되는 영화를 비난하면서 그들 스스로 교훈적
이고 심오한 정신이 담긴 영화를 제작하기로 했다. 제작자들에게 「교수대
의 사랑」을 시작으로 「테레사 마틴의 사랑」 「성인 프랑수아 다시즈의 생
애」 「베네딕트의 훌륭한 생애」 「잔다르크의 기적의 생애」 「아베마리아」 「성
지 항해」 「사도들」 「선교사」 「세례」 「성찬」 「종부성사」 「바티칸의 방문」 「루
르드 성지순례」 「도레미」 「샤를롯의 노틀담」 「객차에서의 사랑」 외에도 상
당수의 영화들을 주문했다.

「성인 프랑수아 다시즈[95]의 생애」는 그 어떤 영화보다 탁월했다. 잘 알려
져 있듯이 성인 프랑수아는 가난함과 결혼했는데 그의 생애는 전후 이탈리
아의 화려함으로 재현되었다. 이 영화의 연출을 맡은 기울리오 안타모로

---

95) Francois d'Assise(1181-1226). 이탈리아의 성자. 부잣집 아들로 태어났으나 부와 영
예를 버리고 구걸하는 생활과 포교활동으로 일생을 바쳤다.

백작은 '성인 프랑수아가 살던 시대에 풍요함과 비장함과 활기가 있었음을 대중에게 보여주기 위해서는 영화가 가장 적합했다'고 발표했다. 그런데 가난한 프랑수아가 태양과 물을 찬양하는 노래를 만들었다는 사실은 전혀 반영되지 않았다. 사치스러운 배경과 견줄 수 있는 시(詩)란 어떤 것일까? 경비를 생각하지 않은 가톨릭 신자들은 '60명의 재단사들이 7천 벌의 양복을 만들었다. 아시즈의 도시를 복원하기 위해서 5백 명의 인부가 동원되었고 2만 미터의 목재가 사용되었다. 6백 마리의 말들이 동원되었다'고 자랑스럽게 설명했다. 그렇게 그들은 가난과 결혼하고 가난한 자들의 형제였던 프랑수아를 찬양했던 것이다!

무솔리니는 '가장 천재적인 시인 단테, 가장 대담한 콜럼부스, 과학과 예술에서 가장 심오한 레오나르도 다 빈치는 이탈리아에서 태어났다. 그러나 성인들 중의 성인 프랑수아 다시즈를 기독교와 인류에게 준 것 또한 우리나라였다'라며 잘난 체했다.

북소리가 울렸고 젊은이들이 그들의 우두머리 주변을 가볍게 뛰어다니는 동안 스크린에서는 아직도 생생하게 남아 있는 성인 프랑수아의 성흔을 찬양하고 있었다. 신앙심을 지나치게 강조하지 않기 위해서 영화제작사 ICSA는 전투, 사창가의 인신매매, 호색한 백작, 관능적인 노예가 나오는 몇몇 불경한 장면들을 삽입했다. 포스터에서는 교황의 교리와 아름다운 여인의 드러난 어깨를 동시에 볼 수 있었다.

어쨌든 성인들의 생애를 재현하는 것만으로는 충분하지 않았으므로 죄인들의 삶도 함께 보여주어야 했다. 그들의 뉘우침과 그들에게 내리는 은총을 보여주어야 했다.

「루르드의 기적」 1부에서는 양치기 소녀 베니디트 앞에 성모 마리아가 출현한다. 사람들은 이 소녀의 말을 믿지 않았지만 몇 건의 기적이 일어나고 갑자기 루르드는 유명해진다. 2부 — 피에르 몽브레이는 루르드를 지나가는 중이었다. 그는 물질주의에 물든 작가로 기적을 절대 믿지 않았으며 젊은 사람들을 타락시켰다. 그는 동생마저 타락시키려고 했으나 동생은 참사원 레이몽처럼 흔들리지 않는 영혼을 가졌다. 이 고상한 동생은 절름발이 소녀가 기적의 강을 건너갈 수 있도록 도와준다. 그가 기도를 드린 후 소녀는 걸을 수 있었다. 그녀는 목발이 필요없는 행복한 삶을 찾았다. 그래서 물질주의자인 작가는 성모 마리아 앞에 무릎을 꿇는다. 그 역시 기적의 힘으로 영혼의 눈을 되찾고 그때부터 그는 참사원 레이몽의 보고서를 구독하게 되고 가톨릭 신자들을 위한 정직한 영화의 시나리오를 쓰게 된다.

작가들만 기적의 힘을 받은 것이 아니었다. 피아니스트의 이야기도 있었다. 「모든 사람은 자신의 십자가를 진다」에서 부인과 아들은 착실한 가톨릭 신자이지만 피아니스트는 고집불통의 불신론자였다. 아들 피에르가 방황하는 아버지의 영혼을 위해 기도해도 소용이 없다. 피아니스트는 점점 더 난폭해진다. 그는 피에르를 때리고 방에 가둔다.

"교회에 가면 안 돼! 알겠냐!"

용감한 피에르는 창문으로 뛰어내리다 추락해 뇌를 다친다. 부인은 악마 같은 피아니스트를 쫓아내고 버림받은 피아니스트는 집도 없이 영혼의 눈마저 잃고 살게 된다. 그런데 그가 바흐의 곡을 연주하면서 회개의 길에 들어서게 된다. 그는 자발적으로 피에르를 교회로 데려가고 아들은 감격한다.

「아기 예수의 성녀 테레사의 기적」에서 부자의 딸은 성인품에 올려지는 성녀의 이야기를 듣는다. 그의 아버지는 증권투자에 실패해 파산 직전에 놓여 있었다. 소녀가 아버지를 구할 수 있는 방법은 단 한 가지 부자와 결혼하는 것이었다. 그것은 고통스럽지만 정직한 방법이었다. 부모를 공경하라! 이 점에 대해서 교회도, 성녀도 반대할 수 없었다. 도르모이라는 남자가 등장하는데 그는 착실한 신자며 가난하지도 않았다. 게다가 잘생겼으며 기업가의 딸도 그를 사랑한다. 브라질에 가 있던 도르모이는 상황을 예감하고 때

맞춰 프랑스로 돌아온다. 그는 기업가와 그 딸을 곤경으로부터 구해내며 신부의 축복 속에서 그녀와 결혼한다. 기쁨의 표시로 젊은 신랑 신부는 성녀 테레사의 발 밑에 장미꽃 한 다발을 바친다.

참사원 레이몽은 「아기 예수의 성녀 테레사의 기적」에 매우 만족했다. 물론 등급 P. 이 영화는 어디서든 상영될 수 있었다. 영화에 감격한 그는 '사진, 도덕성이 완벽하며…. 추가할 말은 없음. 피에르트 뤼강은 베르나데뜨 역을 자연스럽게 소화해 냈다. 우수한 작품'이라고 썼다.

이 영화는 가톨릭 청소년회관, 학교, 병원 등 1백여 개의 영화관에서 상영되었다. 사업가들은 항상 하나님을 믿었고 작가와 피아니스트들은 개종했다. 이제는 노동자들의 차례였다. 신부님이 얼마나 온화하게 미소짓는지 바라보라! 아이들아, 죽어가는 사람들이여! 분명한 것을 보시오! 지옥이 당신을 노리고 있소!

제작사들은 그들의 이익을 챙기고 있었기 때문에 불평할 이유가 없었고 참사원 레이몽은 말했다.

"우리는 작품과 사업을 갈라놓는 고랑을 메워야 합니다. 그러나 이 고랑은 사실 존재하지 않습니다. 작품과 사업은 다른 차원에 있지 않습니다. 경우에 따라서 둘 다 투자한 자금에 걸맞은 사례금을 받으면서 하나님을 섬길 수 있습니다."

II

파라마운트는 폭스를 상대로, 다시 말해 침례교도들은 감리교도들과 장로교도들을 상대로 싸웠다. 모두 같은 하나님을 섬긴다는 것은 분명한 사실이지만 그들이 원하는 것은 달랐다. 침례교도들은 감리교도들에게 복음을 전했으며, 장로교도들은 침례교도들이 진정한 신앙인이 되기를 갈망했다. 뉴욕에서는 전적으로 영혼에 관한 싸움은 일어나지 않았다. 뉴욕에서 포드는 제너럴 모터즈와, 제너럴 일렉트릭은 웨스턴 일렉트릭과, 메트로는 워너 브러더즈와 경쟁한다는 소문이 떠돌았다. 평온한 도시와 구별되는 이 도시에서는 상처투성이의 권투선수들과 파산한 증권거래인들을 쉽게 볼 수 있었다. 뉴욕에는 공산주의자, 석유왕, 시카고의 갱은 없었지만, 뉴욕 시민들은 장로교도가 감리교도를 넘어뜨리거나 감리교도가 장로교도를 넉아웃시키는 광경을 숨죽이며 지켜보았다. 그것은 경건한 볼거리였으며 게다가 공짜였다.

몇 년 동안 장로교도와 감리교도들은 교회마다 스타를 두고 설교의 세련됨으로 경쟁했다. 물론 스타들은 보수를 받으면서 이 도시 저 도시로 돌아다녔고 그들의 순회는 오래 전부터 준비되었다. '다음 주일에는 유명한 설교자 랄프 엘리엇이 인간의 구원에 대하여 설교할 것이다'라는 소식을 알리는 포스터들이 벽마다 잔뜩 붙어 있었다. 감리교 신자가 "종교의 위기 시대에 어떻게 일자리를 찾을 수 있을까? 왜 이브의 딸들은 뱀의 유혹에 넘어 가는가? 그리고 재즈 밴드는 무엇인가? 좋은 사업에 대한 시세표 혹은 파탄이 없는 낙원은 어디에 있는가?"를 말하자 분개한 침례교 신자들은 해리 헤스턴을 초빙해 "포드의 낙관론은 무엇이죠? 신의 낙관론은 무엇이죠?"를 설교하게 했다. 영혼의 합리화와 1백 퍼센트의 자비를 말하면서 헤리 헤스턴은 1만2천8백76명을 좋은 길로 인도했다.

그러나 랄프 엘리엇과 해리 헤스턴에게 무엇보다도 강한 경쟁자는 영화였다. 경박한 미국 사람들은 평판 높은 설교자보다는 스크린과 어둠이 있는 영화관을 더 좋아했다. 침례교도들과 감리교도들은 공동의 적을 우선 없애려 했다. 그들은 연대의식을 갖고 신자들에게 '더 이상 불결한 영화를 보러 가선 안 된다!'고 강요했다. '영화는 위스키며 죄이며 확실한 지옥이다! 지옥의 불구덩이에 빠지고 싶은 사람은 매일 영화관에 가라!' 하고 맹렬히 비난했지만 영화는 개의치 않았다.

꿈의 공장

영화는 완강히 저항하고 있었고, 지금 영화의 우두머리는 기독교인이었다. 영화의 황제 월 헤이즈가 착실한 장로교 신자라는 것을 모르는 사람은 없었다. 그것은 분명한 승리였다. 영화는 교회 없이 살 수 없었다. 그것은 또한 패배였다. 교회 없이 살 수 없다면 고해성사를 해야 할 참이었다. 바오로 전서에서 '남자는 여자를 탐하지 않는 게 좋다. 그러나 부정을 피하기 위해서 남자는 아내가 있어야 하고 여자는 남편이 있어야 한다'고 했듯이 영화가 있는 한 영화를 이용해야 했다.

알바니의 장로교도들이 일요일 예배가 끝난 후 교훈적인 영화를 상영하는 것을 처음으로 시도했다. 신자들은 개혁을 높이 평가했으며 경쟁자들을 물리치려는 욕망으로 감리교도들도 유성영화를 상영하기 시작했다. 그들은 몇몇 교회에 웨스턴 일렉트릭의 기계를 설치했다. 영화관을 많이 소유한 주커는 "공짜로 영화를 보여주는 것은 얼마나 바보 같은 짓인가! 이제 아무도 영화관에 가지 않을 것이다!"라며 난처해했으나 다른 한편으로 촬영소를 소유한 주커는 파라마운트 영화가 대여됨으로써 돈을 벌 수 있다는 기쁨에 들떠 있었다.

알바니나 댄빌은 매우 권태로운 도시였다. 그곳에서는 아무도 검둥이를 린치하지 않으며, 때때로 설교자들이 방문하고, 때때로 공격적인 군중들 중에서 한 명이 체포되기도 하고, 사람들은 몰래 숨어 진을 마시는 게 고작이었다.

감리교 교회에서 「예수, 바리세인과 죄인」을 상연하는 날 교회당은 당연히 사람들로 가득 찼다. 흡족해 하는 목사의 얼굴이 빛났다. 설교가 끝나자 조명이 꺼졌다. 스크린에서는 긴 곱슬머리의 남자가 다정한 미소를 짓고 있었다. 그가 입술을 움직이자 교회는 수군거림으로 가득 찼다.

"그의 죄는 용서받았다. 그녀는 그렇게 사랑했던…."

매우 아름다운 여자가 무릎을 꿇는다. 그녀는 곱슬머리 남자에게 큰 항아리를 가져간다. 나이가 지긋하고 존경할 만한 남자가 여자를 비난하면서 이상하게 몸을 뒤튼다. 그때 객석에서 웃음이 새어 나왔다. 로스 판사의 조카가 소리쳤다.

"어머! 라이트와 닮았어! 그의 동생이라고 해도 믿겠네!"

라이트는 주일학교에서 아이들을 가르치는 교사였다. 소리친 아이의 어머니는 거친 목소리로 "바보 같은 소리 마! 그는 바리새인이야! 교회에서는 조용히 해야 해!"라며 주의를 주었다.

그러나 라이트 전도사는 사내아이에게 눈길조차 주지 않은 채 경건히 스크린을 응시할 뿐이었다. 크리스트는 "아름다운 여자야! 에디 타입이야. 스크린으로 그녀를 보다니 애석한 일이야" 하고 중얼거렸으며, 하마처럼 굵은 다리를 가진 미망인 파커 부인은 "볼 게 없다"며 자리를 떴다. 그녀에게 그 장면은 혐오스럽기만 했다. 여배우의 아름다운 모습을 보는 라이트의 얼굴은 신의 은총으로 빛나고 있었다. 그는 경박스러운 작품들보다 더 우위에 있는 교훈적인 영화를 보고 있었다.

곱슬머리 남자는 죄인을 용서했다. 슬로안 전도사는 "우리는 용서해야 합니다. 또한 벌을 주어야 합니다. 불경한 사람들은 꼭 껴안고 춤을 춥니다. 불경한 사람들은 오픔 영화관에서 천박한 영화들을 봅니다. 불경한 사람들은 금지된 술을 마십니다. 그들은 지옥에, 우리는 천국에 갈 것입니다. 주의 은총이 사랑하는 형제 자매 여러분과 함께 하길…"이라고 설교한 적이 있었다.

영화가 끝나자 슬로안은 젊은 자매 안나와 교회의 좁은 방으로 갔다. 안나는 주일학교에서 아이들을 가르치는데 아이들은 약간 늦게 도착할 것이다. 방 안에 아무도 없는 것을 확인한 슬로안은 문고리를 걸어 잠궜다. 그리고 안나를 껴안으려 하자 그녀는 슬로안을 밀치고 의자 위에 기계적으로 누웠다. 스포츠를 좋아하며 딱딱한 자리를 겁내지 않는 안나는 말을 더듬으며 망설이는 것을 싫어했다. 전도사는 누워서 기다리는 안나에게 다가가 눈을 지그시 감으면서 사랑의 선물을 바쳤다. 그것은 분명 죄악이었으나 그녀 역시 그것을 좋아했으므로 그는 분명히 용서받을 것이다.

슬로안과 라이트 두 전도사는 고상한 생각에 잠겨 저녁 산책을 하고 있었다. 라이트는 오늘 양곱창 처리장과 좋은 거래를 했다. 곱창 처리장에서 주일학교에 소액의 기부금을 내기로 했던 것이었다.

"우리의 의무는 불경함을 없애기 위해 싸우는 거야."

라이트의 말에 슬로안은 공감하며 고개를 끄덕였다. 그리고 그들은 혁신에 대하여 말했다.

"교회에서 영화를 보다니… 대단한 일이야."

그들은 사악한 뱀이 양의 탈을 쓰고 있는 듯 대화를 나누었다.

"오펌 영화관은 연일 초만원이래."

"어리석은 자들은 모든 행복은 죄인의 육체 속에 있다고 아직도 생각하고 있나 봐."

"말이 나왔으니 말인데 클라라 보우 소송에 관한 기사를 읽었나?"

"그런 일은 바빌론에서 일어나는 거야. 우리 영화에서는 그런 일은 없고 즐겁기만 해. 스크린에는 때묻지 않은 순결함이 있어. 그것은 갓 태어난 아이의 영혼과 같아. 우리는 신이 부여한 지혜로 영화를 기억할 거야."

하늘에 계신 하나님을 쳐다보듯이 시드니 슬로안 전도사도 하늘을 쳐다보았다. 참사원 레이몽과 윌 헤이즈, 가톨릭 신자들과 루터 교도, 감리교도, 침례교도, 퀘이커 교도와 장로교도들도 하늘을 쳐다보았다. 하늘이 스크린처럼 하얗게 나타날 때 신자들은 기막힌 꿈을 꾸었다. 필름은 돌아가고 구름 위에서 곱슬머리의 잘생긴 예수가 기적을 행할 때 물은 포도주로 변하고 카이사르는 세금을 받는다. 구름 위에서 별들이 반짝거리는데 그것은 신비스러운 점성술에 나오는 별이 아니라 보잘것없는 배우와 유명배우들의 은하수였다. 파리에서 별은 성녀 테레사이고, 베를린에서는 루터이며, 알바니아에서는 위스키를 절대로 마시지 않고 흑인 춤을 추지 않는 덕망 높은 미국인이었다. 감격한 그림자들이 재빠르게 하늘 위를 지나갈 때 교회는 성장하고 번식했다. 교황은 새로운 법전을 쓰고, 참사원 레이몽은 영화의 불경함을 고발하고, 장로교도들은 웨스턴 일렉트릭의 성능이 뛰어난 기계를 구입하면서….

"모든 것이 내 안에서 함께 하리라! 모든 언어로 나에게 영광을 돌리리라!"

슬로안은 라세르 신부를 껴안으며 눈물을 흘렸다. 땅을 비옥하게 하는 봄비가 내리고 하늘에는 무지개가 나타나 여러 빛깔의 아름다운 이미지들이 구름을 가로지르자 하프 소리가 들리며 천사들이 나타났다. 육익천사가 노래하고 "데이빗 사르노프는 좋은 상품만 판다!"라고 새들은 즐겁게 지저귀고 있었다. 아름다운 소프라노였다. 빛이 나타나고 마들렌느 성당보다 높은 곳, 훨씬 더 높은 곳에 위대한 대주교 필롱이 날아가 영화관계자들 — 주커, 나탕, 클라크, 골드윈, 크리츠, 그리고 헤이즈와 제작자들, 배급사 사장들, 증권거래소 사람들에게 "여러분은 기쁨의 씨를 뿌리는 사람들이기 때문에 신의 가호가 있을 것입니다!"라고 말했다.

주교의 축원보다 더 확실한 것은 없었으므로 필름은 계속 돌아갔다. 매일 4천만 명의 사람들이 서둘러 영화관으로 향했고 영화산업의 이익금은 증가했다. 작년 한 해 동안 뉴욕 증권거래소에서는 영화주식이 2천3백3십만6천7백20건 거래되었다.

14
영원히 계속되는 영화

1926년에 개관한 일리노이 주 졸리엣의 리알토 극장

I

나사를 넣고, 고정시키고, 넣고, 친다. '…의 편지에 대한 답장으로…' '당신의 글에 답합니다' '답으로…' '영화 프린트 4개…, 받아야 할 필름 80여 통…, 돌려줘야 할 것 20통…' '스탠더드 오일 136…' '콘비프 28박 스' 손잡이를 밀고 내리며 금속대를 드릴로 뚫고 가죽끈으로 당겼다. 소시지가 배당된다. 자동식자기, 다이스 선반, 프레이즈 반(盤), 출판물…. 25초에 140줄, 55번의 8이라는 서명…. 나사로 죈다.

그러고 나면 밝은 푸른빛, 비둘기색이나 회색빛을 띤 모든 도시에는 저녁이 찾아왔다. 빈틈없는 진공관에서 뱀들이 혀를 날름거리며 싸우고 있었다. 아르스, 롯시, 암피르, 플라자, 캐피틀, 크리스탈, 올림피아, 리알토, 티볼리, 사보이, 에르미타쥬, 콜리제, 글로리아, 원옹, 아스토리아, 메트로폴, 메테올, 리츠, 내셔널, 스트랑, 포럼…. 그것들은 호텔, 레스토랑의 이름이 아니라 영화관 이름이었다.

저녁시간, 불안의 빛이 감돌고 있는 도시의 정글에 몰려든 사람들은 서로를 밀쳐냈다. 마치 맹수들이 물통으로 몰려들듯이 그들은 희끄무레한 스크린을 향해 몰려들었다. 미국인들은 자동차 경적을 울렸고, 일본인들은 펄럭이는 기모노 자락을 붙잡았다. 스웨덴인들은 장엄하게 침묵을 지키며 눈 속을 걸었으며, 스페인인들은 서로 욕설을 퍼붓고, 모스크바 사람들은 당황스러운 눈초리로 장미꽃과 연미복이 그려져 있는 요란스러운 포스터를 바라보았다. 파리지앵들은 의식을 가지려고 노력하지만 곧 깜깜한 영화관의 어둠 속에서 감각을 잃었다.

여자는 오늘 180통의 편지를 타이핑했고, 남자는 3천 개의 나사를 조였다. '무엇을 해야 할까? 어떻게 허전한 마음에서 벗어날까?' 고민하지만 집에는 통조림 나부랭이와 고요함만 있을 뿐이었다. 집에서는 생각, 생각을 해야하는데 생각한다는 것은 무척 어려운 일이었다. 험담은 이제 다 까발렸고 담배도 다 피웠다. 잠자리에 들기까지엔 아직 3시간이 남아 있었다. 취침. 자명종 소리에 눈을 뜨고 다시 일터에서 타이프라이터를 두드리거나 나사를 조이는 것이 얼마나 지겨운 일인지 모른다. 오늘 서툰 솜씨 때문에 감봉을 당한 남자는 말이 없었다. 새로 신은 스타킹에 구멍이 난 여자는 미소를 지을 수조차 없었다. 그들에게는 더욱 깊은 지하로 숨어들거나, 동면하거나, 죽었으면 하는 마음뿐이었다.

리알토나 크리스탈에서 상영하는 「사랑과 호랑이」나 「바이올리니스트의 열정」, 그 어떤 영화든 상관없었다. 그들은 서둘러 영화관으로 달려갔다. 그곳에서는 호랑이가 으르렁거리고 용감한 사냥꾼이 호랑이를 죽인다. 그곳에서는 바이올리니스트가 이해할 수 없는 열정 때문에 울고 있다. 여자는 동물원에서 군대행진곡을 들으며 땅콩을 씹으면서 호랑이를 본 적이 있었다. 여자는 결혼을 이른 나이에 했고 지금 아무런 열정도 없었다. 남편 피에르의 능숙한 입담에 반했지만 그것을 열정이라고 할 수는 없었다. 얼굴에 주근깨가 있고 고질병을 앓고 있는 남편은 부인이 영화 입장권을 사는 것을 보고 있었다. '빨리 바이올리니스트를 보자, 빨리! 더 이상 과거를 생각하지 말자!' 하는 것이 그들의 마음이었다.

영원히 계속되는 영화

오늘 그가 감봉당한 이유는 무엇인가? 그의 잘못이라기보다는 한푼의 가치도 없는 나사 때문이었다. 그리고 시간이 부족했다. 정오가 되어서야 작업대에서 겨우 벗어날 수 있었다. 그는 마흔두 살이고 인생의 내리막길에 있었기에 9일 후에 휴가를 낼 계획이었다.

"감봉이라니, 제기랄! 생각 않는 게 낫다! 리알토에 가서 호랑이나 보자. 빨리! 버스를 놓치면 안 돼!"

피곤에 지친 그는 고통스럽게 숨을 내쉬지만 영화의 앞장면을 놓치지 않기 위해 뛰어갔다.

디트로이트와 오사카, 카르코프와 세빌리아에서 돌고 있는 시계바늘처럼 사람들은 영화관을 향해 빨리 달렸다. 불이 꺼지고 꿈 — 쾌활한 꿈, 큰소리로 말하는 꿈, 포스터에 그려진 그대로의 꿈이 시작되었다.

필름은 1초에 15개의 이미지를 보여주면서 빨리 돌아갔다. 그것을 비난할수 없었고, '좀더 천천히'라고 말할 수도, 멈출 수도 없었다. 호랑이는 포효하고 달려든다. 바이올리니스트는 울음을 터뜨린다. 아무도 그들의 의식에 동참할 수 없다. 들창코의 러시아 남자는 비웃었다. 파리에서는 "저것이 파리의 생활이야!" 하며 외롭고 늙은 남자가 한숨을 내쉬었다.

"정말 괴짜 호랑이로군!"

관객들은 바이올리니스트도, 호랑이도 없다는 것을, 주커와 땀을 흘리며 영화를 만든 조역들 이외에는 아무것도 없다는 것을, 데이빗 사르노프의 전기와 치명적인 감각의 마비 외에는 아무것도 없다는 것을 눈치채지 못했다.

"필름아 멈추어라. 눈이 아프다. 우리 머릿속은 천둥소리로 가득 차 있고 더 이상 견딜 수 없다"고 애원하지만 필름은 계속 돌아갔다.

영화는 단지 셀룰로이드로 만들어진 파라마운트의 트릭만은 아니었다. 영화에는 영혼이 있기 때문에 정신병을 필요로 하며 그것은 일반적인 정신착란의 징후였다. 이미지와 말이 서로 뒤죽박죽이 되며 "어떤 부분이지?"

꿈의 공장

"어떻게 호랑이가 수염이 달린 대령으로 변했지?" "바이올리니스트의 발톱과 꼬리가 달린 옷은 어디서 왔지?" "짐, 쏴라!" "그러나 그 소리를 지른 것은 바로 짐이었는데…" "카메라맨, 도와줘요! 좀 멈춰요" 관객들의 아우성이 들리지만 영사실에 카메라맨은 없고 필름만 돌아가고 있을 뿐이다. 어둠 속에서 "해리 너를 따를게!"라고 하는 쉰 목소리가 들렸다. 영화관에서는 영화 상영이 끊임없이 계속된다! 영화는 인생처럼 길게, 인생보다 더 오랫동안 영원히 상연된다!

시커먼 바다를 가르면서 거대한 선박이 나타나자 수병들이 장교들을 바다에 던졌다. 그 배는 저주받은 잠수함으로 어느 곳에서도 닻을 내릴 수 없어 바다로, 바다로 향했다. 그 배와 마주치는 것은 불행이었다. 그것은 유령선으로 이스트만의 밤의 공포영화였다. 로체스터의 하늘에 항로를 표시하거나, 이 무시무시한 유령선을 멈추거나, 침몰시키거나, 보초병을 세워야만 했다.

원숭이처럼 교활한 윌 헤이즈는 지체하지 않고 톱 마스트 위로 기어올랐다. 그는 해럴드 로이드보다도 더 높은 곳에, 파라마운트보다 더 높은 곳에, 신에 근접해 있었다. 그의 긴 귀가 바람에 흔들렸으며 아이스크림을 다 먹을 시간조차 없었고 저녁 기도를 다 끝마칠 수도 없었다. 그는 마이크에 대고 소리쳤다.

"주목! 주목하라! 모든 해군기지와 종교기지는 들어라. 선박의 특징은 붉은 깃발을 달고 있다. 행선지는 알려져 있지 않다. 선박을 침몰시켜라. 그렇지 않으면 죽음을 면치 못할 것이다." [96]

조지 헬러 박사는 원래 이발사, 보석상, 인쇄공, 디자이너, 약재상 등 인생 경험이 많은 사람으로 현재 검열관으로 일한다. 그는 "금지해! 잘라 버려!

---

96) 영화 「전함 포템킨」을 빗대어 쓴 내용.

294

줄여!"라고 말하고, 다른 검열관 엠마 비에가 "너무 길어요! 가위질이 필
요해요!" "짧게 만들어"라고 소리쳤다. 그렇게 해서 3백 미터의 영화가 만
들어졌다. 머리와 몸을 길들여야 했던 검열관들은 엄격하지 않았고 '잘 자
라 우리 아기, 잘 자라'라고 자장가를 부르는 어머니처럼 푸근했다. 그 증거
로 루마니아에서는 '개의 꼬리를 밟지 말라! 석유상인들을 건드리지 말
라!' 등의 동물학대와 혁명적인 내용만 금지하는 아주 관대한 검열을 하고
있었다. 멋진 수염이 있는 한 독일인은 순진하게 얼굴을 붉히며 "이 영화
제목이 뭐죠?"라고 물었다. 「밤의 여인」이라는 대답에 그는 소리쳤다.

"정신 나갔군! 당신은 이상형을 잊었소! 성모 마리아, 베아트리체. 그레
첸, 연인, 폴라 네그리, 우리 독일의 여자…. 지체 말고 「밤의 여왕」으로 제
목을 바꾸시오!"

순박한 미소를 짓고 있는 아돌프 주커는 「깨어진 꿈」에서 낸시 캐롤이
여러 번 옷을 벗었다는 내용을 담은 파라마운트의 추천서를 극장주들에게
보냈다. 기성복점의 협찬을 얻어내어 실내복을 늘어뜨려 놓았고 '이 영화
는 파라마운트에서 제작했습니다'라는 코멘트를 잊지 않았다. 유태인 주커
는 "카디쉬(아멘)! 카디쉬!" 하며 조상의 영혼을 위해 기도했다. 실크로
만든 파자마 진열장 옆에는 숨을 헐떡거리며 금욕할 자세가 되어 있는 몽상
가가 있었다. 그의 입술이 젖었다.

"오! 낸시 캐롤의 다리! 깨어진 꿈! 여기에 신선한 몸뚱이를 가져와! 갈
기갈기 찢긴 와이셔츠! 구타, 피, 죽음까지!"

"도와줘요! 살인자야!" 하고 소리치는 사람은 비밀참사 알프레트 후겐
베르크였다. 순양함의 출발을 알리는 트럼펫 소리가 들렸다.

"알프레트, 당신은 왜 총을 쏘시오? 여길 보시오. 고통스럽소. 매우 고통
스럽소. 여길 보시오. 당신이 꿰뚫은 심장이 있소. 울지 않겠소. 나는 스크린

295

에 있으니까. 나는 이미지요. 우리는 피카르디에서, 갈리시에서, 벨기에에서 싸우는 외인부대요."

이미지들. 붐-붐-붐. 그것은 종소리였다. 그러나 거꾸로 필름을 감는다. 우선 엄청난 소리가 나고 점점 그 소리는 커진다. 붐! 비밀참사가 끈을 잡아 당기자 이미지들이 춤을 추면서 옷을 벗었다. 독수리와 군복이 날아가고 뼈만 남았다. 이때 뼈는 엄청나게 큰소리를 냈다. 클랑필름-토비의 출범 준비. 너무 큰 음향효과로 가장 센 파열음이 들리고 더 이상 귀가 견딜 수 없었다. 킬킬거리던 관객들은 고막이 터질 것 같다며 욕지거리를 퍼부어댔다. 그러다 갑자기 침묵이 흐르자 모두들 진정했다. 순양함, 비밀 참사, 트럼펫 — 모든 것이 쓰러졌다. 그것은 예전에 젊은 후겐베르크가 말했던 '세계의 주요한 사랑'이 아니라 그의 대리인인 납작한 코를 가진 사람의 죽음이었다.

영구차가 재빨리 지나갔다. 여윈 말이 끄는 영구차가 아니라 1백 마력의 힘이 센 기계로 시간당 3백의 속력으로 달리는 그것을 뒤쫓는 것은 불가능했다. 누구의 영구차던가? 배우를 꿈꾸던 불쌍한 엘자 아가씨, 당신이었소? 보리수 나무가 있고 철학자들이 사는 마을에서 살았던 당신은 윌리 프리취에게 사랑받기를 꿈꾸었소. 단순한 무명배우에 지나지 않았던 당신이 무슨 까닭으로 관 속에 누워 있는 거요? 촬영은 계속되는데…, 일어나시오. 그러나 엘자는 일어날 수 없었다. 의사는 어제 새벽 네 시에 죽었다는 것을 보여주는 그녀의 사망진단서를 내밀었다. 스며나오는 피. 비공식적인 수술. 궁핍한 생활의 연속. 소시지. 손대지 않은 소시지가 불손하게 꿈틀거렸다. 누구와 입맞추기를 원했나요? 엘자 아가씨. 윌리 프리취에게? 아니면 해럴드 로이드에게? 아니면 맛있는 소시지에게? 소시지는 칡처럼 구부러져 있었다. 방부 처리가 되어 홍조를 띤 그것들은 마치 아름다운 정원 같았다. 주커 그 자신은 꿈에서도 그것을 본 적이 없었다. 빨리, 장미꽃을 따 주세요. 당신을

영원히 계속되는 영화

얼마나 사랑하는지! 굶은 지 오래되었어요. 윌리 프리취의 사진 위에 — 눈물이, 눈물이 흐르지만 아마 그것은 눈물이 아니라 침일지도 있었다.

그때 건물 측면에서 우지직거리는 소리가 나더니 영안실에 있는 엘자의 영혼을 낙원으로 옮기려는 경찰 분대가 들이닥쳤다. 원을 그리면서 춤을 추었다.

"내게서 무엇을 원하죠? 나는 「호랑이와 사랑」을 보러 리알토에 왔어요. 난 감봉을 당할 만한 실수는 하지 않았어요. 문제는 망할 나사 때문이에요."

그러나 군복을 입은 새들이 웃음을 터뜨렸다.

"멈춰! 법의 이름으로! 주인의 목을 자른 사람이 너였구나! 부인할 필요가 없다! 너한테서 피해자의 머리카락이 나왔다. 어제 3시 15분에 어디 있었지? 네가 살인범이야. 수갑을 받아라. 그건 차갑고 좀 아플 거야."

잔인한 불빛이 눈을 내리쳤지만 달리 방도가 없었다. 의자, 단두대의 날 혹은 교수대의 밧줄이 기다리고 있는, 그에게 익숙한 방으로 들어섰다. 그는 작업이 끝난 후 의자에 앉아 파이프를 물었다. 갑작스러운 요동이 일자 커다란 방에서 메스가 부드럽게 허리를 스쳐갔다. 화장(火葬)이 허락되었다.

영화가 곧 끝날 것 같다. 윌 헤이즈는 "그를, 그의 죄를 용서하소서. 주여 불경한 언행과 그의 실수를!" 하며 기도했다. 참사원 레이몽도 역시 기도문을 외고 침례교도들도 옥수수알이 들어 있는 오트밀을 먹으면서 눈물을 쏟았다. 가을비가 내리며 지붕 위에서는 빗소리가 들렸다. 가을비는 영화 속의 인생과 뒤섞이고 묘지의 흙에 스며들었다. 당신은 어디서든 휴식을 찾을 수 없을 것이다.

하루에 3천 달러를 번 잘생긴 사내는 가장 화려한 영화관 록시나 스트랑에 갈 것이다. 그는 주식투자자도 노름꾼도 아닌 점잖은 사형집행자 로베르 엘리오였다. 그는 사형수를 의자에 앉힌 후 가죽끈을 확인했다. 여자와 물망초를 좋아하는 엘리오는 76킬로그램의 몸무게에도 불구하고 깃털보다 가볍게 종달새와 함께 하늘나라로 서둘러 올라갔다. 하늘나라에서 그는 솜털로 쌓인 천사들의 날개를 만지작거리며 구름을 베개삼아 잠이 들었다. 아침에 일어나 보니 구름들은 모두 눈물로 젖어 있었다. 한참을 울고 난 후 엘리오는 여자의 목을 졸라 죽였다. 여자는 오늘 2백 통의 편지를 타이핑해야 한다. 너무 많다! 살인마 엘리오는 '이달 16일에 보낸 당신의 편지에…, 우리는…, 목이 졸린 사람들을 위해 우리는…'을 치게 했다. 그 순간에 경찰관이 들이닥쳐 여자를 구하고 껴안았다. 그는 폭풍우처럼 얼굴에다 호루라기를 불면서 동시에 바이올린을 연주했다. 그는 바로 바이올리니스트였고 진짜 열정을 보여주었다! "더 이상 타이핑을 하지 않을 거예요." 그러나 그는 일어나서 넥타이를 바로 매고 "아직 타이프를 쳐야 해!" 하며 재촉했다. 그는 단지 새로 부임한 사장일 뿐이었다. 그가 '당신의 편지에 대한 답장으로'를 치게 하자 여자는 어두운 영화관에서 바보 같은 웃음을 터뜨렸다. 주변에 있는 관객들이 "조용히"라고 말했다. 여자는 그 장면이 재미있는 것이 아니라 슬펐다! 그녀는 속았다. 그러나 그녀가 웃자 바보스러운 웃음소리는 조금씩 조금씩 첫번째 열까지 전해지면서 영화관 전체에 퍼졌다. 사람들은 더 이상 천사의 노래도 데이빗 사르노프의 낮은 저음의 목소리를 들을 수 없었다. 폭스견(犬)이 달리는 소리 외에는 아무것도 들을 수 없었다. "앞으로, 뒤로, 제자리에, 하나-둘, 하나-둘! 나사를 조여라! 소포를 보내라! 편지를 타이핑하라!"

영화가 끝나자 마지막 버스를 타려는 사람들은 재빨리 영화관을 빠져나갔다. 내일도 오늘처럼 일찍 일어나 어제와 같은 오늘처럼 일해야 하기 때문이었다. 영화관에서 멀리 떨어진 곳에 사는 가짜 낸시 캐롤은 남들 앞에서 옷을 벗거나 스타킹을 짜깁는다. '주커라고 했던가? 나는 그를 몰라. 나는

슈미트 사무실에서 일해. 빨리 집으로 가야지. 빨리!'

밤, 희미하고 습기 찬 밤. 각 도시마다 특별한 냄새가 있지만 도시는 무엇보다도 눈물과 공포로 가득 차 있었다. 낮은 지났지만 밤은 아직 오지 않은 도시는 경계선에 있었다. 우리는 아직도 그것을 넘을 수 없었다. 사람들은 테임즈 강 혹은 센 강 혹은 허드슨 강이나 수프레 강물 속에 몸을 던지거나, 가스를 틀어 놓을 수 있었으며, 아직도 잠을 잘 수 있었다. 자라! 자야 한다!

거대한 필름들이 수천의 영화관을 거쳐 가면서 좁고 검은색의 균열을 좇아가다 사라져 버렸다. 욕설을 퍼붓고, 담배를 피며, 눈물을 흘리면서, 작별인사를 하고 있었다. 뚱뚱한 독일인 후겐베르크는 천식에 걸려 있었는데 이 밤에 무슨 일이 일어날 것인가? 유령선이 그 앞에 나타날 것인가? 유령선에 대항하기 위한 경찰의 보호는 없었다. 미국인은 김이 서려 있는 안경을 닦고 러시아인은 불안한 눈빛으로 주변을 쳐다보지만 설경과 까마귀 외에는 아무것도 없었다. 눈 덮인 시골집에서 나무가 우지직거리는 소리가 들렸다. 내일 무슨 일이 일어날 것인가? 일본인은 맹목적으로 웃는다. 지진이 시작되자 그들은 도망가고, 흩어졌다. 혼란과 근심에 싸여 거의 죽어 있었다. 그들은 쫓겨날 것이라고 생각했다. 누군가 아직도 벽에 불빛을 비추고 있었고 창문 너머 굴뚝에서, 하수구에서, 누군가는 "해리, 해리!" 하고 노래했다.

그들은 수백 개도 넘는 영화사에서 만들어진 꿈, 아름다운 꿈 — 파라마운트 혹은 UFA의 꿈을 버리지 않았다. 그들은 방의 탁한 공기가 되고, 귀에 해로운 열기가 되고, 추락과 부조리하고 흥분된 생각의 외침이 되었다. 꿈들은 자명종이 울릴 때까지 그들을 짓누를 것이다. 6시! 7시!

"나사를 조여라! 타이프를 쳐라! 그리고 꿈에서 깨어난 그들은 꺼칠한 아침을 맞이하고 나사 혹은 타이프라이터와 함께 일할 것이다. 나사를 조여라! 너는 록펠러가 될 것이다! 궁전과 요트를 가질 것이다! 너는 죽을 것이다! 사람들이 너를 매장할 것이다! 나사를 조여! 나사를 조여! 타자를 쳐! 나

바로가 너를 사랑할 거야. 아님 너의 사장이! 그가 너를 가질 것이다. 너를 감염시킬 것이다! 거침없이 이야기하라! 낙원에서 경찰이 끄는 수레를 탄 채 …. 너는 엘자처럼 잠들 것이다. 천사와 노래소리! 빨리 타자기를 두드려라!"

'당신의 편지에 대한 답장으로….'

저자 후기

요술상자가 세계를 이끌었다. 그것은 위대한 발명품이지만 탐욕스럽고 못된 생활의 권태이기도 했다. 그것은 바로 영화였다.

1932년 이 책을 쓸 때, 당시 사람들은 일을 했고, 먹고, 또한 꿈을 가져야 했다. 그후 많은 변화가 생겼다. 사람들은 밀을 태우거나 가축의 먹이로 사용했다. 그것은 이 세상에 밀이 과다하게 생산되었음을 의미하기도 하지만 굶어 죽는 사람이 너무 많다는 것을 의미하기도 한다. 공장들은 앞다투어 문을 닫았다. 자동차와 선박을 제조하는 것도 중단되었다. 사람들은 길거리를 헤매고 빵을 구걸했다. 그들은 세계 도처에 있는 유명한 강의 다리 밑에서 노숙하기 시작했다. 그들의 잠은 깊었다. 그들은 자면서 꿈을 꾸지 않았으므로 주커 가(家)와 워너 가(家)는 망연자실할 수밖에 없었다. 그들이 만들어낸 상품들은 브라질의 커피나 파리의 향수처럼 잘 팔리지 않았다. 음향시설의 개가에도 불구하고 꿈을 만드는 공장에는 정적이 감돌았다.

이 책에 나오는 주인공들이 겪는 삶은 제각기 다르다. 그들 중 가장 현명했던 조지 이스트만은 친구들을 점심에 초대했다. 그는 미소를 지으며 낙관주의를 말하고 난 후 옆방으로 갔다. 그곳에서 그는 권총을 꺼내 자신의 관자놀이를 겨냥했다. 그 순간 그는 무엇을 생각했을까? 그가 좋아하는 좌우명 — 셔터만 누르시오. 나머지는 우리가 책임지겠습니다? 혹은 공산주의자들

301

꿈의 공장

의 음모? 아니면 그가 의식하고 있던 삶의 허상?

다른 사람들은 여전히 생존해 있고 인류의 행복을 위해 일하지만 사후의 반응이 궁금하다. 나이 든 랍비의 교훈을 상기해 본다면, 주커는 더 이상 바벨탑을 생각하지 않고 오히려 욥의 불행을 생각했다. 그는 왜 여호와가 상습적으로 악마와 내기를 했는지 이해하지 못했으나 머리에 재를 뒤집어쓴다는 것이 무엇을 의미하는지 잘 이해했다. 파라마운트의 주식이 폭락하자 몇백 개나 되는 영화관들이 문을 닫을 수밖에 없었다. 할리우드의 스타들은 일거리가 없기 때문에 몸매를 관리할 이유도 없었고 그래서 뚱뚱해졌다. 할리우드의 고지식한 사람들은 야위어 갔다. 그들은 식욕을 조절해야 했다. 유럽을 정복하리라는 꿈은 사라졌고, 조왕빌에 있는 공장은 '역사 기념관'으로 분류되게 되었다.

윌 헤이즈는 하나님과 십계명을 믿었다. 그러나 그는 더 이상 유명한 목사가 아니라 고객을 한없이 기다리는 양순한 변호사가 되었다. 지금 모든 것이 준비되어 있다. 루즈벨트 대통령이 리트비노프(소련의 외교관)에 호의를 표했으니 할리우드 파산자들에게 소비에트 영화를 몇 편 만들 수 있도록 축원을 할 수도 있지 않겠는가? 청교도적인 정신은 무릎을 꿇었다. 벽창호 같은 사람들조차도 무릎을 꿇었다. 공장에서 그들은 소비에트 연방의 꿈을 만들기 위해 노력하고 있었다. 당연히 소련인들에게 적당한 형태로, 디트로이트의 문명화된 실업자들의 꿈이 아니라 아시아 유목민들의 꿈인지를 고심하면서….

그렇지만 후겐베르크는 그의 목적을 달성했다. 아마 그는 개인적으로 굴욕을 당하고 모욕을 당했을 것이고 마침내 추방당했다. 그러나 후겐베르크는 이상주의자였고 그의 시간이 되었음을 알았다. 공산주의자들과 배신자들은 투옥되었으며 그들은 처형당했다. 살며시 미소짓는 후겐베르크의 공장에서 작업은 계속된다. 공장에서는 투쟁에 대한 꿈을 생산하고 있었다. 공

장에서 독일 국민들은 불충한 러시아 공산당원들에 대항하는 새로운 십자
군원정을 준비하고 있었다.

이러한 고통과 위협이 세상 곳곳에 널려 있었다. 사람들은 너무 배가 고프
기 때문에 셀룰로이드로 된 꿈을 더 이상 바라지 않는다. 그들은 돈이 될 수
있는 꿈을 원한다. 단순히 그들은 살기를 원한다. 예전처럼 지구의 5분의 1
에 달하는 곳에서 소비에트 영화들이 검열이라는 명목으로 가위질당하고
길이가 줄어들었다. 영국의 검열에서 유일하게 믿을 수 있는 검열관은 눈이
먼 노인이었다. 그 장님 검열관이 우연히 세상을 떠나자 유성영화가 시작되
었다. 이번에는 장님을 귀머거리로 대체했을 뿐이었다. 그것은 부조리한 일
화지만 사실이고, 세상을 구하려는 사람들이 즐겨 사용하는 방편의 가치를
말해 주는 지표일 뿐이다.

어두운 영화관에서 삶에 지쳐 있는 사람들의 염치없는 춤은 계속된다. 각
료들이 기념비의 제막식을 거행하고, 잡지에 등장하고, 순진한 비행사들은
하늘에서 공중곡예를 보여준다. 석탄 장수, 목수 들이 복권에서 5백만을 벌
지만 아무도 철학자들과 이카루스[97]의 신화도, 타라스콩[98] 이발사의 모험담
도 믿지 않는다. 윌 헤이즈는 여전히 목이 쉬어라 외쳐댄다.

"일하라, 그러면 록펠러처럼 될 것이다!"

그러나 현재 헤이즈도 항상 자살용 권총을 준비하고 있는 백만장자가 되
기보다는 단순한 소련 회계원이 되기를 원하는 것 같다. 영화관의 밤은 깊
다. 이 밤은 미키마우스의 울음소리로도, 군인들의 행진소리로도 활력을 찾
을 수 없다. 때로는 스크린 위에 살아 있는 얼굴이 등장하기도 하지만 그 장

---

97) 그리스 신화에 나오는 인물. 다이달로스의 아들로 아버지와 함께 유폐되어 있던 미
  궁을 빠져 나오기 위해 밀납으로 만든 날개를 달고 탈출에 성공하지만 태양에 너무
  가까이 접근했기 때문에 날개가 녹아 에게 해에 추락해서 죽었다.
98) 프랑스 작가 알퐁스 도데의 「타라스콩의 허풍쟁이」에 나오는 주인공.

면은 귀가 먹었거나 눈이 먼 검열관의 가위질을 우연히 벗어난 것일 뿐이다. 주인공은 평범한 러시아인으로 대초원에 공장을 지었다. 누더기를 걸쳤고, 검은 빵을 먹고, 오두막집에서 살지만 그에게는 할리우드에서는 만들어낼 수 없는 인간적인 밝은 미소가 보인다. 그것은 영화가 아니라 생생함을 전해주는 한 장의 사진이고 역사의 한 단편이었다. 끝없이 견고하고 두꺼운 밤에, 그리고 거대한 공장을 닮은 나라, 꿈이 아닌 철도, 트랙터, 냄비와 섬유를 만드는 나라에 살며시 파고드는 사진 속의 미소야말로 말없이 절망하는 사람들의 유일한 꿈이 된다.

역자 후기

『꿈의 공장』을 처음 접한 것은 작년 이맘때, 가을 바람이 불기 시작할 무렵이었다. 출판사측으로부터 러시아 작가가 쓴 아주 '재미있는' 영화책이 있는데 한번 번역해 보지 않겠느냐는 제안을 받았다. 우리에게 잘 알려져 있지 않은 러시아 작가가 1930년대에 쓴 묵은 글이라는 얘기와 함께 누렇게 바래고 장정도 헤진 낡은 책의 복사본을 건네받은 게 이 책과의 첫 만남이었다. 사이버 영상시대라는 요즈음, 70여 년전에 씌어진 영화 이야기가 무엇을 전해 주고 어떤 감흥을 줄 수 있는지…. 걱정 반, 기대 반의 심정으로 책장을 넘겨 보았다.

첫 장은 '파라마운트' 설립자인 아돌프 주커의 이야기였다. 단편적인 여러 일화들이 전지적 시점에서 인물 시점으로, 또 화자 시점에서 서술되면서, 시제를 무시한 채 현재와 과거를 오가며 뒤섞여 있었다. 처음 책을 대할 때는 역자 자신도 그 혼란스러운 문장들의 맥락과 연관성을 찾기가 도무지 쉽지 않았다. 도대체 무엇을 이야기하려는 것일까? '아주 재미있는' 책이라 했는데…. 혼란스러운 마음으로 다음 장을 향할 수밖에 없었다. 2장에서는 윌 헤이즈의 이야기가 나오고, 3장 유성영화 시대로 접어든 할리우드와 4장, 5장… 이 이어졌다. 역시나 정돈되지 않아 보이는 이야기들이 두서없이 튀어나왔다. 그러나 문장 하나, 문단 하나에서 완성된 모양새를 찾아내려는 욕심을 버린 후, 눈으로부터 조금 먼 곳에 책을 놓아두고 편안하게 읽어내려가자 분산된 이야기들이 하나의 맥락으로 연결되기 시작했다. 간결한 문장과 시나리오와 흡사한 묘사가 이어지면서 감정이입과 긴장상태를 불러일으켰다. 게다가 인물의 내면에 접근하는 작가의 우회적이지만 날카로운 문체와 독특한 서술방식에 점점 빨려들어가게 되었다. 책장을 넘길 때마다 세계 영화사(映畵史)의 윤곽이 드러나면서 어느새 자본주의에 맞물린 인간의 탐욕, 거짓과 허위의 탈을 하나씩 벗겨내는 작가의 지적 냉소에 동참하게 되었다. 그리고 14장을 덮으면서는 요즘 보기 드문 '아주 재미있는 책'을 읽었다는 뿌듯함에 잠겼다.

이 느낌을 많은 이들과 나눌 수 있다면….

『꿈의 공장』의 번역은 이러한 바람 속에 진행되었다.

『꿈의 공장』을 쓴 일리아 에렌부르크(Ilya Ehrenbourg, 1891-1967)는 러시아 태생의 작가로 1908년에서 1917년까지 파리에서 작품활동을 했다. 1935년 이후에는 스페인과 프랑스에서 해외 주재기자로 활동하다가 제2차 세계대전이 일어나자 『파리의 함락』을 발표했고, 전쟁 후에는 『폭풍』이라는 작품을 내놓았다. 그의 작품들은 사회주의 노선을 지지하는 한편 타인의 고통에 연민을 느끼는 인간성 수호와 전쟁을 혐오하는 평화주의를 보여준다.

『꿈의 공장』은 그 제목이 암시하듯이 할리우드 영화가 대중의 꿈을 충족시켜 주는 동시에 현실을 왜곡한다는 작가의 비판의식이 돋보이는 글이다. 그런데 영화계에서 일어난 사건과 역사를 연구하고 입증하며 비판을 곁들이는 영화사가와는 달리, 작가는 할리우드 주변의 공장들, 그리고 그 공장을 이끌어 나갔던 공장주들, 그곳에서 일했던 노동자들과 그들이 처했던 시대 상황을 때로는 사실로(연도와 수치를 언급하면서), 때로는 그럴싸하고 있음직한 이야기를 동원해서 묘사하고 있다. 이처럼 사실과 허구를 오가는 이야기 전개는 독자를 당혹스럽게 할 수 있을 것이다. 그러나 영화사(映畵史)에 대해 어느 정도 관심을 가진 독자라면 이 책의 사이사이에 등장하는 실제 인물과 상황을 따라잡을 수 있으며, 허구 속에서 사실을 캐내는 '아주 재미있는' 체험을 통해 지적인 재미를 느낄 수 있으리라. 독자의 이해를 돕기 위해 역주를 가급적 많이 달고, 영화 제작연도와 등장인물에 관련된 사건의 발생연도를 의식적으로 언급하고자 한 것은 이러한 맥락에서다.

『꿈의 공장』은 영화가 오락물에서 하나의 국제적인 산업으로 성장했던 1910-30년대를 시대적 배경으로 삼고 있다.

1890년 이후 유럽의 생활고를 피해 많은 이민자들이 미국으로 몰려들었다. 이들 비영어권 이민자들이나 산업발전과 노조운동으로 노동시간이 짧아진 노동자들에게 시각매체인 무성영화는 여가시간을 채워 줄 신기한 볼거리였다. 1908년 미국에서는 매일 4백만 명의 사람들이 영화관에 갈 정도였으므로 돈을 벌고자 하는 사람들에게 영화는 매우 구미가 당기는 사업이었다. 더구나 1890년대와 1900년대초까지의 미국 영화업계는 누구나 특별한 훈련을 받지 않았더라도 몇 천 달러의 자산만 있으면 발을 들여놓을 수 있는 곳이었다. 그 당시 영화산업은 제작·배급·흥행구조가 체계를 갖추지 못한 자유경쟁 체제하에 있었으므로, 규모는 영세성을 벗어나지 못했고, 관람료도 지역과 극장에 따라 들쭉날쭉했다. 따라서 자신의 몫을 지켜야겠다는 생각으로 1908년 열 명의 감독과 제작자들이 모여 영화특허회사(MPPC)를 창설했다. 이로써 MPPC에서 인가받은 영화사만이 합법적으로 영화를 만들 수 있는 제1차 독과점시대가 시작되었는데, 이 시기에 이스트만 코닥은 MPPC 회원 혹은 인가를 받은 사람들에게만 필름을 공급하면서 부를 축적해 갔다. 그러나 이러한 초기 독점시대는 조용히 실패하고 만다. 그 이유는 영화사가들에 따르면, 서로의 이익만 추구하는 영화특허회사 회원들의 극렬한 분열상과 독점에 대항하여 싸운 '위인'들의 투쟁 때문이라고 한다.

어쨌든 제1차 독과점시대의 와해로 많은 독립 제작사들이 성장할 수 있었으며, 특히 유럽에서 건너온 많은 이민자들이 영화제작에 뛰어들 수 있게 되었다. 소위 '위인'이라고 불리는 윌리엄 폭스, 칼 램믈 등이 등장하면서 1912년 들어서는 잘 조직된 강력한 독립 제작사들이 두각을 나타내기 시작했고, 1914년에는 수백 개의 새로운 독립 영화사들이 설립되었다. 그 선두주자는 1912년 사라 베른하르트 주연의 프랑스 영화 「엘리자베스 여왕」을 수입해 대성공을 거둔 아돌프 주커였다. 그는 '페이머스 플레이어스 컴퍼니'를 설립하여 영화제작에 뛰어들었고, 1914년 최초의 전국 규모 영화배급사인 '파라마운트'를 설립했으며, 1916년에는 제시 래스키와 연합하여 '페이머스 플레이어스-래스키'를 설립했다. 주커는 계속 영화관을 인수하여 1930년대초에는 1,200여 개의 영화관을 보유하기에 이른다. 스튜디오 시대의 또 다른 강자 로우는 '로우'를 설립하여 흥행사업에 관심을 보이다가 1920년에 들어서면서 독립제작사인 '메트로'를 인수하여 '메트로-골드윈-메이어(MGM)'를 설립한다. 한편 윌리엄 폭스는 1904년 문을 연 영화관의 호조를 발판으로 뉴욕의 영화관을 대부분 인수하고, 1915년 '폭스'를 설립하여 공식적으로 영화제작에 참여한다. '워너 브러더즈'는 1904년부터 영사기를 구입하여 각 지역을 돌며 순회상영하다가 1925년 '바이타그래프'를 인수함으로써 할리우드의 새로운 강자로 떠올랐다. 1926년이 되자 워너 브러더즈는 주커의 페이머스 플레이어스와 로우의 MGM에 버금가는 배급체제를 구축할 수 있었다. 칼 램믈은 1906년 시카고에서 '5센트 극장'을 열고 배급업에 종사하다가 1912년 '유니버설'을 발족시켰다. '컬럼비아'는 잭과 해리 콘 형제가 설립한 영화사로 일차 목표를 자체 배급망 확보에 두고 1926년부터 미국과 캐나다에 광범위한 배급망을 구축했다. '유나이티드 아티스트'는 당대 최고의 인기스타인 메리 픽포드, 찰리 채플린, 더글러스 페어뱅크스와 그리피스가 모여 만들었다.

할리우드의 수많은 영화사(映畵社)들이 명멸을 거듭한 끝에 1920년대말에는 8개의 영화사들이 주도적인 위치를 차지하게 된다. 이른바 제작·배급·상영 체인을 모두 소유하고 있는 '빅 파이브'—파라마운트, 로우, 워너 브러더즈, 20세기 폭스, 라디오 키이스 오펌 — 와 제작·배급망을 가지고 있는 '리틀 쓰리'— 유니버설, 컬럼비아, 유나이티드 아티스트 — 가 그것으로, 그들의 독과점 체제는 1950년대까지 지속된다.

할리우드 영화사(映畵社) 창립자들은 이 책에서 묘사하고 있듯이 유럽에서 건너온 이주민이 많았으며 — 주커와 폭스는 헝가리, 램믈은 독일, 워너 형제는 폴란드 출신 — 염색, 모피, 자전거 수리와 같은 상공업에 종사했거나 노동계급 출신으로 대부분 교육을 많이 받지 못한 사람들이었다. 창업자들의 이러한 성향은 회사를 독선적으로 운영하고, 치열한 경쟁 속에서 살아남기 위해 수단과 방법을 가리지 않는 제2차 독과점시대를 촉발하게 된다. 『꿈의 공장』은 할리우드 영화사들이 미국 영화시장을 넘어 유럽으로 진출하면서 강력한 영화산업체를 이끌어 나가기 위해 어떻게 서로 결탁하고 착취하고 통합했는가를 보여준다(1장 이 영화는 파라마운트에서 제작했습니다, 2장 영화계의 황제 윌 헤이즈, 3장 유성영화의 시대). 그리고 이러한 할리우드의 야심과 탐욕에 맞선 유럽 영화사들의 대안, 그 속에 숨어 있는 또다른 야심과 탐욕에 뒤얽힌 이야기(4장 진정한 애국심, 7장 가슴 졸이는 영화)를 해학적으로 보여주고 있다. 영화사(映畵史)에 등장하는 할리우드의 '위인'들과 그 주변에서 일어난 동일한 시대의 사건과 일화들이 각기 다른 인물들을 통해 반복 묘사되고 있다. 게다가 그것들은 시간의 흐름에 따라 나열되는 것이 아니라 시간과 공간을 넘나들며 분산되어 나타난다. 마치 퍼

꿈의 공장

퍼즐을 맞추어 가듯이 단편적인 일화들을 연대기적으로 맞추어 나가다 보면 위에서 언급한 1910-30년대 세계영화사의 밑그림이 그려진다.

영화는 많은 자본과 인력이 결합되고 고도의 기술이 동원됨과 동시에, 이 모든 것들이 감독의 예술적 감각에 의해 재창조되는 현대예술이자 거대한 산업이다. 그러나 『꿈의 공장』에서는 제7의 예술이라고 불리는 영화의 미학적인 면은 깡그리 무시된다. 당시에는 5장 '영화란 무엇인가'에서 보여지듯이 영화산업이 이미 돈과 밀접하게 연관되기 시작했고, 8장 '유럽인을 위한 할리우드'에서 볼 수 있듯이 똑같은 시나리오로 여러 언어판을 찍어내기도 했다. 그러한 영화제작사는 영화라는 기성품을 찍어내는 공장이었을 뿐 예술을 창조하는 스튜디오와는 거리가 멀었기 때문이다.

이러한 작가의 다소 의도적인 전개방식은 그가 러시아에서 태어났으며 기자로 활동했다는 이력과 결코 무관하지 않을 것이다. 마르크시즘의 관점에서 보면 자본주의 경제체제는 지배계급인 소수가 이익추구를 위해 다수의 피지배계급, 즉 노동자들을 착취하는 것을 근간으로 한다. 여기서 지배계급인 소수의 사람들이란 전통적인 영화사가(映畵史家)들이 말하는 '위인'들로 '정상적인' 세계와는 격리되어 사는 영화사 대표들이다. 그들은 오로지 자신들의 이윤추구를 위해 언론과 유착하여 사업을 경영하고, 정부가 제시한 세금을 포탈하거나 법을 무시한다. 그들은 그들의 공장에서 하루종일 일하는 노동자들을 착취할 뿐만 아니라 노동자들의 저녁 여가시간에서도 이윤을 취한다. 그러므로 그들은 프롤레타리아 혁명을 통해 지배계급을 붕괴시켜야 한다는 볼셰비키 노선을 가장 두려워했다. 대중들이 이러한 위험한 정신에 물들지 않도록 노심초사하는 그들의 이기적인 생각과 노력은 1장 '이 영화는 파라마운트에서 제작했습니다'와 2장 '영화계의 황제 윌 헤이즈' 그리고 6장 '붉은 전등 아래에서'에 잘 나타나 있다.

역자 후기

이 책에서 언제, 누가, 왜, 어떤 영화를 만들었으며, 누가 그것을 보았느냐를 비교적 상세히 언급하고 있다는 점을 주목할 필요가 있다. 그저 즐거움을 얻기 위해 영화를 보는 관객들은 수동적으로 꿈과 환상에 젖어들지만 그 환상의 이면에는 지배계급의 이데올로기가 숨겨져 있다는 것을 분명히 보여주기 때문이다.

4장 '진정한 애국심'에는 제1차 세계대전이 끝난 뒤 패배의 굴욕을 맛본 독일에 국가의 정신과 자존심을 되찾으려는 후겐베르크가 등장한다. 그는 독일정신을 국민들에게 심어 주어야 한다는 신념으로 영화제작에 참여한다. 9장 '찌꺼기 인생들'에서는 할리우드의 계산된 스타 시스템을 모르는 대중들이 얼마나 순진하게 스타를 꿈꾸었는지를 보여준다. 10장 '이것이 인생이다'와 11장 '문명의 혜택을 받지 못한 우리 형제들을 위하여'에서는 대중에게 교훈을 주기 위해 기업주들의 사주로 제작된 노동자들의 영화, 형무소를 배경으로 한 영화, 경찰 영화, 식민지 원주민들을 겨냥해 쿨리를 소재로 한 영화 등이 줄거리와 함께 소개된다. 12장 '국기 사용'은 병사들과 국민들의 사기를 북돋아 주거나 적국에 대한 적대심을 불러일으키는 전쟁영화를 이야기한다. 지배계급에는 영화사 대표들뿐만 아니라 국가나 특정 집단을 이끌어 나간다는 정치가들과 종교 지도자들도 포함된다. 그들은 영화가 전통적 가치에 급격한 변화를 주거나, 반도덕적 사태를 야기하지 않을까 우려하면서 영화에 규제를 가하는 듯하지만 결국은 자신들의 기득권 유지를 위해 영화의 이데올로기적 기능을 이용한다. 13장 '기쁨의 씨를 뿌리는 사람들'에서는 종교적 교화와 교육의 확대라는 목적으로 종교단체가 가하는 검열, 정치와 자본의 결탁이 풍자적으로 묘사된다. 이 모든 이야기들을 읽어 가면서 우리는 지배계급이 편향된 이데올로기를 대중들에게 어떻게 주입해 왔는가를 이해한다. 뿐만 아니라 교묘히 숨겨져 있는 지배계급의 이기심이 밝혀지면서 우리는 작가의 비판적 시각에 자연스럽게 공감한다.

꿈의 공장

『꿈의 공장』에서는 이러한 경제·사회적인 시각 이외에도 반전사상과 인본주의적인 작가의 의도가 돋보인다. 전쟁의 참혹함과 잔인함조차도 상품화하는 자본주의자들에 대한 비난은 12장 '국기 사용'에서 정점을 이룬다. 작가는 센세이셔널한 영화를 위해 사자에게 잡아먹히는 불쌍한 우간다의 검둥이를 이야기하면서, 파리에 있는 회교도 사원과 인도차이나의 이야기를 풀어내면서, 「아시아의 돌풍」을 보고 슬픔에 잠기는 폴 모랑의 편협한 생각을 꼬집어 가면서 그 시대에 만연되어 있던 백인우월주의와 식민주의를 고발한다.

그러나 지배계급에 대한 날카로운 시선에도 불구하고 작가는 고향 릿세와 탈무드를 생각하는 주커, 사랑의 시를 읊조렸던 후겐베르크, 코닥이라는 기발한 상품명을 만들었던 이스트만, 셰익스피어를 좋아했던 클라크 등을 언급하며 각 인물들의 인간적인 면도 소홀히 하지 않는다. 이러한 단편적 일화들은 그들이 지닌 탐욕·허위와 대조를 이루면서 읽는 재미를 더해 준다.

강자들의 인간성과 모순을, 그리고 약자의 무지함과 비애를 때로는 담담하지만 예리하게, 때로는 우스꽝스럽게 묘사하며 빈정대듯이 풀어내는 작가의 의도는 분명하다. 영화는 위대한 발명품이지만 못된 생활의 권태라는 마지막 대목에서, 그리고 사막에서 웃고 있는 순박한 미소가 가장 아름다운 영화라는 말에서 우리는 문명의 이기에 의해 상실되어 가는 인간의 순수성에 대한 경고를 읽을 수 있다. 가장 아름다운 꿈은 꿈의 공장에서 만들어지는 환상이 아니라 우리 스스로 만들어내는 것이라는 것을 깨달으면서….

새 천년 여름은 유난히 덥다느니 변덕스럽다느니 하며 주변에 떠돌던 애기들과 상관없이 『꿈의 공장』과 함께 후딱 넘어가고 말았다. 이 책의 각주를 달기 위해, 할리우드의 주변 이야기를 좀더 상세히 알기 위해, 여러 책들과 씨름을 했던 탓일 게다. 앙드레 모로아의 『미국사』(1994, 기린원), 『독사』(1990, 기린원), 『프랑스사』(1993, 기린원), 『영화의 역사, 실제와 이론』(1998, 까치), 『영화의 역사』(2000, 한길사), 『세계영화사』(2000, 시각과언어), 『세계영화 100년사』(1999, 이론과실천), 『영화로 본 새로운 역사』(1998, 소나무), 『할리우드』(1992, 제3문학사) 등을 참고하면서 가능한 한 많은 역주를 통해 독자의 이해를 도와 보려고 나름대로 노력했다.

일리아 에렌부르크가 살짝 뛰어넘은 『꿈의 공장』 속에서 또 다른 숨은 이야기를 찾는 것은 무척 흥분되는 작업이었다. 역사와 픽션을 넘나드는 그의 글에서 하나씩 사실을 들춰낼 때마다 야릇한 전율을 느끼기도 했다. 그러나 몇 가지 어려움에 좌절의 시간도 있었음을 고백한다. 앞서 말한 대로 지나치게 간결한 문장과 시제 무시, 생략과 도치, 그리고 얼핏 보기에 마구 뒤섞인 듯한 일화들로 자칫 혼란스러워 할 수 있을 독자들을 위해 역자의 설명이 다소 첨가되었음을 밝힌다. 또한 이 책에서 언급되는 무성영화와 유성영화 초기에 나온 영화들을 보기란 어려운 일인 만큼 몇 편의 영화를 제외하고는 다른 여러 책의 설명을 참고했다. 게다가 많은 영화들이 우리나라에 소개되지 않은 탓에 공식적인 우리말 제목이 없는 것이 대다수였다. 이로 인한 오역이 있다면 전적으로 역자의 부족함에 기인한 것이므로 기회가 닿는 대로 수정해 나갈 것이다.

이 책을 소개해 주신 정진국 선생님, 그리고 번역의 전과정에서 친절하게 독려해 주신 눈빛 출판사 이규상 사장님, 번역 원고의 적지 않은 오류와 어색한 부분들을 지적하고 꼼꼼히 편집해 주신 편집부 오제웅 씨께 깊은 감사를 드린다.

2000년 9월
김혜련